長旅時代

ロングツーリズムの実態と展望

長旅時代

ロングツーリズムの実態と展望

長旅時代

ロングツーリズムの実態と展望

旅の販促研究所

はじめに

　近代ツーリズムのはじまりは18世紀のイギリスで流行したグランドツアーだといわれている。グランドツアーとは裕福な貴族や上流階級の子弟が学業の終了時、家庭教師を伴い、当時文化的に先進国であったフランスやイタリアなどを目的地にした大陸への周遊旅行のことで、フランスではフランス語や上流階級の礼儀作法、社交生活を習得し、イタリアでは歴史や文学、美術などの芸術を学んだという。帰国までに数ヶ月から数年間かかった旅であった。

　日本の旅の歴史を辿ると、大和朝廷の出現により貴族の赴任の旅が記録されている。紀貫之が土佐の国から京まで帰任する最中に起きた出来事や思いなどを書いた「土佐日記」が広く知られている。その後、貴族や武士など支配者層の温泉場などへの保養を目的にした旅もしばしば文献に現れる。長い間一般庶民は移動の自由は認められていなかったが、宗教的な巡礼、神社仏閣への参拝を理由に旅をしていた。伊勢参り、善光寺参拝、金比羅詣でなどである。江戸時代後期、十返舎一九によって書かれた「東海道中膝栗毛」には弥次さんと喜多さんが東海道を江戸から京都、大坂へと上っていく様子が描かれている。誰でもが行けるようになる近代的な旅行は明治を待たなくてはならないのだが、けっして広いとはいえない日本の中でも旅は長い時間のかかるものであった。

　そんな遠い昔の話ではなく、筆者が旅行会社に入社した30年前の１９７０年代の後半、添乗業務を始めたころの海外旅行、とくにヨーロッパ旅行は周遊型で旅行日数は2、3週間が一般的であった。その時期はすでに海外旅行の自由化、そして旅行会社によるパッケージツアーの販売開始から十数年たっていたが、それでも遠距離の海外旅行は人生の大イベントで、今語ると笑い話のように思えるが、多くの旅行者は壮行会を催し、餞別を近親者や友人からもらっての旅立ちであった。当時筆者は関西に勤務していたが、国内旅行においても、もっとも遠い北海道一周旅行は往復に夜行寝台列車やフェリーを利用することが多く一週間を超える長期旅行であった。

その後、日本経済がさらに成長し、人々の暮らしがより豊かになり、余暇が拡大し、レジャーとしての旅行は一般化し、より身近なものとなっていった。その間、航空機は大型化するとともに高速化し、航空路線網や高速鉄道網、高速道路網も日本だけでなく世界の多くの国々で整備され、地球は確実に小さくなり、日本列島も狭くなった。しかも、大量輸送や旅行会社間の競争激化、為替の関係などにより旅行価格の低下が進み、旅はけっして特殊なイベントではなく、忙しい日々の中にあってもいつでも、何度でも行けるものとなり、その結果、旅行日数も短縮されていった。旅行は「安・近・短」の歴史を歩み始めたのである。すなわち、より安価で、より近い目的地で、より短期間の旅行日数の旅を求める傾向が続いてきたのである。今日では週末1泊2日の韓国や中国への海外旅行も定着し、ワールドカップなどの際には0泊の弾丸ツアーなるものも出現した。

近年、多種多様な長期旅行が出現

しかし、近年その傾向とは逆の長期旅行となる旅行スタイルがマスコミなどで頻繁に取り上げられるようになってきた。団塊世代のリタイアメント後のライフスタイルを語るときに必ず登場する「海外ロングステイ」、富裕者層の代表的なレジャー「クルーズ」、元気な好奇心の強い熟年層が挑戦し始めている「海外熟年留学」などである。若者の旅行スタイルも、「ボランティア旅行」や「ＷＷＯＯＦ（ウーフ）」と呼ばれる有機農業のファームステイ体験旅行が注目を集めている。いずれも、数週間から数ヶ月にわたる長期旅行で、着実に浸透し始めている新しい旅行スタイルである。旅行にスローライフと個々人のこだわりを求め始めてきたともいえる。

国内旅行においても、海外旅行同様、団塊世代を対象とした「国内ロングステイ」や「シニアサマーカレッジ」などの研修滞在旅行が話題となってきている。国土交通省や各地方自治体もさまざまな形で国内長期旅行の推進を支援している。それは少子化が続く中での人口減少、高齢化を背景に、交流人口を増やし、地域を活性化させる大きな戦略と位置づけられている。まさに長期旅行者人口を増やすことは、「交流時間」を増やすことであり、海外旅行も国内旅行もその地域の経済的な効果を生み出し、それだけでなく文化の相互理解や人々とのふれあいと強い絆をつくることができる。

海外の先進国では、以前よりバカンス、バケーションと呼ばれるかなり長期の休暇制度があり、定着している。日本も欧米先進国並みの長期間の完全休暇を楽しむ時代がもうそこまで来ているのかもしれない。しかも日本の長期旅行は欧米流のワンパターンの滞在型ではなく、それぞれの趣味志向に合わせたバリエーション豊かなものになるだろうと私たちは予測している。

この芽生え始めた日本のロングツーリズムを私たちは「長旅《ながたび》」と名づけ、その実態と旅行者の動向、これからの展望についての調査、研究を当「旅の販促研究所」の自主研究として実施した。調査は私たち研究所のオリジナルツールである「旅行企画パネル」を使ったインターネット調査を基本とし、さらに深くインターネット追跡調査、グループインタビュー、現地での取材などを行った。臨場感あふれる最新の調査結果とユニークな研究成果が出たものと思っている。編集に当たっては一般読者にも興味深く読み進められるよう、表やグラフを工夫し、可能な限り平易にまとめさせていただいたつもりである。この一冊が少しでも旅行業界や観光業界の発展のための役に立てればと願っている。是非、旅行業や観光業に従事する方々はもちろんのこと、旅行業界や観光業界を目指す若々しい感性を持つ学生の皆さんにも読んでいただきたいと思っている。さらに、旅行を愛する一般の読者の方にも興味を持っていただけたら望外の喜びである。

最後に、多くの先達の調査結果や研究成果を参考にさせていただいたことを報告するとともに、インタビューや取材で協力していただいた多くの方々、とくに調査設計から分析、編集など共に研究に参加していただいた創造開発研究所の皆様方には紙面を借りて心より感謝申し上げげます。また、編集にお骨折りをいただいた教育評論社の久保木健治さんに御礼を申し上げます。そして、何よりも忙しい業務のなか熱心に研究、執筆に取り組んだ当「旅の販促研究所」の研究員に敬意を表すると共に、感謝します。

２００７年６月

監修　安田亘宏

目次

第四章
「海外長旅」の実態と意向 ――― 075

第五章
さまざまな「国内長旅」

装訂　上野秀司
イラスト　長尾佳子

第一章
What is「長旅」?

最長90日。業界をアッといわせた新商品が誕生

長期旅行時代の到来――。日本のツーリズムに、いま、新しくも確かな潮流が興りつつある。旅行が〝キング・オブ・レジャー〟と呼ばれるようになって久しいが、この流れこそ正真正銘の本物。あらゆる世代の日本人が求めてやまない要素を取り込み、余暇の王様の名に恥じないロングツーリズムが生まれているのだ。

２００７年2月、旅行業界関係者から「まさに快挙!」と手放しで絶賛された新商品が、満を持してルックＪＴＢから発売された。

「30日間のヨーロッパ旅行を3コース発表。すべてをつなげば最大90日間!」。

従来の商品にはなかったあまりのスケールの大きさに、多くの関係者はこう感じたことだろう。

「日本のツーリズムもここまできたか……」。

この長期にわたる海外周遊旅行が、戦後60年の歴史を持つ日本のツーリズムにとっていかに画期的であり、衝撃的な内容を持つものなのか。以下にこの新商品を彩る3コースの内訳を列挙してみよう。

▼ルート1　テーマ「光と彩りを求めて」南欧羅巴の海岸線を行く！　30日間

スロベニアからアドリア海沿いにバルカン半島を南下してクロアチアからイタリアへ。ここからヨーロッパ最西端のロカ岬まで、南ヨーロッパの海岸線を中心に、「光と色」をテーマにその風景と都市の文化を楽しみ尽くす。この30日の間に、リビエラ、コート・ダ・ジュール、コスタ・デル・ソルといった世界に名だたるビーチリゾートを訪れ、南欧のハイライトをたっぷりと観光する。

▼ルート2　テーマ「壮大なる自然と透明な街並み」北欧羅巴を極める！　30日間

スウェーデンからフィンランド、ノルウェー、デンマークの順に北欧を巡る旅で、「大自然と癒し」をテーマに、北極圏や南極でしか見ることのできない「真夜中の太陽」や、氷河期に造形されたフィヨルドといった、北欧ならではの大自然の魅力を体感する。ルート中6回のクルーズや鉄道を含む変化に富んだ交通手段で旅行できるのも特徴。

▼ルート3　テーマ「鉄道旅行の魅力再発見」中欧羅巴を鉄道で巡る！　30日間

ルートはドイツの温泉リゾート地バーデン・バーデンやハイデルベルクへの拠点となるカールスルーエやシェーンブルン宮殿といったオーストリア・ウィーンの世界遺産、スロバキアなどを巡るものだが、最新の高速鉄道や有名路線を乗り継ぐ旅行ではなく、各都市の連泊をベースに、滞在中の時間を利用してローカル列車でも小旅行を楽しもうというのがこのコースの趣旨。

3コースすべてをつなげた「欧羅巴90日間の旅」の旅行代金は、エコノミークラス利用で

440〜460万円と「世界一周クルーズ」並みの価格で、クルーズ顧客はもちろん、お金と時間に余裕がある人すべてに提案可能な商品となっている。

この長期旅行は、先の3コースをベースに、1コースだけでも、2コースをつないでも、3コースすべてに参加して総日程90日間の大旅行を楽しんでもいいように行程が工夫されている。これほどスケール感のある海外旅行はいままでにあっただろうか。

ツアーそのものの豪華さはもちろん、自然やリゾート、ロマン、郷愁、癒し、趣味・嗜好、こだわりなど、現代人が海外旅行に求めるありとあらゆるキーワードやトレンドが、ふんだんに盛り込まれている〝総合型〟のツアーであることも見逃せない。特筆しておきたいのは、この旅行が「仕事からの卒業旅行」をコンセプトとした新商品であり、大量の出現が見込まれる団塊世代の退職者を明確なターゲットにしていることだ。

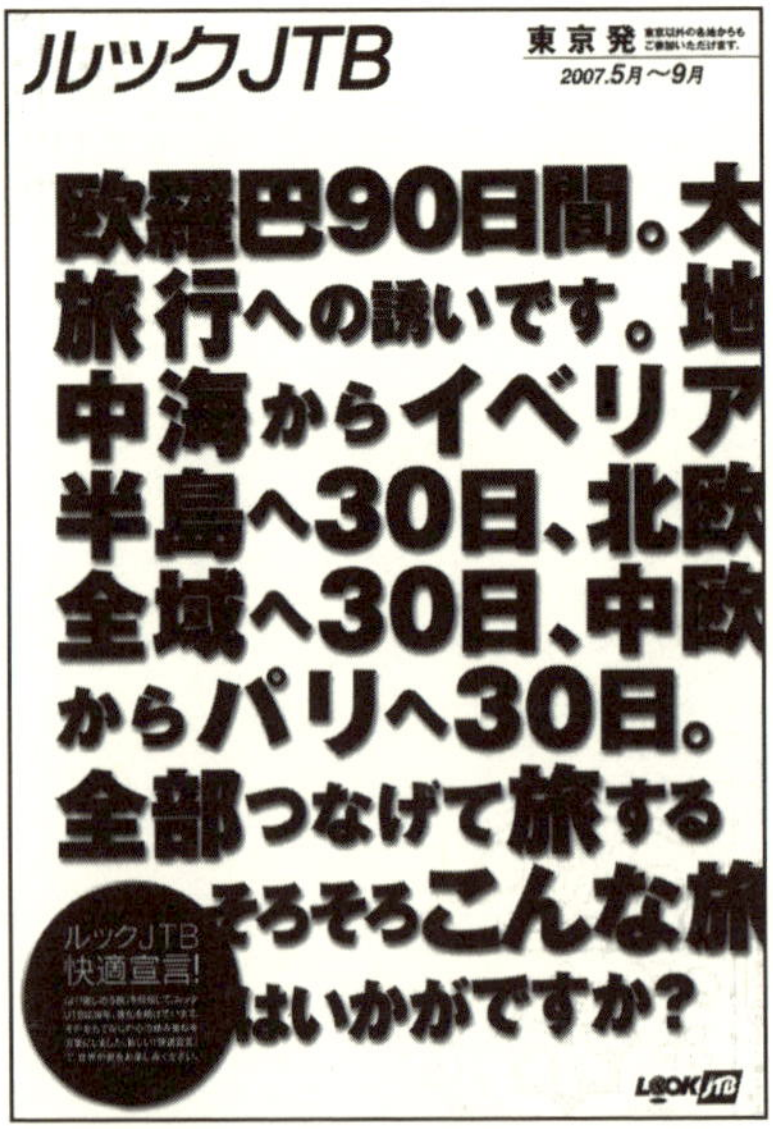

ルックJTBパンフレット

「長旅」の定義

2007年から始まる団塊世代のハッピーリタイアメント。日本を揺るがすこの巨大な現象は、あらゆるジャンルに多大な影響を及ぼすことになるが、旅行業界にとっても例外ではない。２００６年10月、ハートフォード生命保険㈱とシニアマーケットの専門機関、㈱シニアコミュニケーションが、団塊世代の男女６００人に対して行った「セカンドライフ」に関する調査結果の一部をここに紹介しよう。それぞれの回答は「十分な時間やお金があったら〝セカンドライフ〟でやってみたいこと」について答えたものだ。どんなものが出てきたのだろうか。（資料①）

男性でトップになったのは「世界遺産巡りをする」、女性では「海外ロングステイをする」。こちらは男性にも人気で第2位である。他にも「世界一周クルーズをする」、「田舎暮らしをする」などに人気が集中した。いずれも〝長期間を要する旅〟に人気が集まっているが、男女とも海外志向が高いこともよくわかる結果となっている。

確かに団塊世代をターゲットにした「海外ロングステイ」は説明会が超満員になるほどの賑わいである。また、豪華客船「飛鳥II」や「にっぽん丸」、「ぱしふぃっくびいなす」などによる「海外ロングクルーズ」についても、「日本にはそんなにお金持ちが多いのか」と思わせるほどの超人気ぶりで、1年前からの売り出しでたちまち完売するという。ちなみに、団塊世代の男女の違いとして顕著に現れるのは、男性では「田舎暮らしをする」が第3位だが、女性の人気は低く、男性には人気のない「海外留学」が女性の第5位にあげられている。

団塊世代ばかりがクローズアップされているが、若者やミドルエイジの意識

資料①【十分な時間やお金があったらセカンドライフでやってみたいことは何ですか】

（■:団塊世代男性 n=86（数値上）　■:団塊世代女性 n=130（数値下））「2006年　ハートフォード生命保険㈱／㈱シニアコミュニケーション」

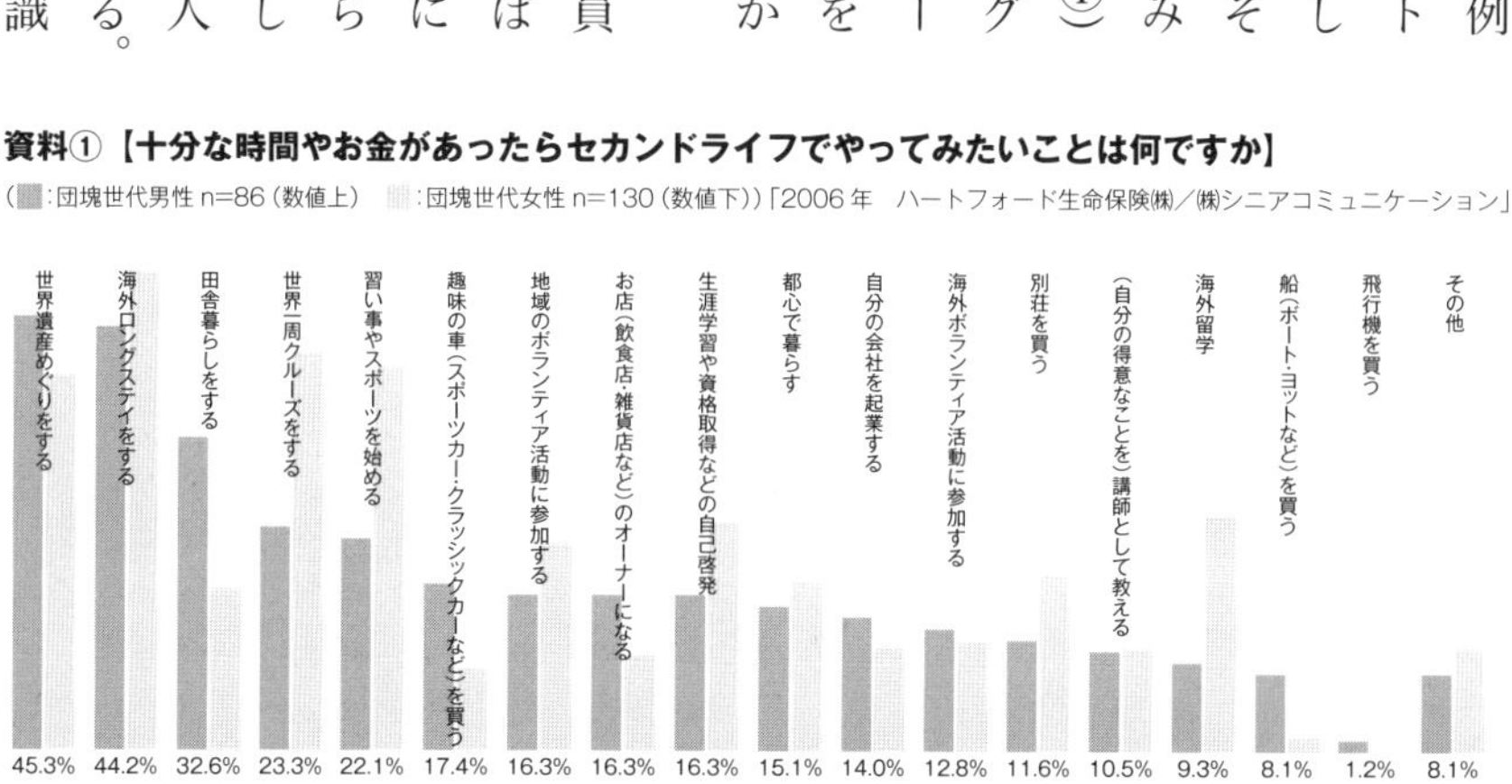
世界遺産めぐりをする 45.3% 39.2%
海外ロングステイをする 44.2% 50.0%
田舎暮らしをする 32.6% 16.9%
世界一周クルーズをする 23.3% 41.5%
習い事やスポーツを始める 22.1% 40.0%
趣味の車（スポーツカー・クラッシックカーなど）を買う 17.4% 8.5%
地域のボランティア活動に参加する 16.3% 21.5%
お店（飲食店 雑貨店など）のオーナーになる 16.3% 10.0%
生涯学習や資格取得などの自己啓発 16.3% 23.8%
都心で暮らす 15.1% 17.7%
自分の会社を起業する 14.0% 10.8%
海外ボランティア活動に参加する 12.8% 11.5%
別荘を買う 11.6% 18.5%
（自分の得意なことを）講師として教える 10.5% 10.8%
海外留学 9.3% 24.6%
船（ボート・ヨットなど）を買う 8.1% 1.5%
飛行機を買う 1.2% 0.0%
その他 8.1% 10.8%

の変化も、旅行スタイルの長期化に大きく寄与している。
「語学研修」、「体験・研修旅行」、「ホームステイ・ファームステイ」、「ワーキングホリデー」「ボランティア」、「トレッキング」……。こういった旅行スタイルはいずれも、旅行者の動機や内容から長期にならざるをえない旅行であり、専門の旅行会社が数多くの商品を売り出している。顧客は時間が豊富にあり、自由に動ける若者層が中心なのは相変わらずだが、近年はミドル層やシニア層にまでニーズが広がりつつある。先に、団塊女性の「海外留学」人気が高いというデータを紹介したが、かつては若者の専売特許だった「語学研修」や「体験・研修」といった習い事留学に、ミドルからシニア層の女性が関心を示し始めているのである。

公的機関が算出したデータや、当研究所の調査研究による分析結果や取材の紹介は次章以降に譲るが、国内・海外を問わず、日本人の旅行は長期化の萌芽が明確に現れている。そして、旅行業界に籍を置く多くの者が、長期旅行時代の到来を確信し始めているのである。

私たち「旅の販促研究所」はこの芽生え始めたロングツーリズム、すなわち長期間旅行を「長旅」と名づけ、左記のように定義した。

▼海外長旅

生活の本拠地を日本国内に置きながら、海外各地を連続して2週間以上、滞在または周遊する、帰国を前提とした旅行。業務による出張・駐在・赴任は除く。

▼国内長旅

生活の本拠地を日本国内の定まった地域に置きながら、日本国内各地を連続して1週間以上、滞在または周遊する、自宅に帰ることを前提とした旅行。帰省、業務による出張・駐在・赴任、就学による一時生活、就職準備のための一時生活、治療のための入院、冠婚葬祭などの家事は除く。

ポイントは長期間といっても、「帰宅」を前提とする旅で「移住」や「転居」ではないもの。そして、「生産」する仕事ではなく、原則として余暇を利用し「消費」する旅行であること。海外の旅行期間は、現在のロングといわれるヨーロッパへのパッケージツアーでもほとんどは2週間以内であること。また、㈶ロングステイ財団が「ロングステイ」を「帰国を前提とした2週間以上の長期海外滞在型余暇」と定義していることから、それに倣い「連続して2週間以上」とした。

国内の旅行期間も同様に、東京、大阪を基点として遠距離の北海道、九州、沖縄のパッケージツアーもほとんどは1週間以内であること。国土交通省などの行政機関が「1週間以上」の旅行や滞在を奨励、推進していることなどから、「連続して1週間以上」とした。

次章では、日本の旅行業界、および関係諸機関が積算・算出したさまざまな数字やデータを駆使し、日本の旅行市場における「長旅時代」到来の裏づけを可能なかぎり明らかにしていく。

第二章

「長旅時代」の幕開けだ！

日本のツーリズム市場の概要

「安・近・短」から「高・遠・長」へ

「はじめに」でも記したように、高度経済成長期以降の日本のツーリズムは、社会が豊かになったことや、空や陸の交通網の驚異的な発達、旅行会社間の競争激化などが相まって、次第に特殊なイベントではなくなってきた。そのために、日本人にとっての旅行は、「安・近・短」の歴史を歩み始めることになり、その流れは、基本的にいまなお続いている。

ところが、近年この流れとは逆向きの長期の旅行スタイルが海外・国内ともに起こり、それらがマスコミなどで取り上げられるようになってきた。日本のツーリズムにも、「長旅」ブームに通じる「高・遠・長」の兆しが起き始めたのである。

この「高・遠・長」の傾向の裏づけに触れる前に、まず日本のツーリズムの現状を見ていくことにする。

日本人のツーリズム消費額は27・8兆円

24・4兆円…これが2005年度中に日本国内で支払われたツーリズム消費額である。

市場別の内訳は、国内宿泊旅行が前年度と比べて1・4％減の16・4兆円（シェア67・2％）、日帰り旅行は2・7％増の4・7兆円（同19・1％）、海外旅行（国内での支出）が0・2％増の1・7兆円（同7・0％）、そして訪日外国人旅行が3・8％増の1・6兆円（同6・7％）となっている（資料②）。

費目別内訳をみると（資料③）、「旅行会社」は2・8兆円で、「交通」や「宿泊」、「土産・買い物」よりも小さく、ガイドブックや旅行保険、パスポート申請費用など旅行準備のための支払いや写真現像料などの旅行後の支払いを含む「旅行前後の消費」などが意外に多いことがわかる。旅行にかかわる消費は多種多様で、各方面に広がっている。国内ツーリズム消費は必ずしも旅行会社がすべてを吸収していないことがよくわかる。

資料②【国内ツーリズム消費額の市場別内訳（2005年度）】

「㈳日本ツーリズム産業団体連合会」

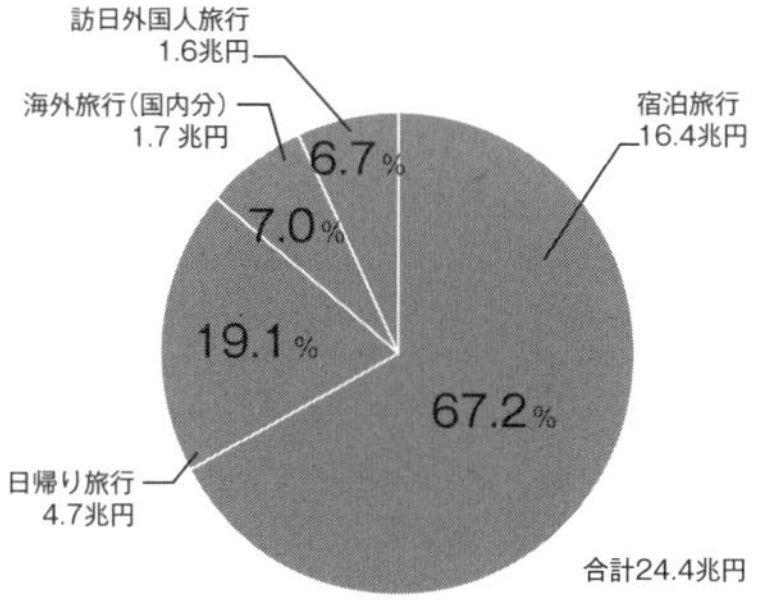

資料③
【日本国民のツーリズム消費額（費目別内訳）（2005年度）】

「㈳日本ツーリズム産業団体連合会」

日本国民のツーリズム消費額		27.8兆円
海外	日本人海外旅行者の消費	5.1兆円
国内	旅行前後の消費※1	3.8兆円
	入場料ほか	1.0兆円
	土産・買物	3.0兆円
	飲食	1.9兆円
	交通	6.7兆円
	宿泊	3.5兆円
	旅行会社	2.8兆円※2

※1 ガイドブックや保険料、パスポート申請費用など旅行準備のための支払いや、写真現像など旅行後の支払いのこと。

※2 旅行会社を経由して支払われた宿泊や交通などの料金を含む。ただし、海外から仕入れた宿泊や交通などの料金は含まれない。

前年度（2004年度）と比べると、国内宿泊旅行の消費額が減少しているが、国内日帰り旅行の消費額が増加し、訪日外国人旅行数の伸びもあって、2005年度の国内ツーリズム消費額の総額はほぼ前年並み（0・2％減）となっている。

一方、日本人海外旅行者が海外で支払った消費額は5・2％減の5・1兆円と推計され、前述の国内ツーリズム消費額と合わせると（訪日外国人旅行消費額の1・6兆円は除く）、2005年の日本国民のツーリズム消費額は全体で27・8兆円と推計される。ちなみに、レジャー産業の中で日本最大といわれるパチンコ産業は29・5兆円である（社会経済生産性本部「レジャー白書2005」より）。

ツーリズム産業は日本の基幹産業のひとつ

国内全産業の付加価値（売上から原材料費などを引いた金額）を合計した国内総生産（GDP）は年間およそ505兆円だが、このうち、ツーリズム産業が生み出した付加価値は12・3兆円と推計される（資料④）。これを他の産業と比較すると、ツーリズム産業の付加価値は「一般機械（10・6兆円）」や「化学（8・8兆円）」、「農林水産業（8・5兆円）」より大きく、「食料品（13・5兆円）」や「輸送用機械（12・8兆円）」、「電気・ガス・水道業（12・7兆円）」などと同じ水準で、大変付加価値の高い産業であることがわかる。

資料④【産業別に見る付加価値】

「ツーリズム産業」は2005年度の推計値。その他の産業は2004年（暦年）の値。内閣府「国民経済計算」

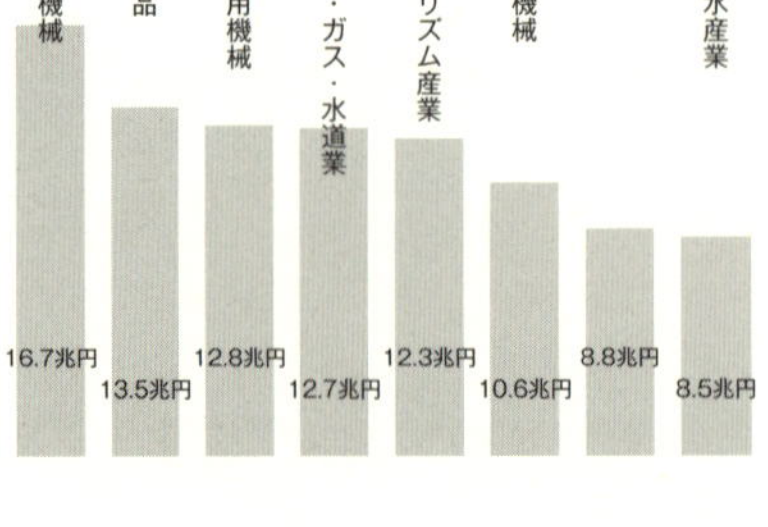

資料⑤【産業別にみる雇用者数】

「ツーリズム産業」は2005年度の推計値。その他の産業は2004年（暦年）の値。内閣府「国民経済計算」

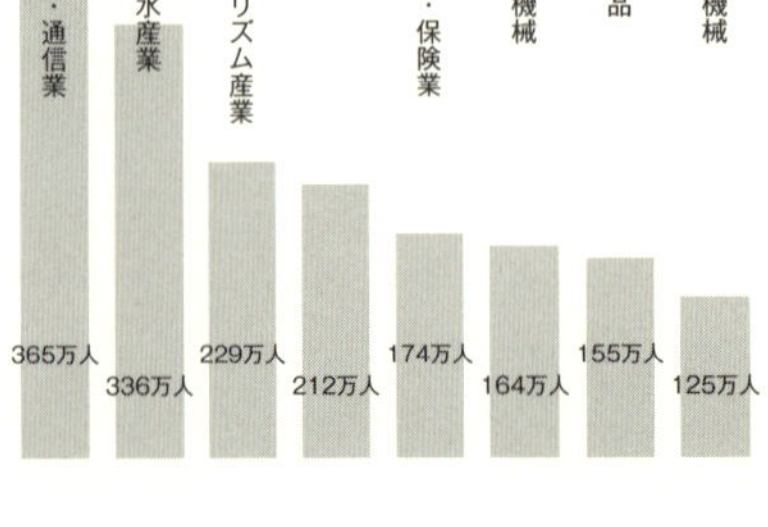

ツーリズム産業の雇用者数をみると、国内の全就業者数およそ6370万人のうち、ツーリズム産業での雇用者数は229万人と推計される（資料⑤）。この数値は、「ホテル・旅館」や「土産物店などの小売業」などを含めたもので、全雇用の3・6％に相当する。前年度から6万人の減少だが、全雇用でのシェアに変化はない。また、税収は2・0兆円で全税収の2・3％に当たる。

他の産業と比較すると、ツーリズム産業の雇用者数は「金融・保険業（174万人）」や「電気機械（164万人）」「食料品（155万人）」「一般機械（125万人）」などより大きく、なおかつ「公務（212万人）」を上回る雇用効果を持つ。ツーリズム産業は日本を代表する基幹産業のひとつなのだ。

経済波及効果は29・7兆円

次に、ツーリズム産業が、日本経済にもたらす波及効果をみていこう。

国内でのツーリズム消費は、ツーリズム産業の付加価値を生み出すだけにはとどまらない。ツーリズム産業による原材料の仕入れなどで仕入れ元の関連産業への経済効果が波及する一方で、それらの雇用者による家計消費も刺激して、日本経済に大きく貢献しているのだ。

国内ツーリズム産業の付加価値12・3兆円が日本経済にもたらした波及効果（付加価値効果）の総額は、29・7兆円と推定される（資料⑥）。また、雇用面からみた国内ツーリズム消費の波及効果は469万人と推計されている。ツー

資料⑥【ツーリズム産業が日本経済にもたらす波及効果（付加価値効果）】 「㈳日本ツーリズム産業団体連合会」

ツーリズム産業の付加価値　12.3兆円

↓

我が国経済への波及効果　29.7兆円※

1次産業　0.7兆円		2次産業　4.7兆円		3次産業　24.2兆円	
農林漁業	0.7兆円	食料品	1.5兆円	運輸	5.2兆円
その他　0.1兆円		機械	0.5兆円	不動産	2.8兆円
		化学製品	0.3兆円	金融・保険	1.9兆円
		建設	0.2兆円	電気・ガス・水道	0.9兆円
		石油・石炭製品	0.7兆円	卸売・小売	4.1兆円
		出版・印刷	0.3兆円	宿泊施設	2.2兆円
		繊維製品	0.3兆円	飲食店	1.3兆円
		その他	0.9兆円	その他	5.8兆円

※ここで示す波及効果29.7兆円の値は、一次波及効果（中間投入の増加がもたらす生産誘発効果）ならびに二次波及効果（雇用者所得の増加に伴う消費の増加がもたらす生産誘発効果）を足しあげたもので、これら波及効果を「付加価値」で示したものである。

リズム産業が日本経済を支えている、といってもいいほどの巨大な経済波及効果を生み出しているといえるのだ。

諸外国にはまだまだかなわない

日本のツーリズム産業を、諸外国のものと比較してみよう。

UNWTO（世界観光機関）の定義に基づく国内ツーリズム産業の付加価値は、国内総生産（GDP）の2・0％に相当する。図からもわかるように、海外の国々と比べると、いまだ低い水準にある（資料⑦）。国内ツーリズム産業の雇用についても、他国と比べると低い水準にあり、そのシェアは総雇用の2・8％となっている（資料⑧）。

資料⑦
【ツーリズム産業の付加価値の国際比較
ツーリズムGDPのシェア（対GDP）】
（国名の後の数値は、推計対象年次を指す）
各国資料から㈶日本交通公社が作成

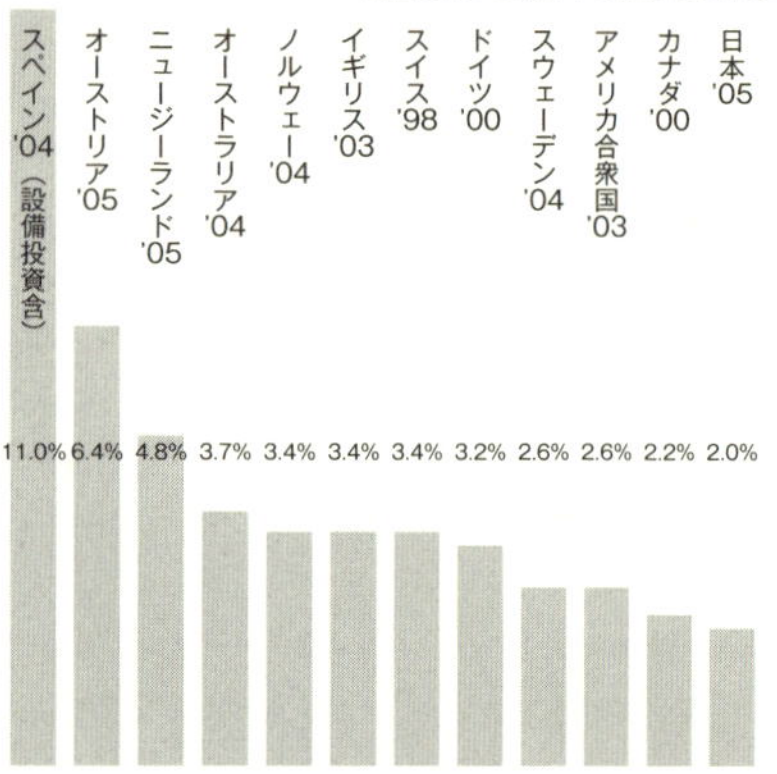

資料⑧
【ツーリズム産業の雇用の国際比較
ツーリズム雇用のシェア（対総雇用）】
（国名の後の数値は、推計対象年次を指す）
各国資料から㈶日本交通公社が作成

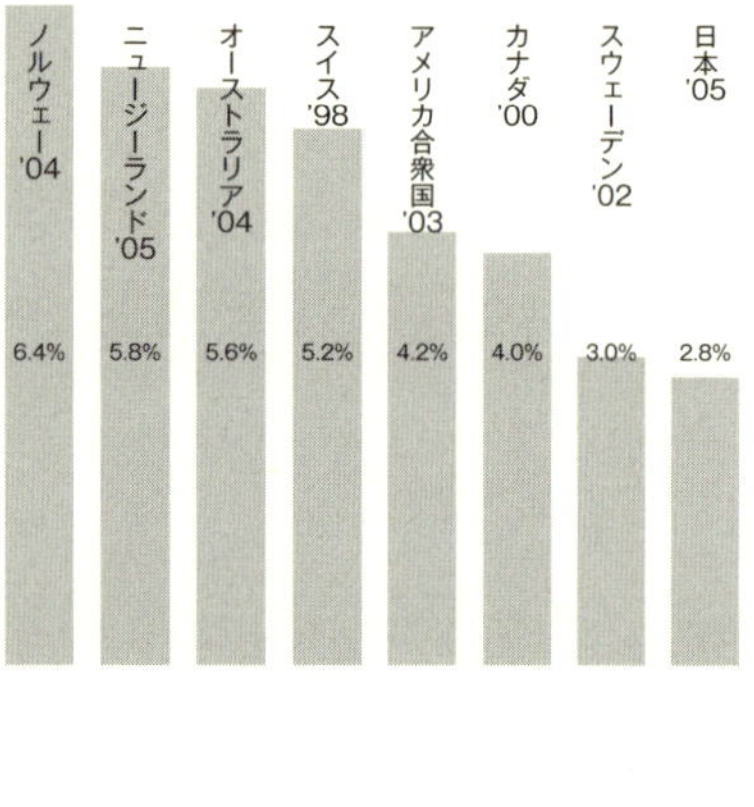

資料⑨【ツーリズム消費額の国民・外国人比率】
（国名の後の数値は、推計対象年次を指す）各国資料から㈶日本交通公社が作成

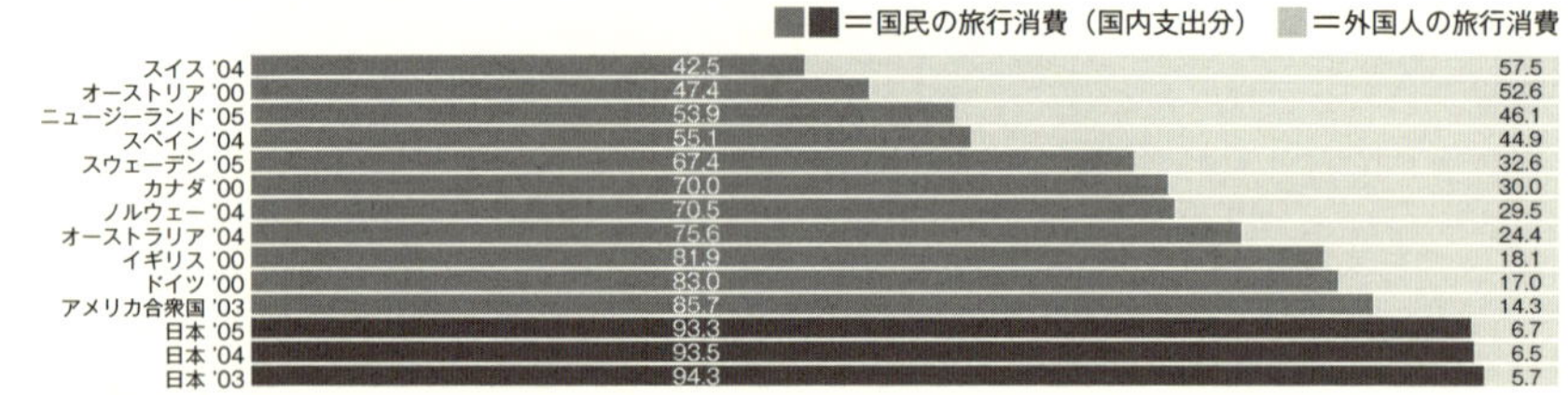

ただ、2005年度の国内ツーリズム消費額に占める外国人旅行者による消費額のシェアは6・7％となり、2003年度以降、上昇を続けている。しかし、下位にあるアメリカ合衆国やドイツ、イギリスなどと比べても、外国人旅行者の消費比率はまだまだ低い水準にある（資料⑨）。ちなみに、2006年、年間730万人ほどの外国人が訪日しているが、2010年には1000万人を突破すると予想されている。

旅行全体と「長旅」の比較

数字上では小さい「長旅」のマーケット

近年の海外・国内旅行者数の推移はどうなっているのだろうか。

まず、次のページの表（資料⑩）をみると、海外旅行者数は80年代後半から急激な右肩上がりで伸びていることがわかる。

現時点での過去最高は2000年で、1800万人近くになった。だが、2001年に米国同時多発テロ事件（9・11）が起こり、2003年には東南アジアを中心に猛威を振るったSARS（サーズ＝重症急性呼吸器症候群）やイラク戦争の勃発などで1300万人台にまで激減。倒産に追い込まれた中小の旅行会社が相次いだ。しかし、海外旅行人気は底堅く、翌2004年には再び1600万人を突破し、2006年にはほぼピーク時の2000年に肩を並べるまでに回復した。

資料⑩【海外旅行者数】「法務省」

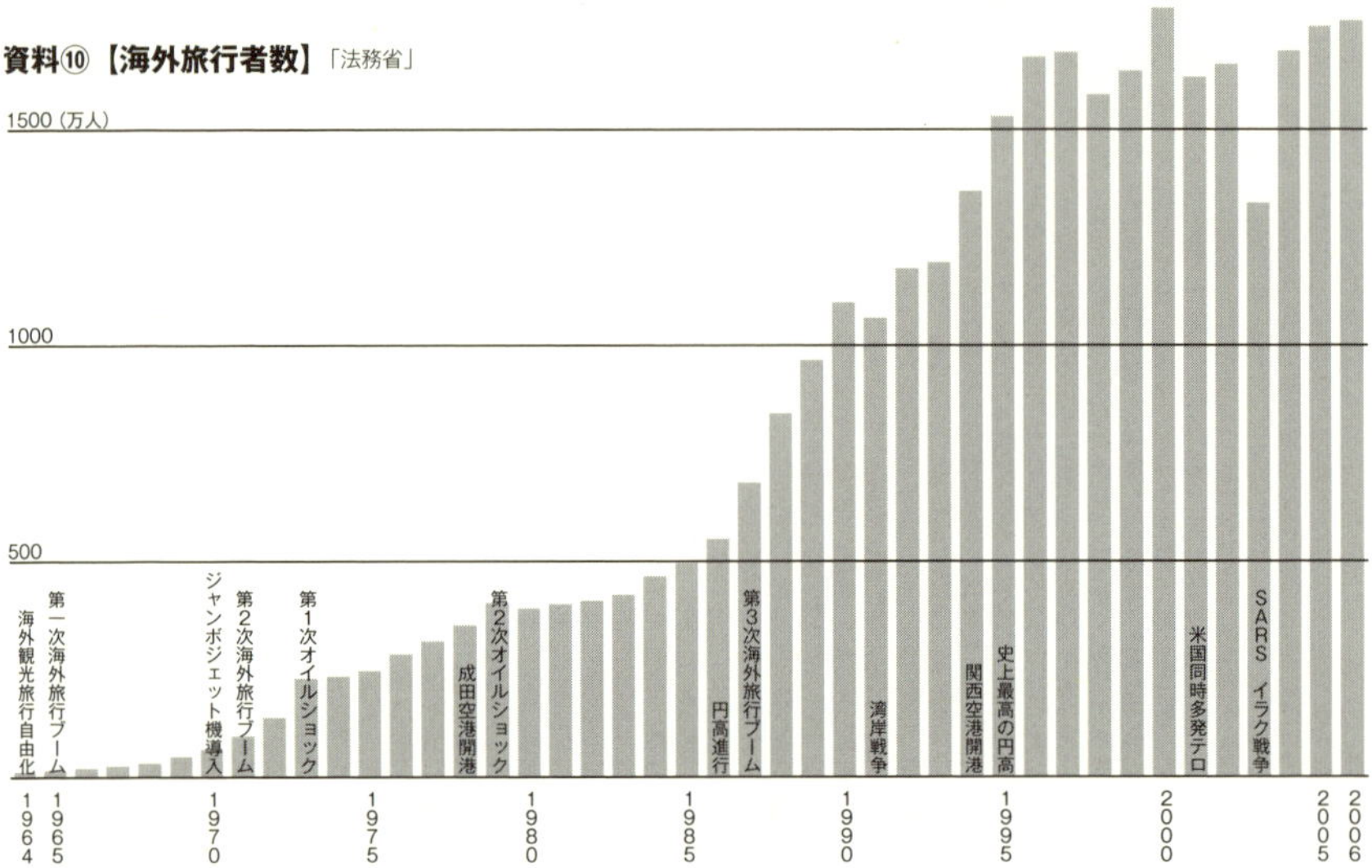

資料⑪【国内宿泊観光旅行者数】「国土交通省 （76年より数字の記載方法が変更）」

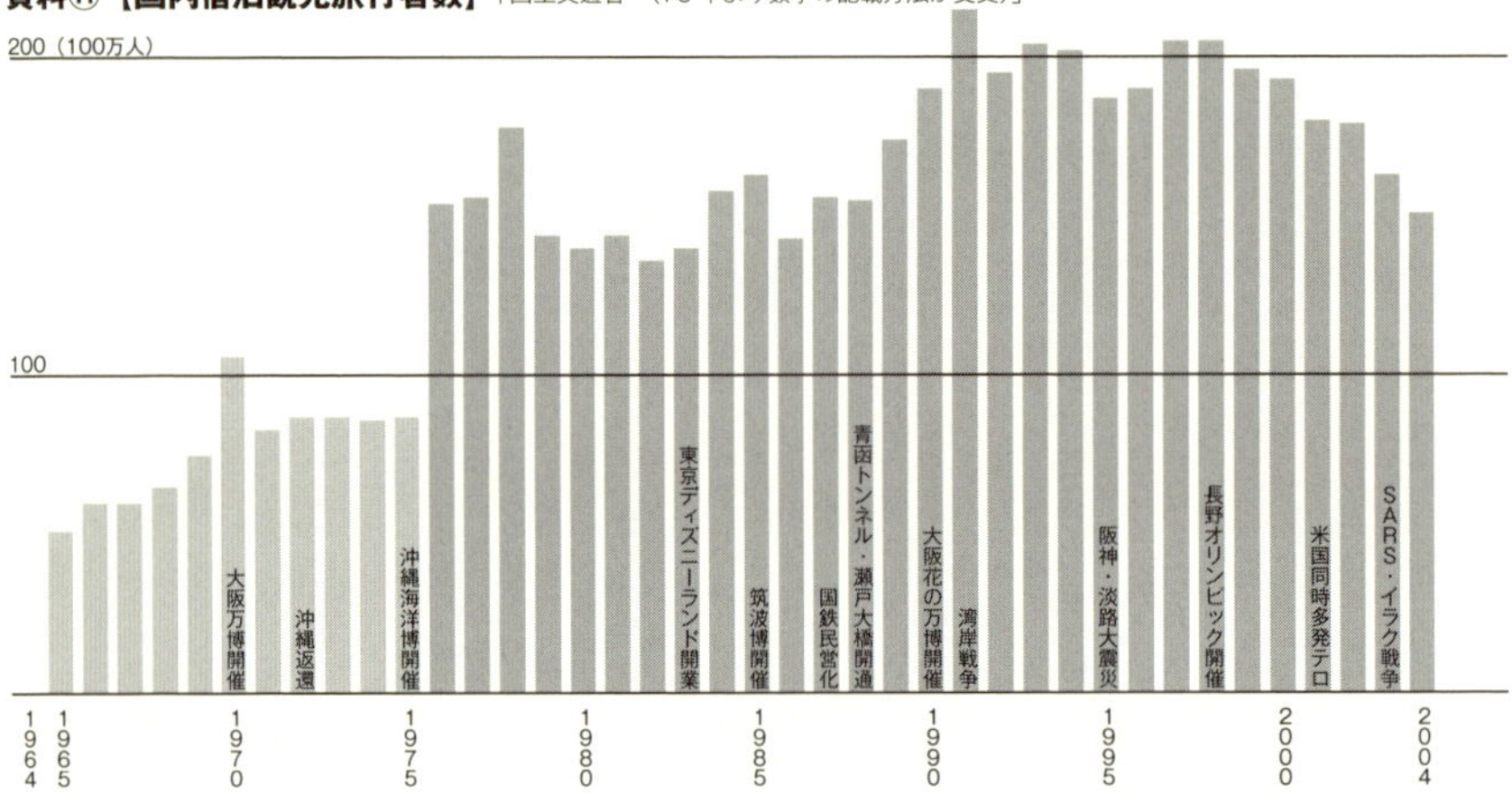

資料⑫【旅行日数】

「㈱ツーリズム・マーケティング研究所（JTM）『JTB REPORT』」（※2000年までのデータは、㈶日本交通公社の調査による。）

	=1~4日	=5~7日	=8~14日	=15日以上	=無回答
1999年 (n=3,934)	19.8%	37.5%	33.3%	7.3%	2.0%
2000年 (n=3,9,06)	22.3%	35.9%	33.6%	6.5%	1.8%
2001年 (n=3,632)	23.2%	37.1%	31.4%	6.2%	2.1%
2002年 (n=4,366)	23.6%	38.4%	31.2%	5.2%	1.6%
2003年 (n=3,908)	24.2%	37.7%	30.5%	6.9%	0.7%
2004年 (n=4,274)	27.3%	37.3%	29.1%	5.3%	1.0%
2005年 (n=4,739)	29.6%	38.5%	26.5%	4.6%	0.7%

活気づく海外旅行者数に比べ、国内宿泊観光旅行者数には勢いがなく、総じて微減傾向が続いている（資料⑪）。１９９１年に初めて2億人を突破し、その後は2億人前後で横ばいが続くが、１９９８年からは減少傾向が明らかになり、２００３年は1億６０００万人をわずかに超える程度にとどまり、２００４年までは横這いないし微減といったところで推移している。

また、２００５年の海外旅行における15日以上長期旅行者は全体の４・６％となっている（資料⑫）。国内旅行における1週間以上の長期旅行者は、全体の1・6％となっている（資料⑬「6泊」と「7泊以上」の数値を合算）。このように、数字の上では「長旅」のマーケットはごく小さいもののようにみえる。

圧倒的多数の「安・近・短」旅行

高度成長期以降の日本の旅行は「安・近・短」の歴史だと説明したが、それが現在も続いていることを、「短」を裏付けるデータで紹介しよう。

右ページの海外旅行日数の推移のグラフ（資料⑫）をみると一目瞭然で、もっとも多いゾーンは「5〜7日」だが、「1〜4日」が１９９９年の19・8％から２００５年には29・6％と大幅に増加しているのがわかる。これは韓国や中国など近隣のアジア旅行が増えたからだと考えられる。「5〜7日」はボリュームゾーンでハワイ旅行の日数やアメリカ西海岸、アジアリゾートがこの日数になる。この6年間シェアはほとんど変わっていない。「8〜14日」のゾーンは33・3％から26・5％と毎年そのシェ

資料⑬【国内旅行宿泊数】「旅行者動向2006 ㈶日本交通公社」

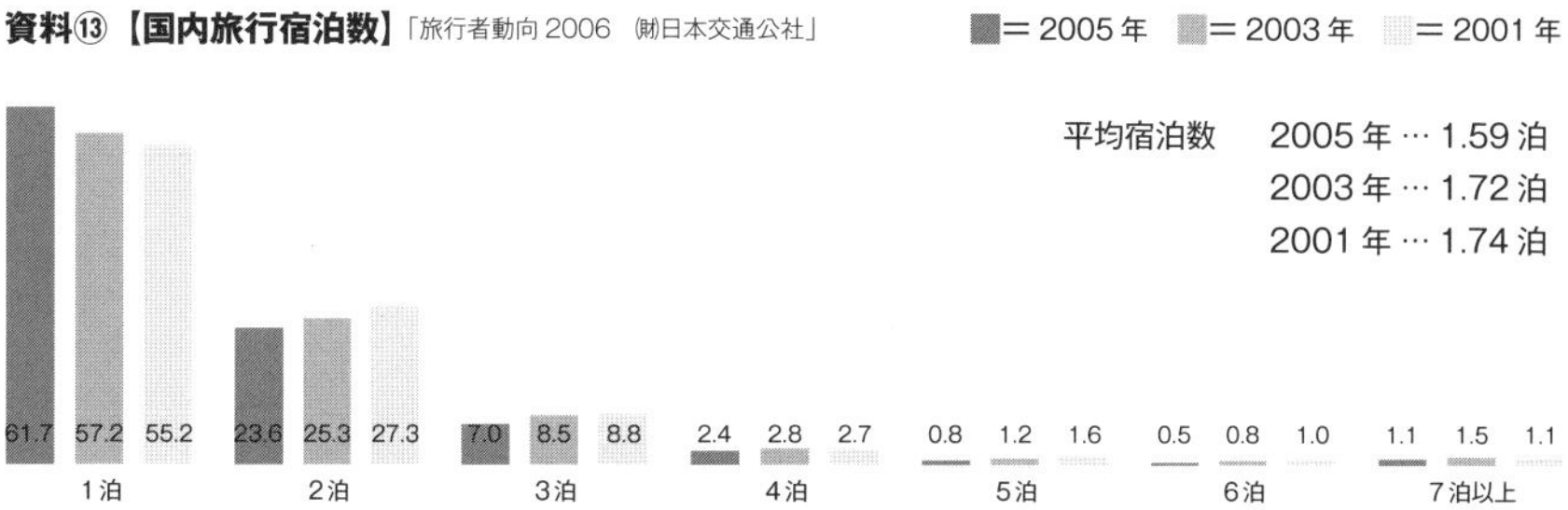

アを落としている。ヨーロッパやアメリカ東海岸への旅行日数である。「15日以上」の「長旅」は1999年7・3％だったものが前述のとおり4・6％とシェアを減らしている。「旅行者動向2006」(財)日本交通公社)による平均宿泊日数は2003年―2005年は5・65泊である。海外旅行においては「安・近・短」の傾向は今もなお確実に続いているといえる。

また、国内旅行を見ても、前ページのグラフ（資料⑬）からわかるように、2005年は「1泊」の旅行が全体の6割強を占め、2001年から6・5ポイントも増加している。しかも、「1泊」と「2泊」を合わせると全体の85％となり、やはり短期間の旅行が主流となっている。一方、「6泊以上」、つまり1週間以上の「長旅」は2001年2・1％から2005年1・6％とシェアを落としている。平均宿泊数も2001年1・74泊だったが2005年は1・59泊となり、国内旅行においても「安・近・短」傾向が進んでいることがよくわかる。

長期比率は低下しているが、ボリュームは落ちていない

このように、国内も海外も短期間の旅が圧倒的に増えている。海外旅行では2泊3日、3泊4日が中心で、1泊2日はもちろん0泊というプランまで出現している。ハワイ旅行の基本パターンは4泊6日だ。このあたりが海外旅行のボリュームゾーンを形成しており、旅行者がどんどん増え続けているので旅行日数の平均値は下がり続けるというわけである。国内旅行についても同様のことがいえる。

では、「長旅」、海外なら2週間以上の旅行、国内なら1週間以上の旅行の実数は減り続けているのだろうか。

旅行会社としてもっとも多くの旅行を取り扱っている旅行業界最大手ＪＴＢのデータを見ていくことにしよう。「長期旅行者」（本書でいうところの「長旅」旅行者）と海外旅行・国内旅行全般のデータとを比較しながら、それぞれを検証していくことにしよう（ともに個人グループ実績・ビジネス目的の旅行は除く）。

まず、左に記載したＪＴＢの海外旅行と国内旅行の「取扱件数年度別推移」のふたつのグラフ

資料⑭【海外旅行取扱件数年度別推移】

「JTB 販売実績データ」

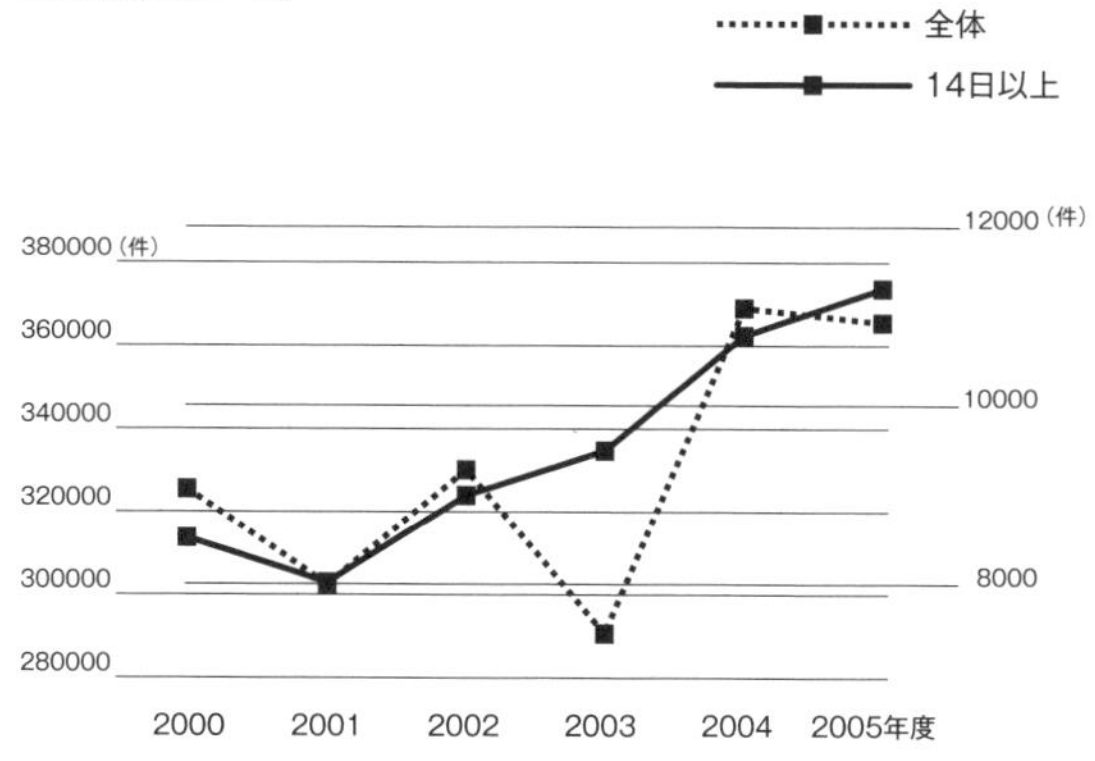

資料⑮【国内旅行取扱件数年度別推移】

「JTB 販売実績データ」

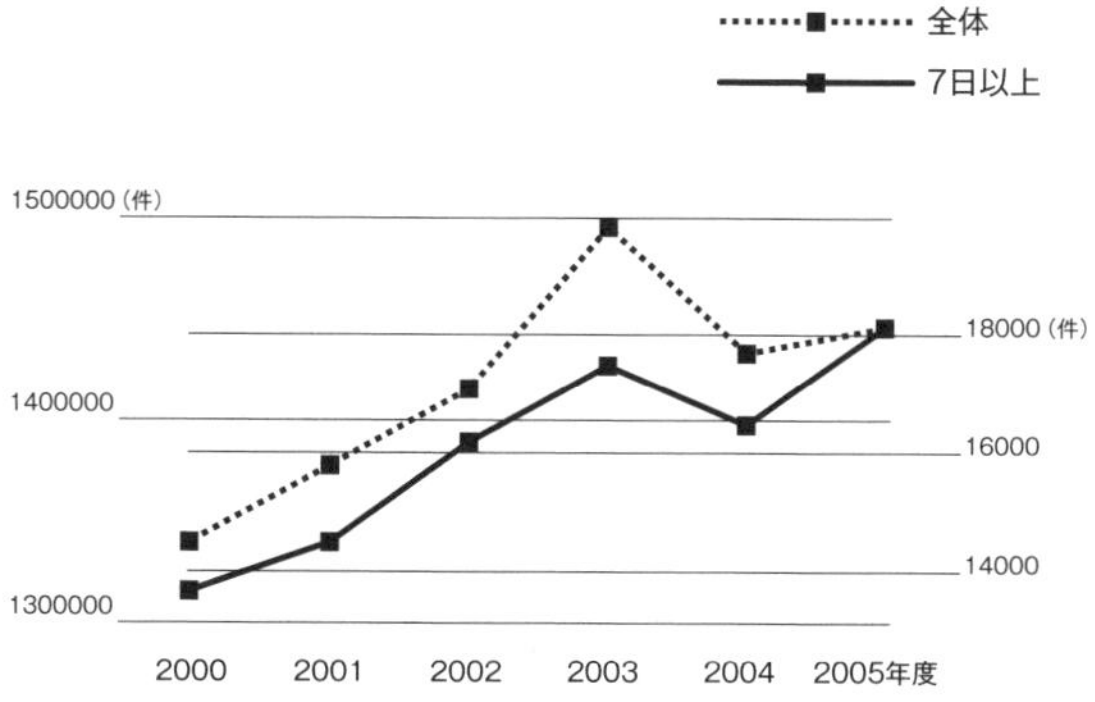

（資料⑭⑮）を見ていただき、それぞれのふたつの折れ線グラフに注目していただきたい。⑭の左の数字は海外旅行件数全体の数字で、右は14日以上の旅行件数の数字である。また、⑮の左の数字は国内旅行件数全体の数字で、右は7日以上の旅行件数の数字。

このふたつの資料の折れ線グラフを見比べてみると、14日以上の海外旅行と、7日以上の国内旅行が、いずれも全体数の伸びとほぼ同じように伸びていることがひと目でわかるだろう。

海外旅行件数の総数は、2000年度の33万件弱から、2003年度には29万件と一時的に落ち込むが、2005年度には37万件に近づくまでに急増している。また、14日以上の長期旅行件数も、2000年度の8500件弱から、2005年度には1万1000件強と順調に数を増やしている。

一方、国内旅行の総数も、2000年度には134万件だったのが、2003年に150万件とピークを迎え、2005年度も145万件近くをキープしている。

国内の長期旅行もほぼ全体の伸びとパラレルに動いているが、注目すべきは、海外の長期旅行で、前述のように2003年のSARSの発生やイラク戦争の勃発で海外旅行件数が一時的に急落しているにもかかわらず、「長旅」旅行件数に限っては、それらの影響をまったく受けず、減るどころか逆に増えていることである。これにより、「海外への『長旅』旅行者は、世の中の情勢や風評被害など旅行リスクの影響を受けない」と考えられる。マイナス要因になってもおかしくない世界情勢や旅行リスクをやすやすと乗り越えてしまえるほど、海外への長期旅行を志向する人には、目的意識の強さや信念といったものがあるのだろう。

いずれにせよ、「長旅」旅行者は、海外旅行、国内旅行とも、全体数からみた数字上ではそのシェアは微減傾向にあるものの、実際のボリュームは増加していると、ＪＴＢ販売実績から推量することができる。

日本の「長旅」の今

追い風が吹く日本の「長旅」

前述のように、海外旅行・国内旅行とも、全体数からみた％という数字上ではその割合を落とし続けているものの、「長旅」旅行者人数はけっして減少はしていず、ＪＴＢの数字からも明らかに増加の兆しを見ることができる。

それればかりではない。日本の「長旅」には、明らかに追い風が吹き始めているのである。

日本においては、現在も、そして将来も、消費額や雇用効果が増大するツーリズム産業は非常に重要な産業であることは間違いないが、そのことを認識した政府はようやく「観光立国推進基本法」を制定し、２００７年に施行されることになった。近い将来には「観光庁」（仮称）の設置も視野に入ってきた。

国や地方自治体なども、北海道から九州・沖縄まで地域活性化策のひとつとして、団塊世代をターゲットに長期滞在者用の宿泊施設を整備し、受け入れ体制を急ピッチで整えつつある。いわば自由度の高い「滞在型観光」と呼ばれるもので、旅行会社も加わって、ボランティア活動やＮ

PO活動あり、農村体験や自然散策、漁村体験あり、趣味や特技を活かした教室開講あり、温泉湯治あり、と地域コミュニティとの接点づくりや交流促進のために官民連携で本腰を入れ始めているのである。

これらは、人口減少時代を迎えて危機感を募らせる国や自治体が、交流人口を増やすことで経済を活性化させるための施策にほかならない。国はまさに「観光立国」たらんとしているのだ。国土交通省が後押ししている「ビジット・ジャパン・キャンペーン(YŌKOSO! JAPAN)」も、外国人観光客を増やして人口交流を促進するための施策のひとつである。また、国土交通省は、推進・支援するヘルスツーリズムやエコツーリズム、産業観光などの「ニューツーリズム」の中に、「長期滞在観光」を入れ、その推進を明確にうたっている。

「長旅」の輝かしい幕開けの年に

第七章で詳述するが、ここでは「長旅」を出現させた社会的背景に簡単に触れておく。「長旅」出現には、大別して3つの背景があると考えられる。

ひとつは、「余暇の拡大」である。

今年、2007年からは団塊世代の大量退職が始まるが、時間とお金に恵まれた彼らの多くが余暇をエンジョイするために、長期旅行へ向かうといわれている。一部には、彼らの多くは再就職してまだリタイアしないのではないか、と見る向きもあるが、完全にリタイアしなくとも、〝第一線を退き〟長期の休暇を取れる人が大量に出現するのは間違いない。同様に、勤労者の「休暇の取得環境の変化」も見逃せない。休暇の日数そのものはほとんど増えていないが、最近は新たな祝日や振替休日の設置、企業による有給休暇の消化奨励などで、連続休暇がとりやすくなっている。また、勤務条件が比較的自由な派遣社員やフリーターといった非正規社員の増加が、新たな旅行マーケットを生み出していることも見逃せない。彼らは、その気になれば、いくらでも長期の旅行が楽しめるだろう。

２つめは、「新たな富裕層の出現」だ。

世界一周クルーズが発売と同時に完売になり、２年先まで満員になるという驚くべき現象を見れば、シニア層はもちろん、30、40代にも土地や株式、ＩＴ事業などで富裕層になった層がかなり生まれているものと思われる。

３つめは「旅行スタイルの変化と低価格化」である。

以前より、旅行そのものが総じて安価になっていることが挙げられる。しかも、ホテルや旅館など観光地の受け入れ態勢も、個々のニーズに応えるべくさまざまな努力を積み重ねている。泊食分離や連泊割引、長期宿泊割引といったサービスは、ひと昔前にはなかったものだ。こうしたことが、旅行そのものを長期化させ、側面からリピート率のアップに貢献している。さらに、旅行業界のインフラ整備が進んできたことも「長旅」へのチャンスを拡大させている。

１９６４年に自由化されて以来、日本の海外旅行の歴史は、わずか40数年しかない。その中にあって、「はじめに」で触れたように、海外旅行は「団体旅行」からスタートし、「海外旅行といえばパッケージ旅行」の時代が長く続いた。その流れは基本的に今なお続いているが、明らかに変わってきたことがある。それは旅行そのもののスタイルの多様化である。

その代表が、「ＦＩＴ（エフアイティ）」（Foreign Independent Tour または Free Individual

Traveler）の出現である。旅行日程などを自由に組み立て、航空券やホテルを手配していく個人、あるいは少人数単位の海外自由旅行のことで、格安航空券が登場して以来、急速に拡大している旅行スタイルだ。当初は、ハワイを中心に添乗員が付かないフリー型の商品が作られ、それらは「パッケージツアー」の範疇であったが、近年になって、完全なる海外自由旅行としての「ＦＩＴ」がシェアを伸ばしてきた。

また、似た言葉で「ＳＩＴ（エスアイティ）」がある。「ＳＩＴ」とはSpecial Interest Tourの頭文字の略で、デスティネーション（目的地）や目的、体験などが特別、特殊な企画の旅行のことだ。「ケニアでマサイ族に会いたい」「チベットをバイクで走破したい」「アマゾンを川下りしたい」……。ＳＩＴは、パッケージツアーにもあり、もちろんＦＩＴでもある旅行スタイルで、海外旅行経験の多い層が求める旅行だ。

個人の自由なスタイルを求める「ＦＩＴ化」やこだわりのデスティネーションや目的を求める「ＳＩＴ化」の中で、旅行スタイルは「多様化」し、旅行者はいままでのような物見遊山、有名観光地の周遊では満足できず、「ちゃんと見る」「体験する」「学ぶ」「暮らす」「交流する」などの要素を旅行の中に入れるようになってきた。そしてそれらのことを実現するために、旅行は「長期化」せざるをえなくなってきた。

「ＦＩＴ」や「ＳＩＴ」が人気を集め、それに応える専門会社が増え、独自の旅行商品を続々と誕生させている。ＪＴＢグループではシニア向け高額パッケージツアー専門店「ＪＴＢグランドツアー&サービス」やこだわりの周遊旅行やクルーズを販売する「ＪＴＢロイヤルロード銀座」、クルーズ専門「ＰＴＳクルーズデスク」などの窓口をラインナップしている。また、同様なマーケットセグメンテーションをした専門旅行会社は数多くあり、固定客を確保している。インターネット上には専門のサイトも多い。

日本を取り巻く国際環境も、長期旅行の増加に一役買っている。ロングステイやワーキングホリデーなどを推進する国々では、リタイアメントビザの発行や宿泊施設のタイムシェア、各種アクティビティの整備などを進めている。また、国内では、長期海外旅行保険や留守宅セキュリティの商品化などが進んでいる。

国が豊かになり、人々の暮らしや生き方に余裕が生まれれば、旅はライフスタイルとなり目的が明確化し必ず長期化する。そしてその動きはすでに起こり始めている。さまざまな旅行スタイルが生まれ、それぞれにバックアップシステムが整備されつつある。

人口減少傾向にある日本において、旅は交流人口を増加させ、旅行業界だけではなく、地域を活性化させる。「長旅」の増加は交流人口を増やすだけでなく「交流時間」も拡大する。経済効果を大きくするだけでなく、地域の人々や世界各国の人々との理解や文化交流を促進させる。

2007年が、「長旅時代の幕開け」となる、輝かしい年となる可能性は大きい。

Column ❶

ロングステイ天国、マレーシアの受け入れ事情
——至れり尽くせり、万全の安心体制

旅の販促研究所　中村忠司

ロングステイ先として、最近はマレーシア、タイ、フィリピンが人気を集めている。特にマレーシアは日本人に最も適している国ではないだろうか。

なぜマレーシアなのか?

現地ロングステイ専門旅行代理店、トロピカルリゾートライフスタイル社の柿木田支店長は、「マレーシアは、日本から近く時差が小さい。日本からクアラルンプールまで約7時間、時差は1時間。時差が小さいということは、家族や日本の関係先に電話する時など時間を気にしなくてもよいという利点があります。ふたつめとして、治安の良さ。イスラム国家であるマレーシアはピストルや麻薬は極刑のため大きな犯罪が少ない。マレーシアは非常に安全であり、しかもとても親日的です。3つめとして、英語をほとんどの人が理解できること。コミュニケーションは重要な要素です。最後に、物価の安さ。現地の平均月給6万円で充分普通の生活ができるように、日本と比べて物価が1/3くらいの感覚です。ゴルフのプレー料金も安く、たくさんのゴルフ場があります」と熱く語る。

さまざまな受け入れメニューが充実

受け入れ体制が充実しているのも人気の秘密のようだ。ロングステイで心配なのは病気だが、マレーシアの医療はイギリスの影響を受け、レベルも高い。ロングステイヤーへのお勧めは私立総合病院である。24時間対応の日本人スタッフがいて、スタッフの携帯電話に直接電話をかけ、相談できるところもある。海外旅行傷害保険をかけていればほとんどキャッシュレスで対応してもらえる。

前述のトロピカルリゾートライフスタイル社には会員制のサービスメニューがあり、会員になると現地での様々なサポートを受けられる。無料サービスとしては、サロン内での飲み物提供、現地情報の提供や日本の新聞・雑誌の閲覧など。有料サービスと

して、ホテル・サービスアパートメントの手配、不動産の仲介、語学クラスへの申し込み、ゴルフ場の手配、国内外への旅行手配、インターネットの利用サポート、「MMSHPビザ（後述）」取得代行、車の輸入手続き代行などを行っている。

また「日本人会」も非常にしっかりしている。日本人会とは会員相互の親睦・互助を図り、国と国との友好・親善促進に貢献するため設立された組織である。ロングステイヤーにとっても最も頼りになる場所といえる。クアラルンプール日本人会事務局の松原さんによると、「日本人会はサークル活動が盛んで、様々な教室が開かれています。日本文化サークルとしては囲碁・将棋・茶道・華道など、スポーツサークルは剣道・合気道・ソフトボール・釣りなど、語学サークルはマレー語や英語などです」と話す。敷地内に日本食レストランや日本食材店、旅行代理店、美容院、レンタルビデオ、図書館など各種施設も充実している。

マレーシア政府も全面バックアップ

最後に国の取り組みとして、「MMSHP（マレーシア・マイ・セカンド・ホーム・プログラム）」を紹介しよう。MMSHPは10年間有効のビザで、マレーシア政府観光局が発行しているロングステイヤー向けのビザである。取得の条件はあるが、何度でもマレーシアに入国して、希望する期間自由に滞在できる。自動車の取得税などの優遇措置もある。

ロングステイはゴルフ三昧やサークル活動など様々な楽しみ方があるが、現地の空港をハブにしての小旅行もお勧め。クアラルンプールやペナンの空港からは、マレーシア国内のほか近隣のアジア諸国への路線が充実しており、しかも格安で行くことができる。周遊旅行志向の人にも最適なロングステイ・デスティネーションといえよう。

写真上：ロングステイヤー向けのキッチン付きホテル（ペナン島）
写真下：日本人会の図書室（クアラルンプール）

第三章

さまざまな「海外長旅」

「海外長旅」とは、生活の本拠地を日本国内に置きながら、海外各地を連続して2週間以上、滞在または周遊する、帰国を前提とした旅行。業務による出張・駐在・赴任は除く。

本章では、海外をデスティネーションとした多種多彩な「長旅」を紹介するとともに、今回「旅の販促研究所旅行企画パネル（詳細は76p）」を対象に実施した調査から、特徴的な結果を掲載。「海外長旅」理解の一助としていただきたい。

海外ロングステイ

ブーム到来。団塊世代憧れのライフスタイル

調査対象者の声●男性50歳「時間にゆとりがあったので、海も山も楽しめた」●女性52歳「子供も成長したので、以前駐在したところに改めて滞在したかった」●男性62歳「現地食材を自由に調理できた」●女性25歳「数年後に海外移住の計画があるので、ためしに生活をしてその国について知識を得たかった」

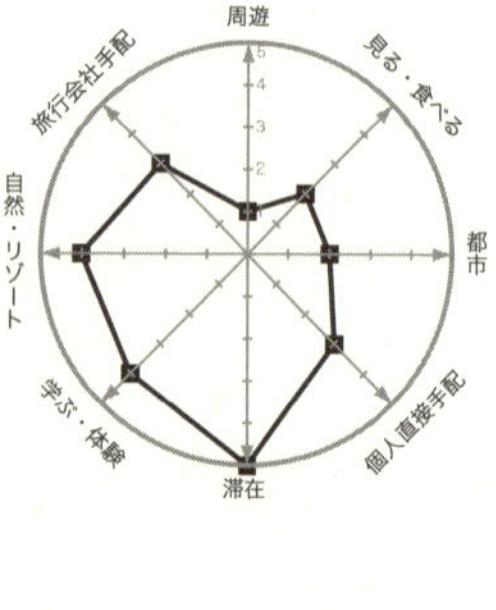

「行ってみたい国から、住んでみたい国へ」。「海外ロングステイ」は、リゾート地を多く持つ豪州、カナダ、マレーシア、タイ、ハワイなどが受け入れ態勢を整えており、日本ではロングステイ財団などが支援している。近年は団塊世代の定年退職などを機に、憧れのライフスタイルとして需要が急拡大。ロングステイのタイプには、年金生活型と豪華セカンドライフ型があるようだ。

「旅」ではなく「暮らし」がしたい

「ロングステイ」は、完全な移住でも永住でもない「海外滞在型余暇」で、「旅」よりも「日常の暮らし」を重視するものだ。生活の基盤をあくまでも日本国内に置きながら、1ヶ所に数週間から数ヶ月滞在し、〝暮らす〟感覚で海外を楽しむものである。パッケージツアーやホテルの短期滞在などでは体験できない「現地の生活」や「地元の人との交流」など、心のゆとりのための時間を自分流に楽しむのが「海外ロングステイ」の醍醐味といえる。

「ロングステイ」を楽しむためには、目的地に「住居施設」を保有、あるいは賃借する必要がある。現在、全国各地で「ロングステイ・セミナー」が開催され、どこも満員の盛況ぶり。また、1週間程度の「下見ツアー」と称する事前旅行が盛んに開催され人気を博している。ロングステイ財団は、2010年までに、60代の海外長期滞在者が現在の4倍の70万人に増えると予測している。このブームを受け、大手旅行会社も相談窓口を強化し、新しい商品を企画している。

【経験者の性別と年代の構成】

経験者は男性では50代がピーク。女性では40代が突出して多い。男女ともに60代が意外に少ないことから、現状では「年金生活型」より「豪華セカンドライフ型」のニーズが高いことがうかがえる。

「海外ロングステイ」件数ベース(n=85)

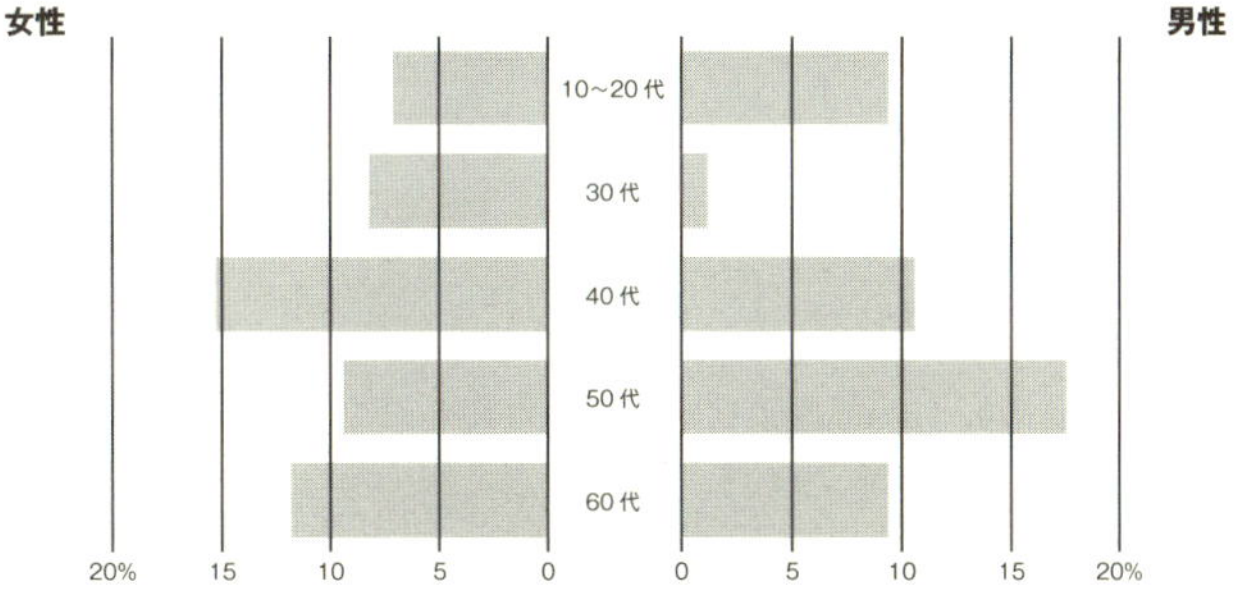

【同行者】

家族・親族と夫婦が中心。海外の地に「暮らし」を持ち込んでいる様子がわかる。また、1人でのロングステイヤーも意外にあり、新しい旅行スタイルになる可能性がある。

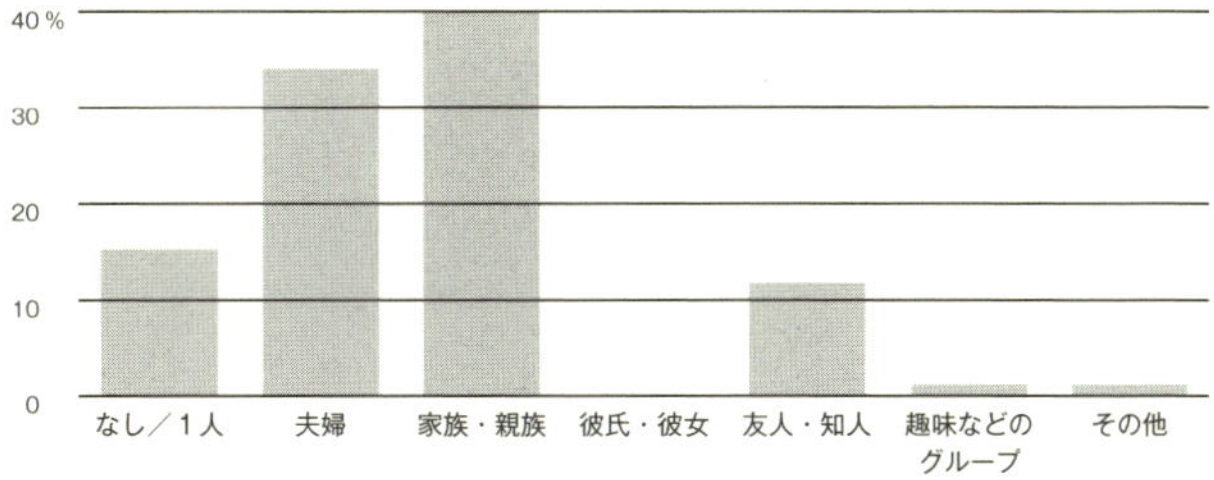

【手配状況】

「パッケージツアー」と「個人手配」が同程度。「旅行会社以外の専門会社で手配」「航空券・宿泊施設等を旅行会社で手配」も一定の数値を示している。ロングステイに定番の手配スタイルは、確立されていないようだ。

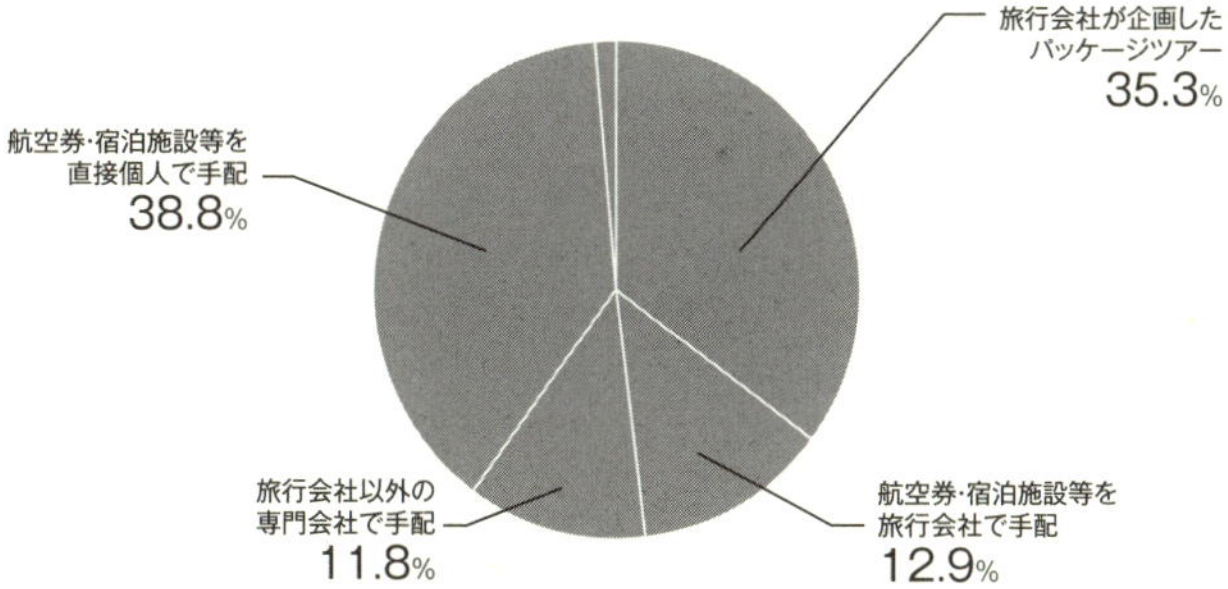

Point

- ▶“暮らす”感覚で海外を楽しむ「海外滞在型余暇」
- ▶「セミナー」は満員、「下見ツアー」も盛況
- ▶マレーシア、タイ、フィリピンなどアジアも人気
- ▶ロングステイのタイプは豪華セカンドライフ型と年金生活型

都市長期滞在
隠れた人気。本物のシティーライフを満喫する

調査対象者の声●男性56歳「スケジュールに追われないで過ごせた」●女性55歳「1ヶ所にずっといるのでその国の普段の生活が味わえた」●男性52歳「花粉が飛ぶ前に現地入り」●女性65歳「訪問が重なると知人も増え、その人達に会うのが楽しみ」●男性52歳「自然あり都会の便利さあり。東京より物価も安い」

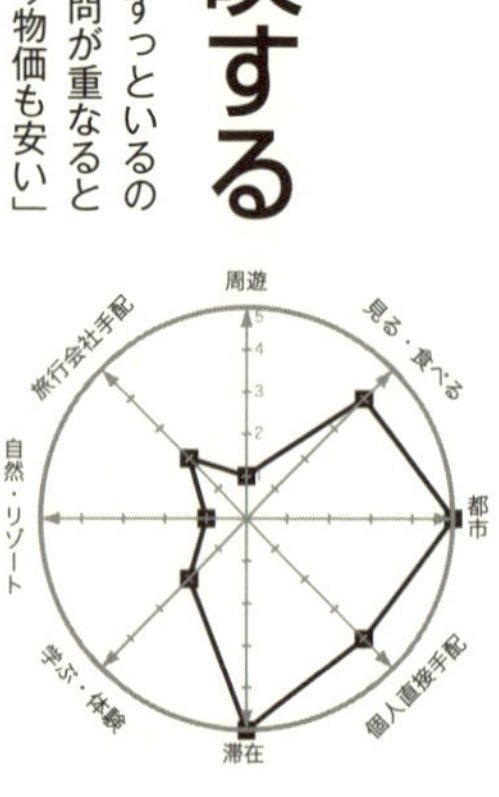

ニューヨーク、ロサンゼルス、ロンドン、パリ…。ロングステイ・都市型とも言える「都市長期滞在」は、「海外ロングステイ」とは異なり、世界の大都市に長期滞在しながらシティーライフを楽しむ旅行スタイルを指す。「海外ロングステイ」のような〝ロングステイの王道〞ではないが、その歴史は古く、若者から熟年・シニアまで幅広い層に隠れた人気を持っている。

具体的な目的を持つことが成功の鍵

「都市長期滞在」は、大別すると「滞在都市を楽しむ」タイプと、「滞在都市を拠点に周辺を観光する」タイプのふたつがある。都市に住まうことから、生活費や医療体制、治安、現地の情勢といった事前チェックは必須要件だ。

「滞在都市を楽しむタイプ」は、滞在する都市のホテルやコンドミニアムなどに長期の宿泊をしながら、その都市が持つさまざまな機能を楽しみ、満喫することを目的とするもの。美術鑑賞、音楽鑑賞、ファッションといったさまざまな趣味、嗜好を自分流に満たす。あるいは、語学学習など自己の向上を図るために時間を費やすことを目的にする。

後者の「滞在都市を拠点に周辺を観光するタイプ」は、滞在する都市でのシティーライフを楽しむ一方で、周辺都市にも足を延ばすという贅沢な旅行形態だ。

いずれにせよ、「都市長期滞在」の旅を成功させるためには、具体的な目的を持つことが大切。また、それがかなえられるのが、この旅の最大の醍醐味といえるのだ

【経験者の性別と年代の構成】
男女とも50代、60代がピーク。過去訪れて気に入った都市や駐在などで一度暮らした都市に再びロングステイするケースが多い。10～20代女性は趣味・嗜好を楽しんでいるようだ。

「都市長期滞在」件数ベース（n=86）

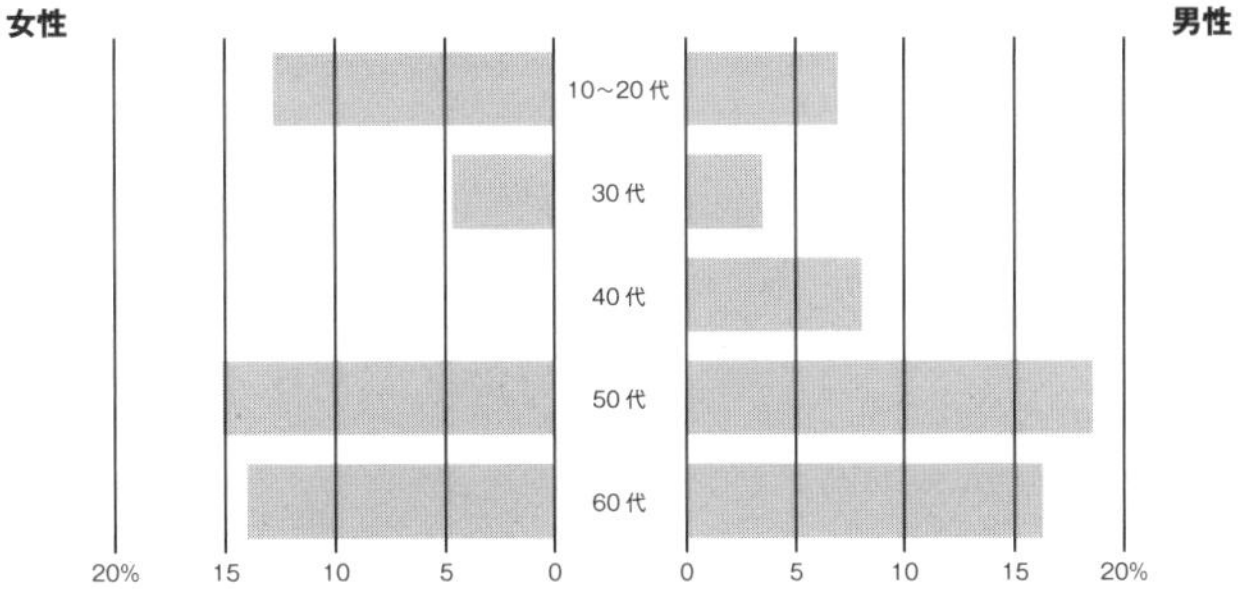

【同行者】
1人旅が多いのが特徴。ついで夫婦、家族・親族。シティーライフを1人で気ままに満喫するケースが定着している。夫婦、家族・親族が多いのは「海外ロングステイ」同様、「暮らし」をそのまま海外都市に持ちこんでいるからといえよう。

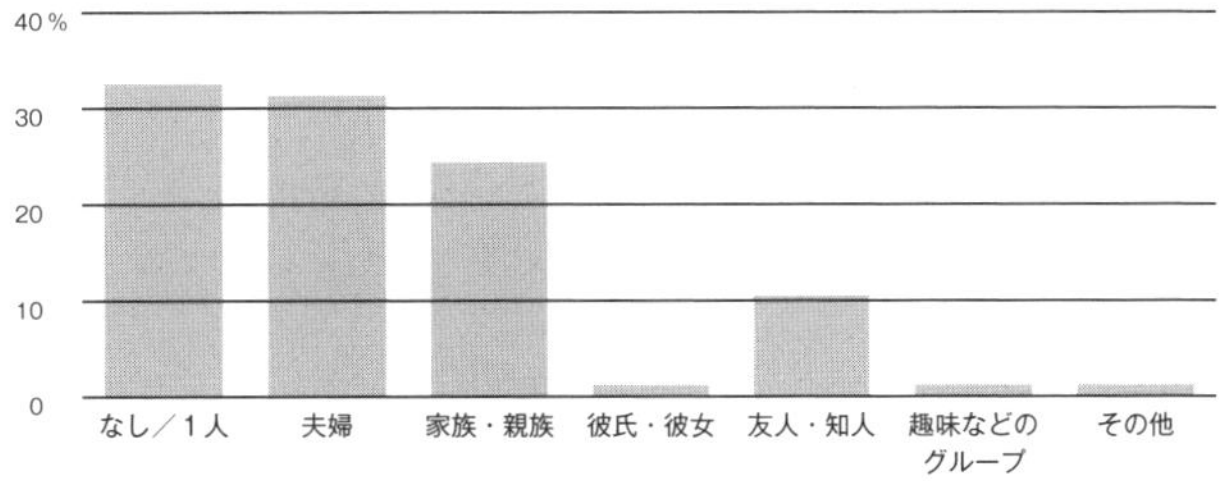

【手配状況】
「パッケージツアー」は約12％と低く、典型的なFIT型の海外旅行だ。多くは往復の航空券手配と滞在するホテルの予約だけをするケース。海外旅行慣れしたリピーターが多いことがわかる。

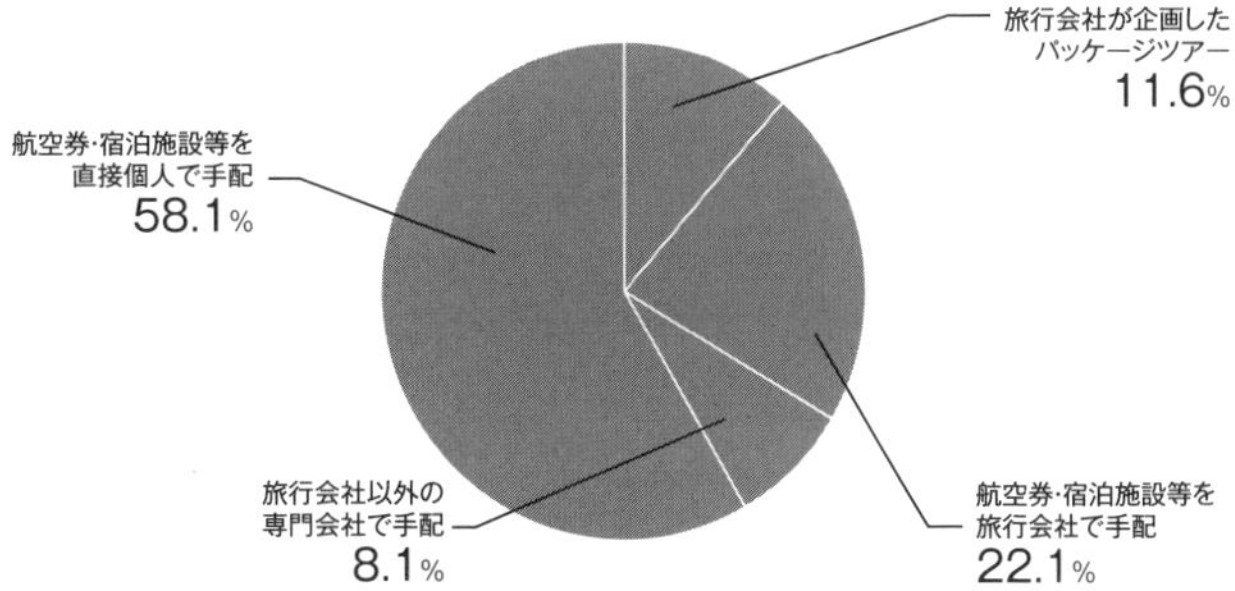

Point

- ▶ロンドン・パリ・ニューヨークなど、世界の大都市が人気
- ▶ホテルや街中など、都市の機能を満喫
- ▶美術鑑賞・音楽鑑賞・ファッションなど趣味・嗜好を楽しむ
- ▶滞在都市を楽しむタイプと、滞在都市を拠点に周辺観光も楽しむタイプとに分かれる
- ▶シティーライフの楽しみは、若者からシニアまで幅広い

長期周遊旅行

リピーターご用達。こだわりのロングツアー

調査対象者の声●男性64歳「世界遺産とリゾート地を中心とするパッケージの旅だったため参加した」●女性63歳「やっとこられた。みないい人で添乗員も楽しい人だった」●男性41歳「ワインが趣味なのでワイン蔵を巡りました」●男性65歳「自分たちだけでいろんなところへ自由に行けた」

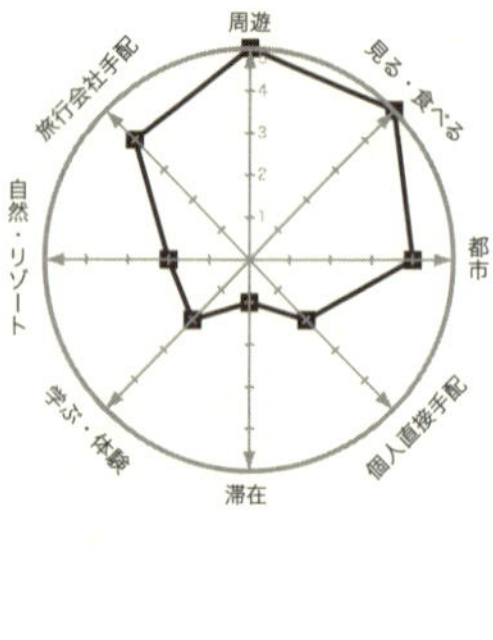

少人数で行く、ベテラン添乗員付き、食事付き観光。ヘビーユーザー向けの旅行スタイル。文字通り、日数の長い豪華パッケージツアーだ。デスティネーションは欧州、中南米、アフリカなどで、海外出張や夫婦そろって海外に出かけた経験が豊富な、海外旅行ヘビーユーザーの熟年・シニアが中心だ。

趣向が凝らされた旅が続々商品化

南極や北極をはじめとする秘境の旅、中国大陸横断バス、オリエント急行などの豪華鉄道、リバークルーズの旅など、隠れた人気ツアーとなっており、「ＳＩＴ（Special Interest Tour）」として定着。リピーターが非常に多いのも大きな特徴だ。

ＪＴＢ（ＪＴＢ中国）が毎年企画している「中国横断バスツアー」は、上海から南京、西安、敦煌を経て、カザフスタン国境近くの伊寧をつなぐ国道５０００㎞を25日間かけて完走するというもの。シルクロードを走破する55日間のバスツアーが人気を集めたことで、日程を半分にして参加しやすいツアーとして追加された。都市から田園、高原、山岳地帯と沿道の変化を実感できるのが魅力だという。

高額商品である「長期周遊旅行」は、シニア専門旅行会社などが企画・商品化し、直販しているものが大半。ルック、アイル、ホリデイなど大手ホールセラー（旅行造成会社）も品揃えを強化している。

また、旅好きなリピーターが個人で旅程をつくって手配し、のんびりと周遊する旅を楽しんでいるケースも多い。

「長期周遊旅行」件数ベース（n=134）

【経験者の性別と年代の構成】

男女とも60代が圧倒的に多い。経済的、時間的余裕のある世代に好まれる旅行スタイルだ。しかし各世代に一定数いることから、豪華旅行ではなく目的型の旅行が長期化している傾向もうかがえる。

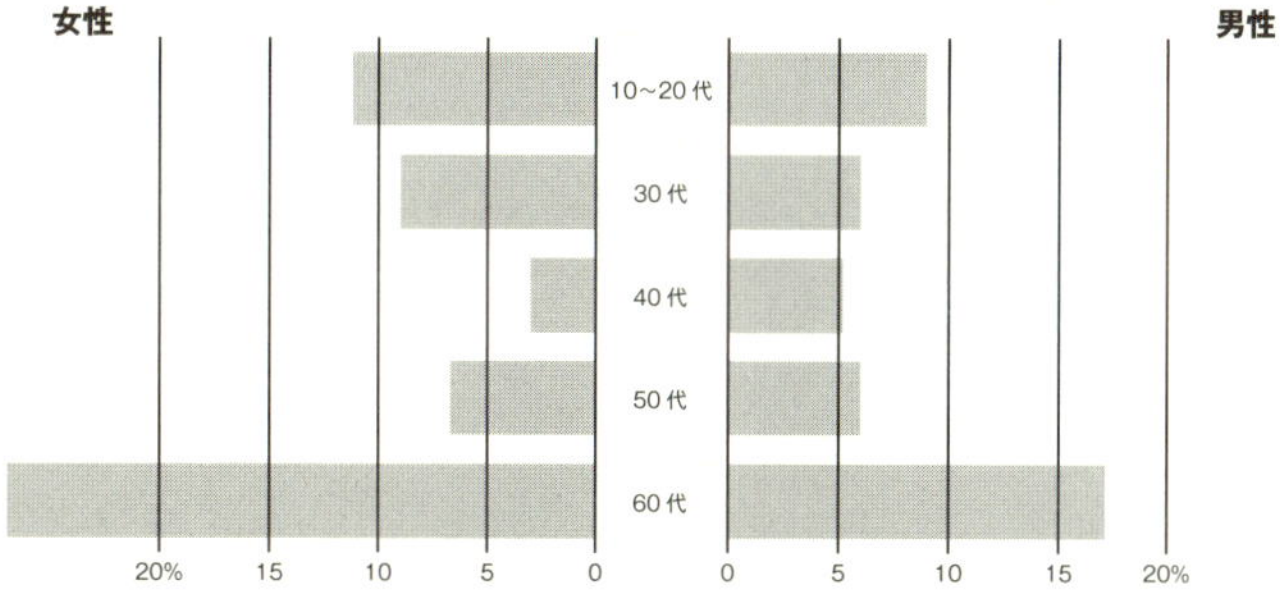

【同行者】
60代の時間がある富裕層の夫婦が中心。リタイア後に観光・食事付き・添乗員付きの旅行に参加するパターンが多い。友人・知人が多いのも特徴。秘境、鉄道の旅などに友人同士で出かけているようだ。

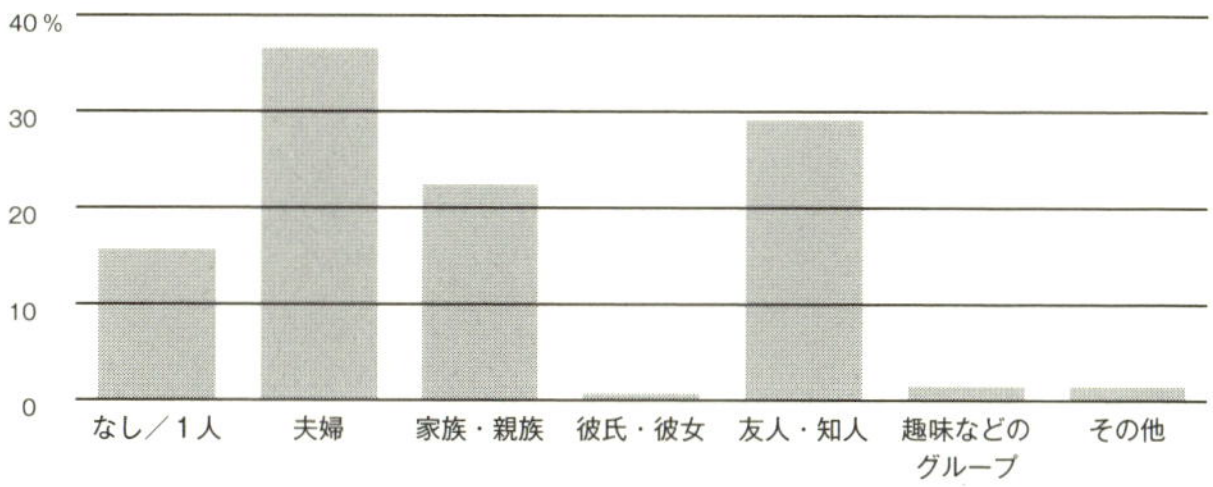

【手配状況】
「パッケージツアー」が半数を占める。ルック、アイル、ホリデイなど大手ホールセール商品や、シニア向けこだわりツアーを企画する専門旅行会社のツアーに参加。個人手配は30%。リピーターが手作り旅行を楽しんでいる。

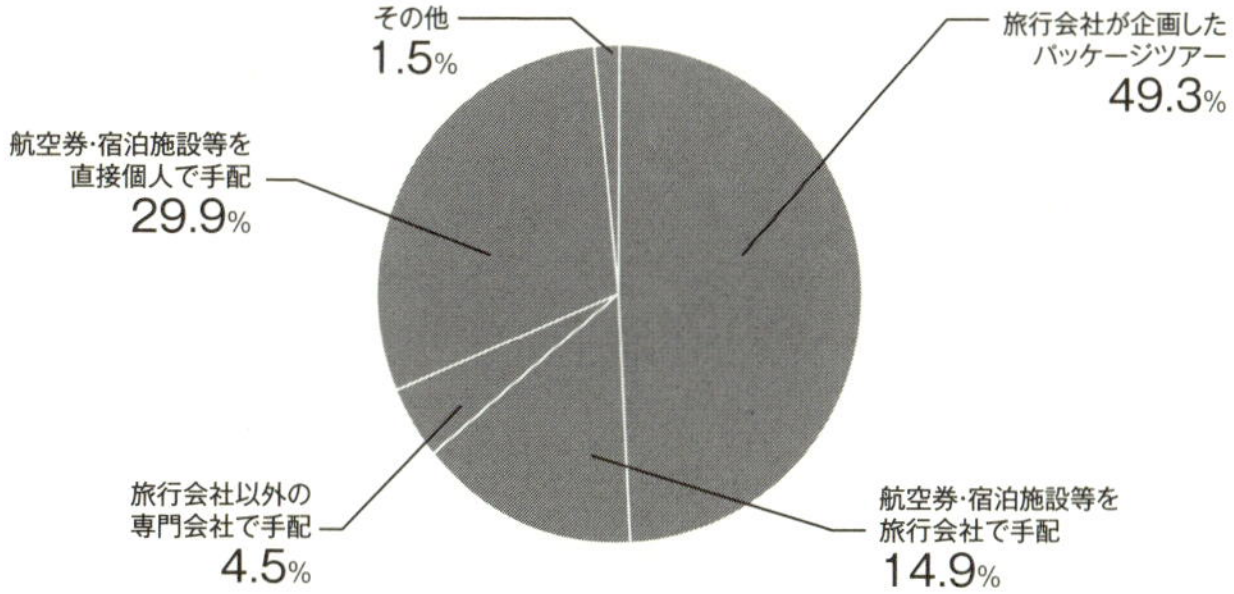

Point

- ▶海外経験豊富なヘビーユーザー向け
- ▶少人数、ベテラン添乗員付き、観光食事付き
- ▶目的地は欧州・中南米・アフリカなど
- ▶ＳＩＴはリピーターが多い
- ▶秘境の旅、中国大陸横断バス、豪華鉄道の旅など、旅の目的が明確
- ▶趣向を凝らした高額なツアーが隠れた人気

4

クルーズ
富裕層に人気絶大。究極のスロー旅

調査対象者の声●男性55歳「のんびり船旅を楽しみたかった」●女性68歳「船内の催し、講師、主催者の目的に感動」●男性67歳「荷物の移動が2回だけ」●女性42歳「日常を忘れ、リフレッシュ」●女性68歳「友人ができた。食事がおいしくお風呂が気持ちよかった」●女性33歳「新聞広告を見て独身最後の思い出に」

世界一周ともなれば数百万円にもなる、豪華客船による海外クルーズ。それでも発売と同時に完売になるのだから、その人気振りにはすさまじいものがある。

飛鳥II（郵船クルーズ）、にっぽん丸（商船三井客船）、ぱしふぃっく びいなす（日本クルーズ客船）など日本船で世界一周する海外クルーズのほか、現地まで航空機で飛び、現地の港から外国船でカリブ海や地中海、エーゲ海などを2週間ほどで巡る「フライ&クルーズ」もある。各地を巡る「周遊型」旅行でもあり、ホテルの移動のない「滞在型」旅行ともいえる。

「洋上のホテル」で「非日常への脱出」が味わえる

申込者のほとんどが、団塊世代やそれより上の富裕層のシニア夫婦。時間にも余裕があり、いずれも活動的なのが特徴だ。海外旅行経験が豊富な人や、富裕層の熟年・シニアの夫婦旅行として圧倒的な潜在需要がある。

人気の秘密は「洋上のホテル」で「非日常への脱出」という気分が味わえるところだろう。航海中は、ダンスやコンストラクトブリッジ、囲碁、英会話など趣味の船内講座や各種イベントなども盛りだくさん。食事の心配はなく、荷物を持ち歩かずにすむのが魅力だ。もちろん寄港地でのオプショナルツアーは最大の楽しみだ。

船旅を扱うＪＴＢロイヤルロード銀座やＰＴＳクルーズデスク、ゆたか倶楽部、郵船トラベルなどが有名で、旅行説明会の参加が最初のステップとなる。船内にて次回のクルーズの予約をするリピーターもいる。

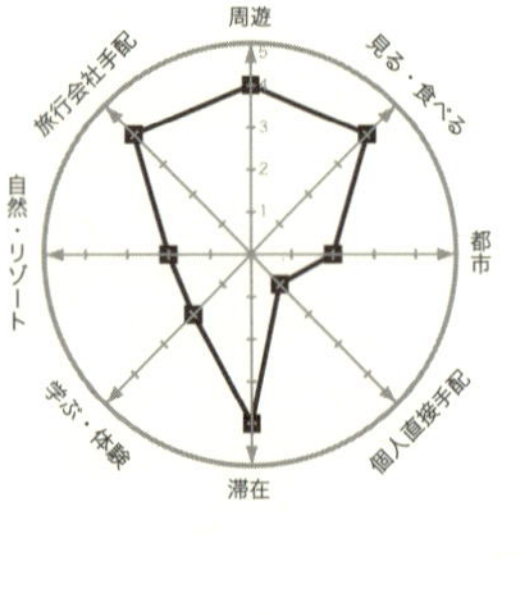

【経験者の性別と年代の構成】
男女とも圧倒的に60代で、ボリュームゾーンは65~75才といわれている。リタイアした富裕層が中心で、女性の経験者が多い。50代以下に人気なのは「フライ＆クルーズ」のようだ。

「クルーズ」件数ベース(n=16)

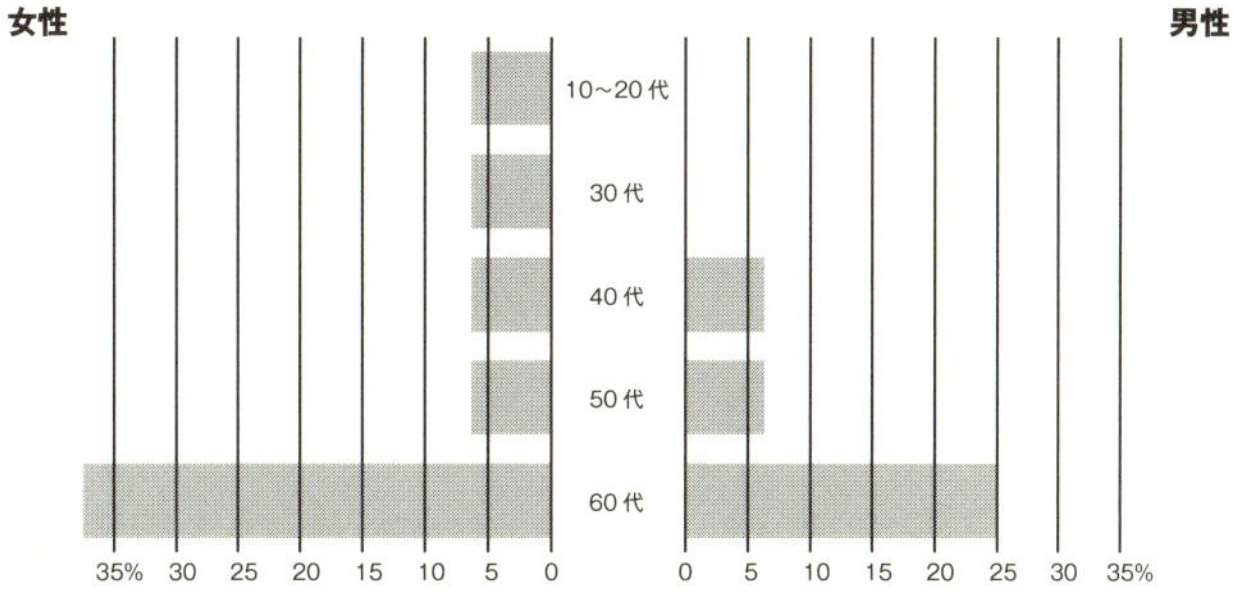

【同行者】
リタイア後の夫婦の参加がもっとも多い。船上で「金婚式」を迎えるのが楽しみという夫婦も。家事から解放される主婦のメリットは大きい。1人旅も多く、特に女性が積極的だ。船上での仲間づくりを目的にしている人も多い。

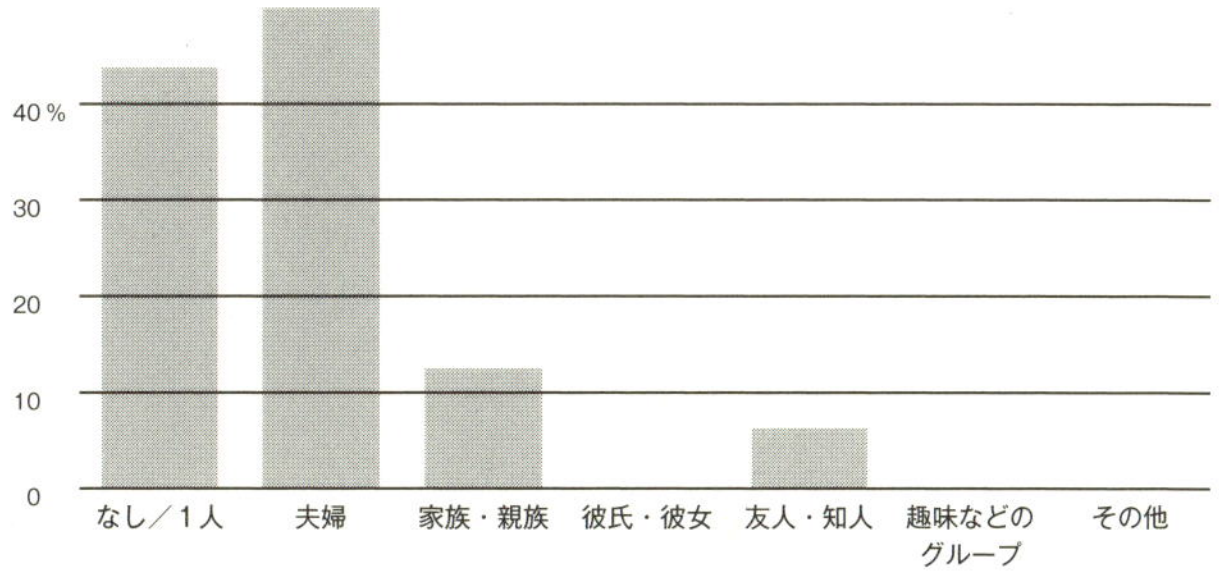

【手配状況】
旅行会社に申し込むか、直接船会社に申し込むかどちらかの方法で予約する。人気のコースは早く満員となるため、売り出しと同時に仮予約する人が多い。また、乗船中に次回のクルーズに申し込むリピーターもいる。

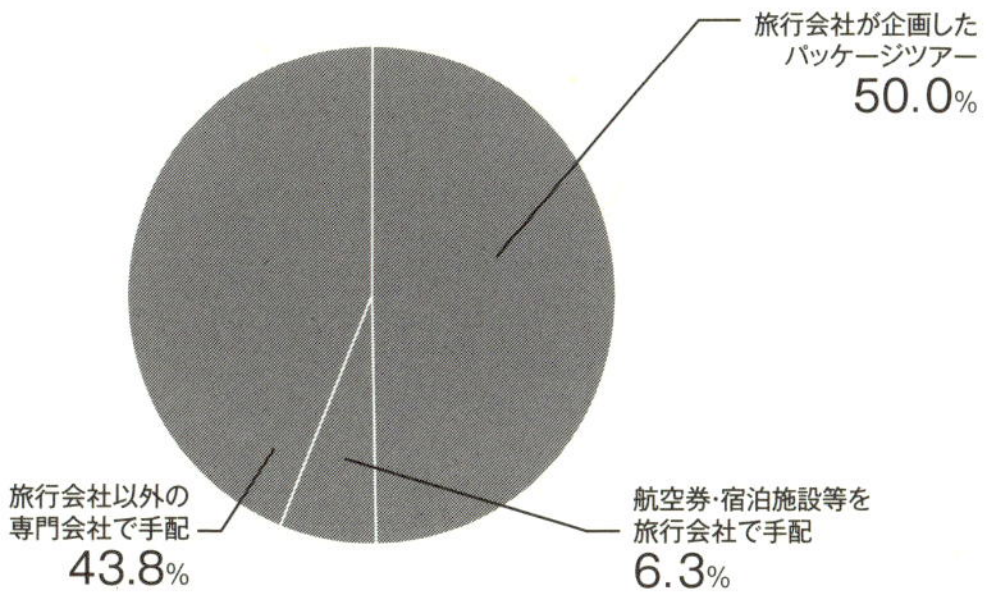

Point

- ▶日本船（飛鳥Ⅱ・にっぽん丸・ぱしふぃっく びいなす）の就航でグッと身近に
- ▶高額な海外クルーズでもすぐに完売
- ▶寄港地でのオプショナルツアーも楽しみ
- ▶現地まで飛行機で行くフライ＆クルーズ（カリブ海・地中海・エーゲ海など）も人気
- ▶富裕層の熟年・シニアの夫婦旅行に圧倒的潜在需要
- ▶さまざまな船内イベントが人気

海外ドライブ旅行
人気急上昇。憧れの外車で大陸横断の旅

調査対象者の声●男性49歳「アメリカの国立公園（グランドサークル）を見て回るのが夢だった」●女性62歳「サハラ砂漠で満天の星を見たかったから」●男性64歳「レンタカーで移動中に車事故。その際現地の人に助けてもらった」

ここ1、2年、脚光を浴びている新しい海外旅行スタイル。航空機で現地まで飛び、憧れの車種のレンタカーで旅に出ることから「フライ&ドライブ」とも呼ばれている。自分で立てた計画に沿って移動するので、細かいスケジュールにしばられずに行動できるところが人気の理由。旅のテーマは、男のロマンを訴求するものが多く、ミドルエイジや熟年層が目立つ。

短期のものもあるが、大陸横断などは長期となる。デスティネーションは米国・欧州が中心で、カナダやオセアニアも人気がある。ブームの拡大を受けて大手旅行会社も続々とパッケージツアーの商品化を開始。日米観光交流促進協議会ワーキンググループは2007年を「フライ&ドライブ元年」と位置づけPR活動を強化している。

免許や保険の心配がいらなくなった

HISの「ドライブ　アメリカ」は、映画「サイドウェイ」の舞台「パシフィックコーストハイウェイ」と呼ばれるドライブロードを巡るプランを用意している。雄大な国立公園を巡るルート、大陸横断ルートなど自由自在だ。通常の旅行では立ち寄れない町や自然に触れることができるのが最大の魅力だ。海外ドライブとあって、免許の問題や事故や違反などに関する知識が必要になるが、国際免許証の取得・携行が不要になる運転免許証翻訳フォームが米国本土やハワイで利用できるほか、任意保険や税金などがセットになったクーポンも用意されている。

もう、海外ドライブには障害がほとんどない時代になっているのだ。

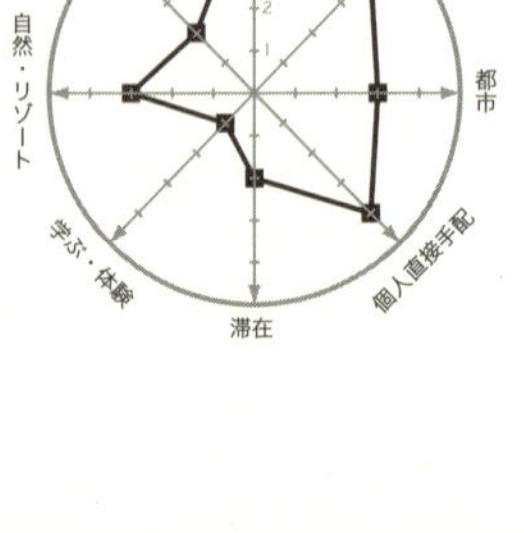

「海外ドライブ旅行」件数ベース（n=24）

【経験者の性別と年代の構成】

男性は30代がピーク。近年、団塊世代向けに新しい旅行スタイルとしてPRしているが、実情はまだ若いアクティブな層が中心。女性は同乗することが多いのか、熟年・シニアが中心。

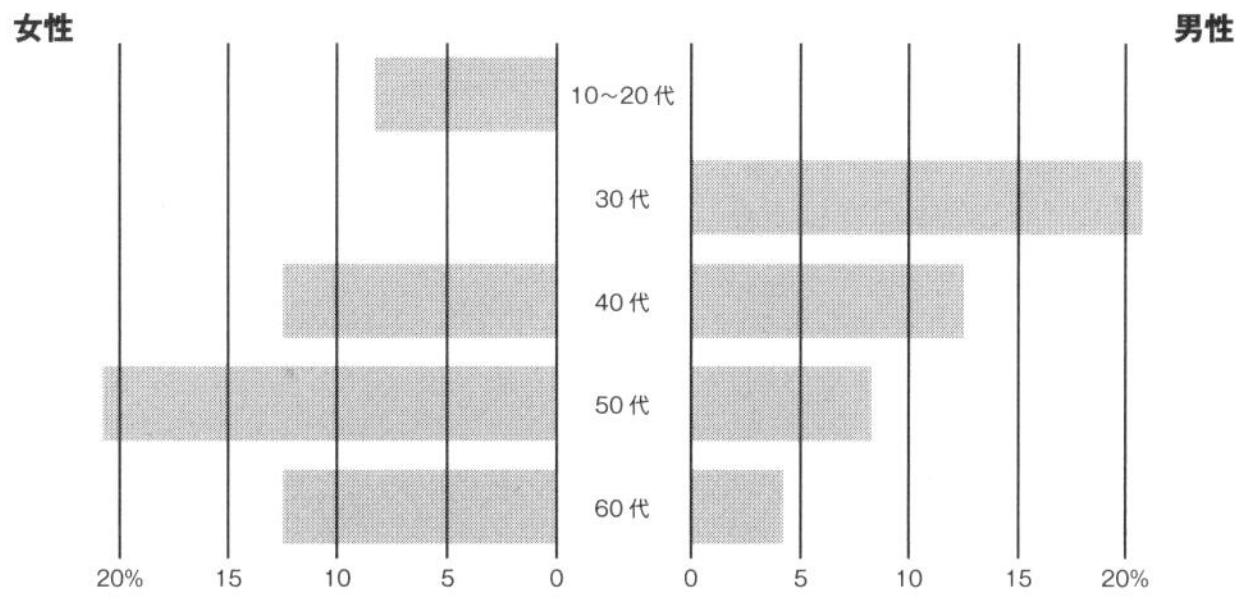

【同行者】
夫婦、家族・親族が1位、2位を占める。夫婦のほかに子供もいるファミリーには国内同様最適な旅行スタイルといえる。また、友人・知人が多いのも特徴。仲間とのドライブ旅行を楽しんでいるようだ。

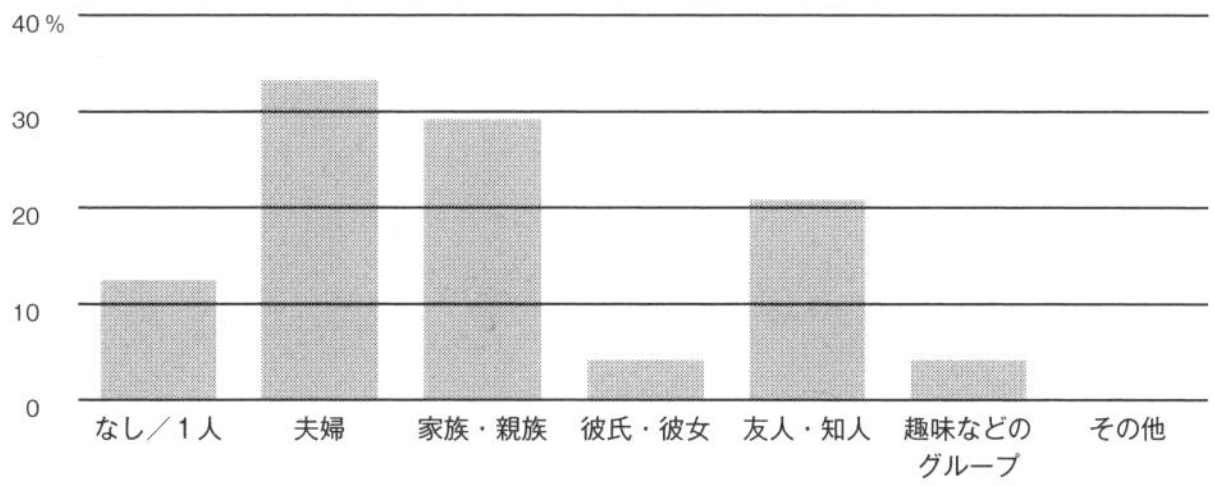

【手配状況】
パッケージツアーは17%と少数。旅行会社を通しての手配も含めて21%。現状はFIT型の旅行で、往復の航空券とレンタカーを手配して行くスタイルだ。近年、パッケージツアーも多数出現。今後増えそうだ。

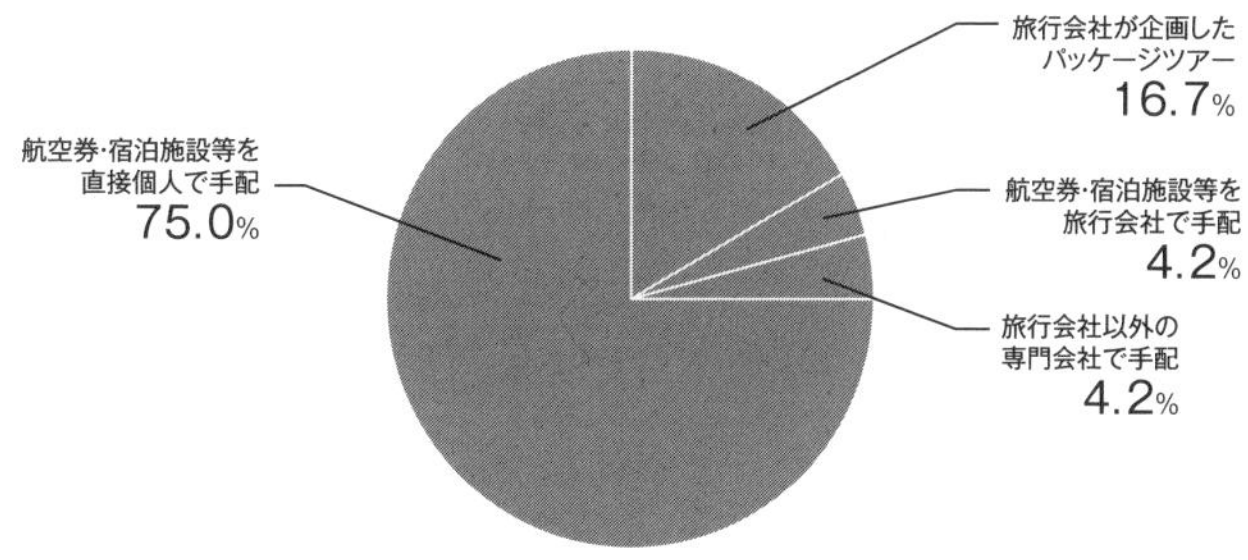

Point

- ▶脚光を浴びている新しい海外旅行スタイル
- ▶航空機で現地まで飛びレンタカーを借りる「フライ＆ドライブ」
- ▶目的地は、米国・欧州・豪州が人気
- ▶憧れの車種をレンタル
- ▶旅行各社もパッケージツアーの商品化開始
- ▶０７年「フライ＆ドライブ元年」
- ▶海外での免許・事故・違反などの知識が必要

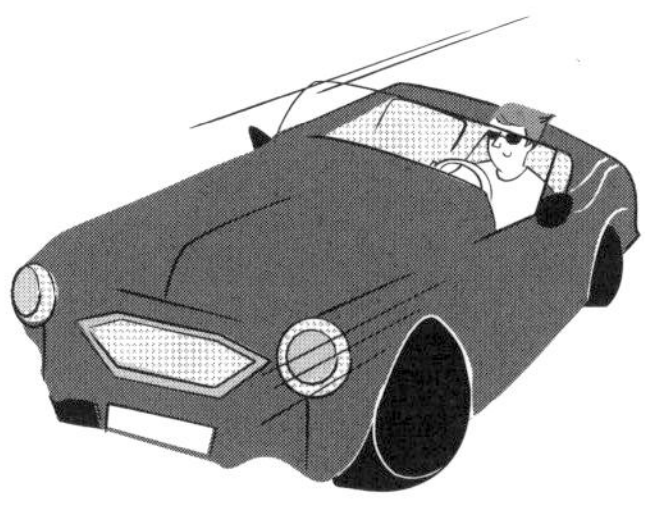

留学・語学研修
熟年も急増。正統派、学ぶ旅

調査対象者の声●女性26歳「国の文化や習慣の違いを肌で感じた。食器の洗い方やシャワーなど水の使い方が日本と全然違う」●男性24歳「研修仲間と良い友達になれた」●女性27歳「映画が好きで英語をしゃべりたいと思った」●男性24歳「大学の教授が海外の研究所へ移り、そこで指導を受けるチャンスがあった」

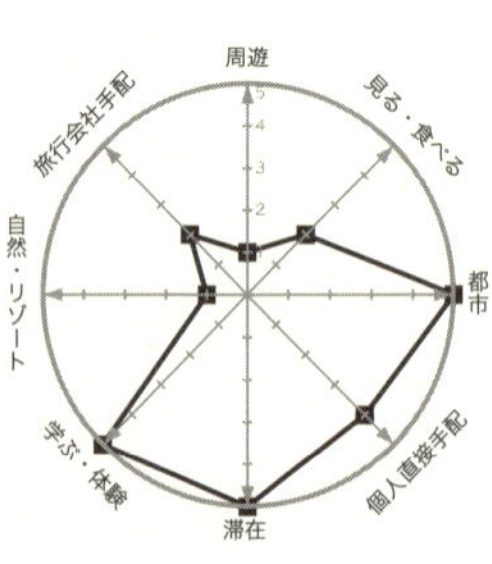

歴史の長い長期海外旅行スタイル。学ぶための旅としては正統派といえる。専門分野研究のための本格留学から語学留学までと幅広いのが特徴。中心は大学生など10、20代。大学への日本人留学生は約８万人いるが、近年の語学留学は大学生だけではなく、団塊世代の熟年層が増えている。旅行会社のシニア向けプログラムの参加者には、女性の参加者が目立つ。

熟年だって語学習得で留学したい

法務省によると、日本人出国者数に占める50歳以上の割合は、１９８５年には25・１%だったのが２００５年には34・６%と上昇し、６００万人を超えている。そのうち〝シニア留学〟の占める割合は明らかではないが、各旅行会社などには２００４年ごろから問い合わせや申し込みが目立って増えているという。

留学・語学研修のデスティネーションは欧州・米国・豪州・ニュージーランド・中国など。期間は数週間から数ヶ月、英語以外の語学留学も目立つ。ＪＴＢ地球倶楽部など専門旅行会社が多くある。

「スコットランド・エディンバラ大留学」（３週間）などを売り出しているＪＴＢ地球倶楽部は、大学生60%で残りを熟年、小中学生が分け合う状態だが、熟年全体としては伸びているという。同社は熟年の対象商品を１９９５年から発売しているが、熟年でも学生対象のツアー参加者が多いという。また、近畿日本ツーリストの英国とニュージーランド留学コースには、50代女性グループの参加が多くなっているようだ。

「留学·語学研修」件数ベース(n=78)

【経験者の性別と年代の構成】

男女とも10～20代が圧倒的。大学生がほとんど。語学習得志向の強い女性の方が経験率は高い。60代女性に経験者があるのが興味深い。男性も含め60代の伸長が予想される。

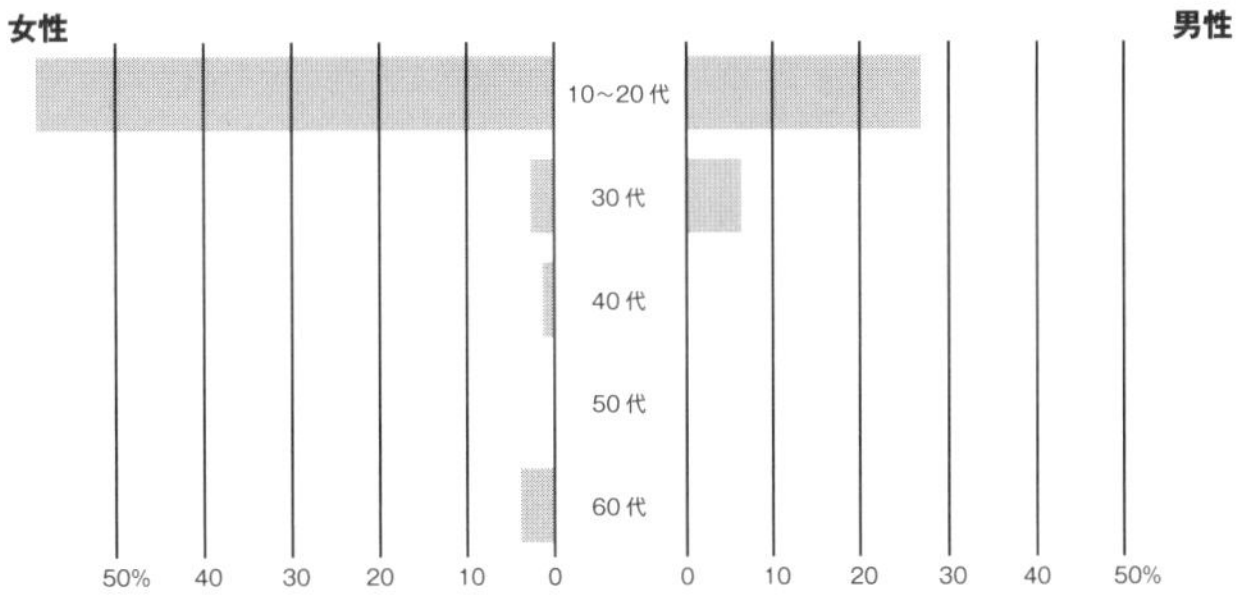

【デスティネーション】
有力な大学や先進技術を持ち、英語習得にも最適な国・米国を含む北米が1位。続いて英国、フランス、ドイツなど欧州が2位。語学研修の受け入れが整っているオセアニアが3位。近年、アジア地域への留学も多い。

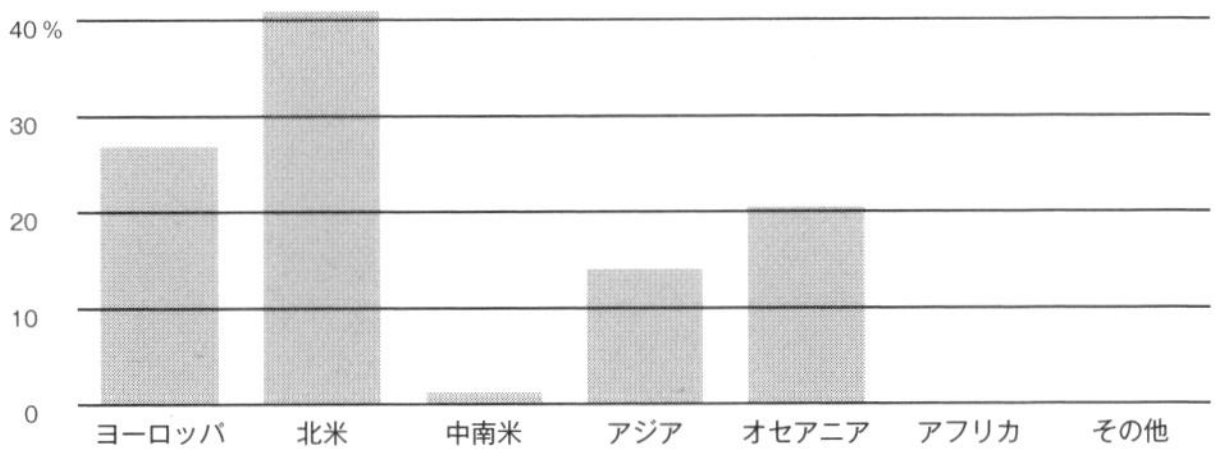

【手配状況】
「パッケージツアー」「航空券・宿泊施設等を旅行会社で手配」「旅行会社以外の専門会社で手配」「直接個人で手配」が集中することなく分散している。「その他」は、学校や会社などの手配で、多様化している様子がわかる。

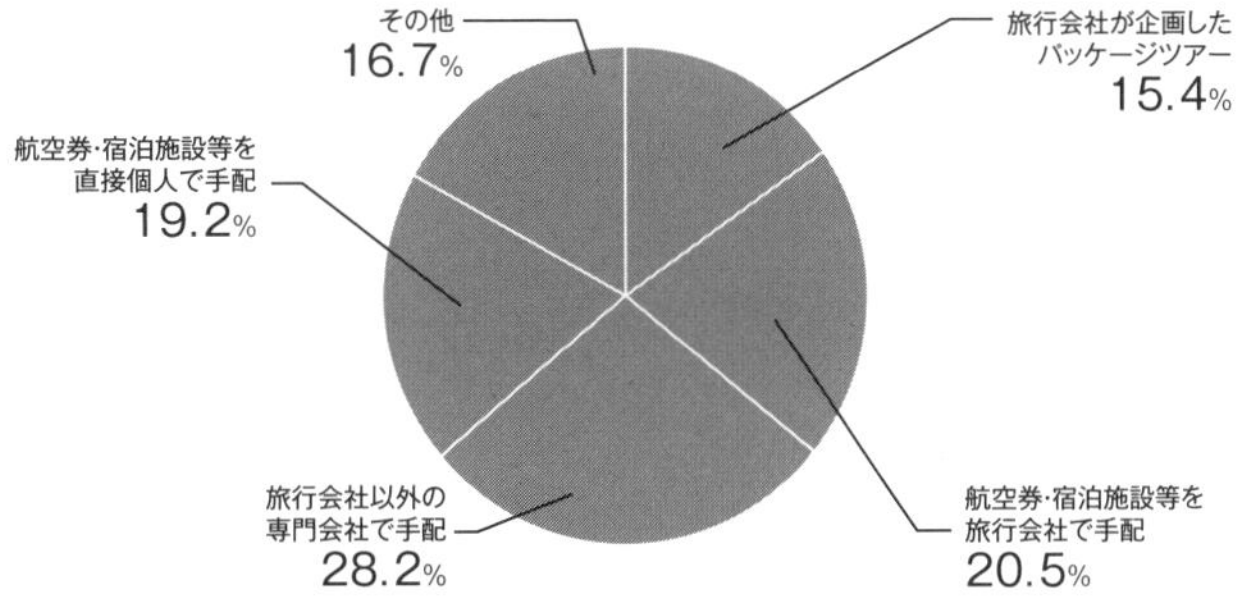

Point

- ▶長い歴史を持つ長期海外旅行スタイル
- ▶専門分野研究・語学留学
- ▶本格留学は数年、語学留学は数週間から数ヶ月
- ▶大学への留学生は約８万人
- ▶デスティネーションは、欧州、米国、豪州、中国など
- ▶語学研修は英語以外も増加
- ▶熟年・シニア女性の語学留学が急増
- ▶留学専門旅行会社が多数存在

7

体験・研修（趣味・資格取得）

女性に人気。趣味を極め、資格を取得する旅

調査対象者の声●男性34歳「本場のダンスを間近で体験」●女性61歳「セミナーを受けた後、イタリアの古代遺跡を訪ねる旅をしています」●女性69歳「ザルツブルグ夏の音楽祭の演奏（コーラス）に参加」●女性62歳「趣味が同じ人たちとの交流は楽しかった」

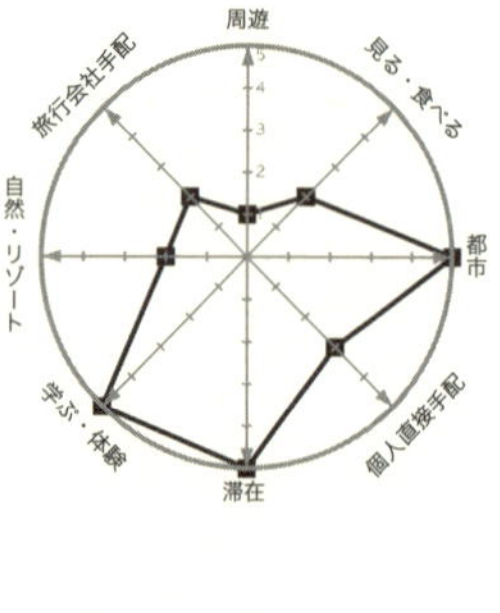

絵画・音楽・演劇などの分野で帰国後にその道のプロ、あるいはセミプロを目指す研修旅行に加え、女性を中心にフラダンス、フラメンコ、フラワーアレンジメント、エステ、タイ式マッサージ、現地料理など趣味を極めるための研修旅行が増えている。また、マリンスポーツ、サッカー、太極拳などのレッスンが受けられるスポーツ留学も近年注目され、小型船舶、航空機免許などの免許・資格取得の旅行も増加している。

やる気があれば何でも学べる旅がズラリ

実際には「語学＋習い事」というパターンが多いようだ。子育ての終ったシニア女性に絶大な人気がある。いずれにせよ、自分の興味に応じて留学スタイルを決める必要がある。

留学サイト「留学生活」によると、「習い事&スポーツ留学」における人気留学プログラムは、「料理」（仏、伊、スペイン、韓国）、「音楽&声楽」（独、伊、米国。スペインでのギターレッスン、ハワイでのウクレレレッスンも）、「フラワーアレンジメント」（欧州）、「エステ&マッサージ」（仏、英）、「アート・デザイン」（欧州）「サーフィン」（豪州、ハワイ）、「ダイビング」（豪州、ハワイ、マルタ）、「サッカー」（欧州）、「バレエ&ダンス」（仏、米国、スペイン）となっている。個人でも手配はできるが、世界各国のスクールとのコネクションを持ち、事前のカウンセリングからビザ申請、スクール手配、ステイ先手配など、留学に必要な手続きをすべて代行してくれる「留学エージェント」などの専門旅行会社を利用する人も多い。

「体験・研修（趣味・資格取得）」件数ベース（n=25）

【経験者の性別と年代の構成】

女性の60代が突出して多い。子育ての終わった熟年女性が、趣味を極めるために本場の海外に行っている。ついで女性の10～20代も海外での「習い事」を志向。男性は30代がピーク。資格の取得に挑戦する旅行も多い。

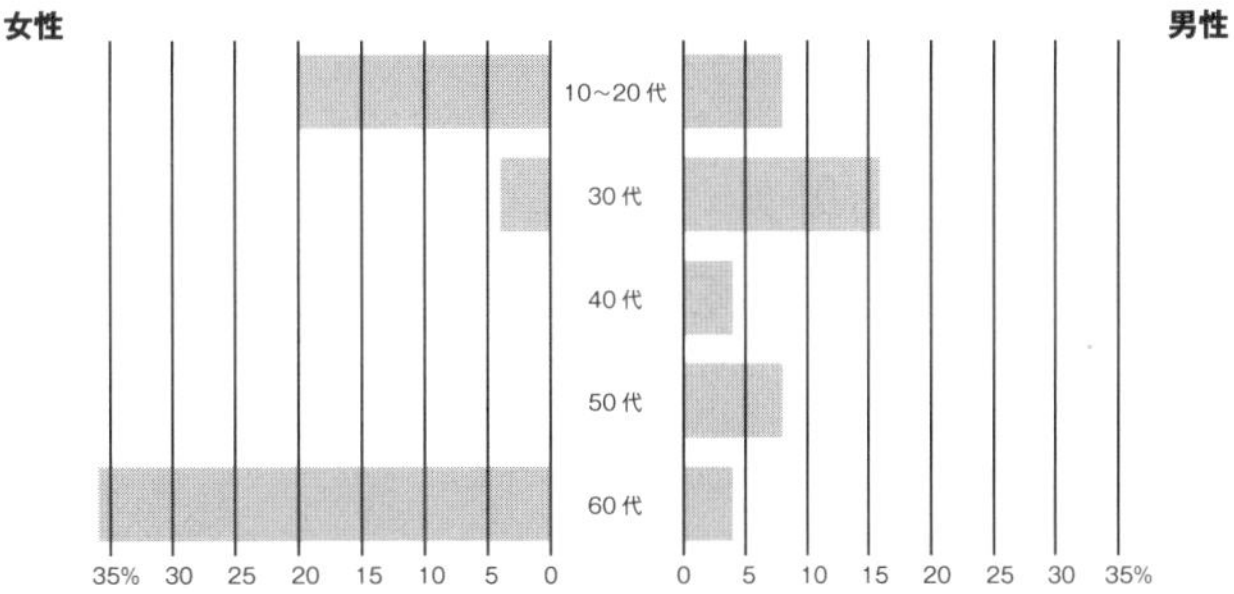

【同行者】

留学・語学研修は多くが1人旅だが、体験・研修の旅は「趣味などのグループ」が1位なのが特徴。「友人・知人」を加えると約70％。仲間と行く旅なのがわかる。1人旅も30％近くあるが、夫婦はごく少数。

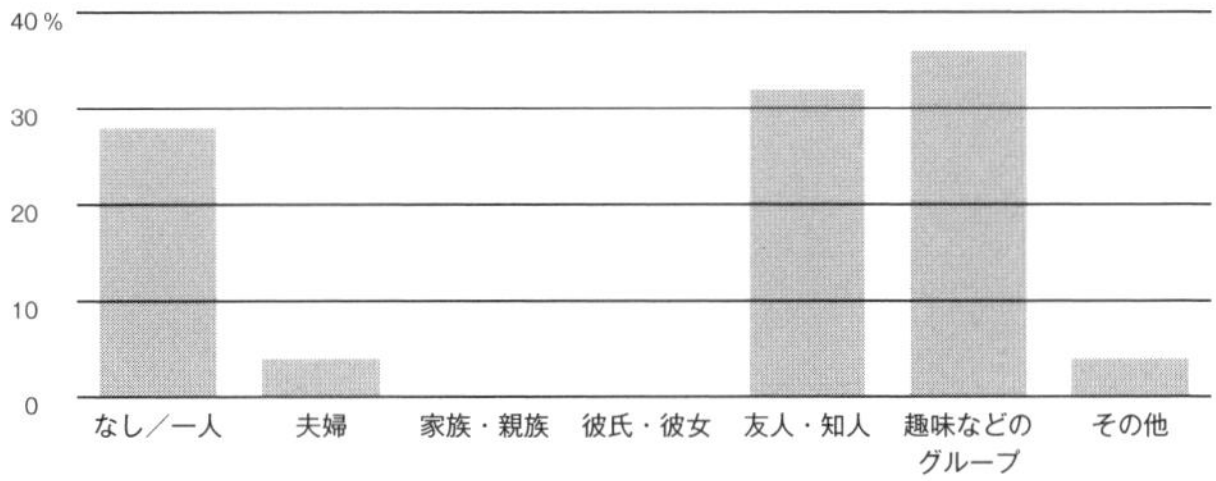

【手配状況】

「直接個人で手配」が約半数。研修先は決まっていて、往復の航空券や宿泊の手配だけをする人が多い。研修先の手配を含め、旅行会社や専門会社に依頼するケースが残りの半数。研修内容により手配先が異なる。

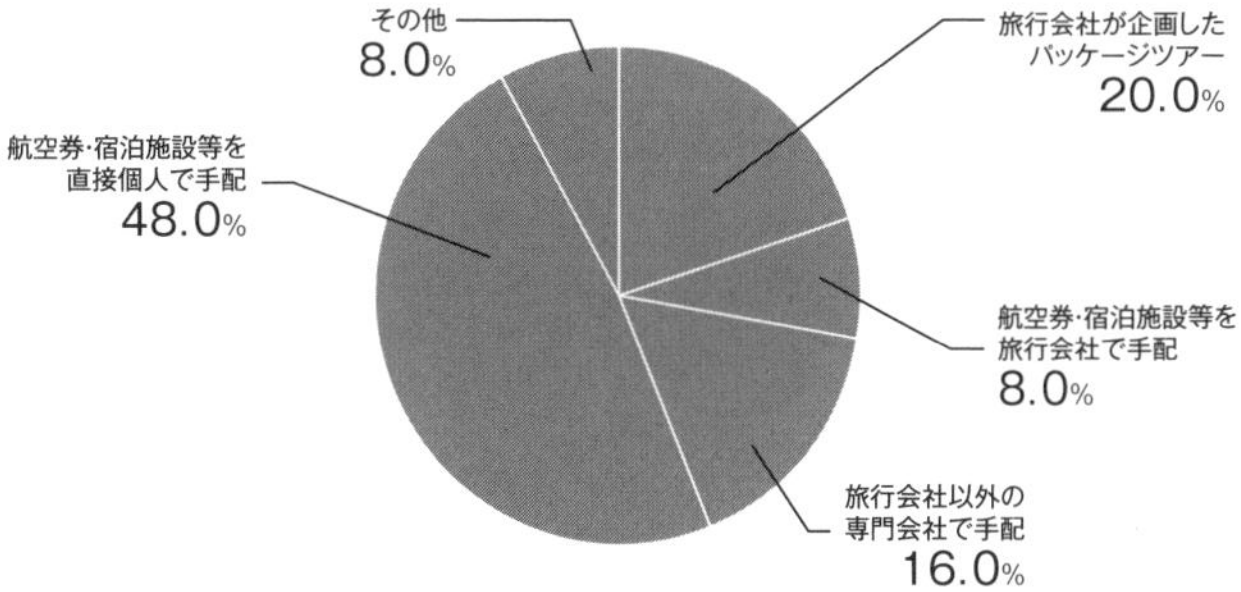

Point

- ▶フラワーアレンジメント・フラダンス・フラメンコなど、圧倒的にシニア女性が参加
- ▶帰国後にその道のプロ・セミプロとして活動するための研修旅行も
- ▶太極拳・サッカー・ダイビング・サーフィンなどスポーツ留学も注目
- ▶小型船舶、航空機免許、タイ式マッサージなどの免許・資格取得旅行

8

ホームステイ・ファームステイ
定番。語学と異文化の体験旅行

調査対象者の声●女性23歳「国境を越えて友達を作ることができた」●男性18歳「家族の一員として生活できた」●女性25歳「ファームステイをしてみたかった」●男性26歳「英語が得意だと錯覚していたことを思い知らされたが、有意義だった」●男性19歳「ホームステイしたいと言ったら親が快諾してくれた」

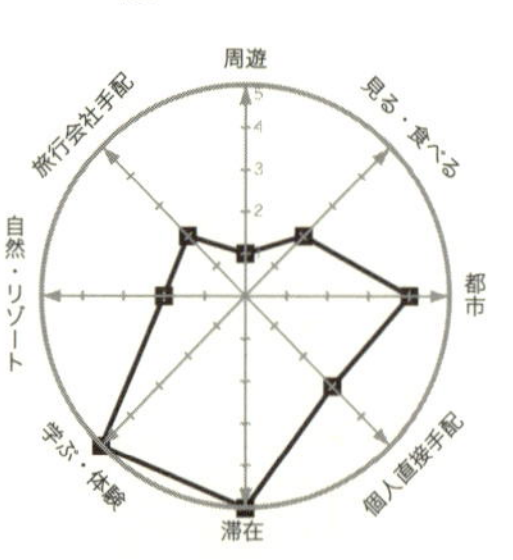

「ホームステイ・ファームステイ」は、前述の「体験・研修」と同様、語学研修とセットの場合がほとんどで、学生の参加が多いのが特徴だ。

体験を通じて知る異文化

ホームステイは、米国、カナダ、豪州などさまざまな国に受け入れ先があり、短期から長期まで滞在期間が自由に選べる。いわば異文化体験によってその国の生活スタイルを知る「プチ留学」。友人を作るためには最良の手段だ。ホストファミリー宅に滞在するので安心感があり、ホテル滞在や1人住まいより安くあがるという金銭的なメリットもある。語学レッスンなどが受けられる教師宅ホームステイや親子留学、自然の中で働くファームステイもあり、貴重な体験ができる。

もっともスタンダードなのは一般家庭でのホームステイだ。特有の生活習慣や家庭料理を楽しめるが、ホストファミリーに対するクレームが出るケースも少なくない。ホームステイ先を多く持つ留学エージェントにステイ先を紹介してもらうのが得策だろう。

また、近年盛んになってきたのがファームステイ。カナダ、豪州、ニュージーランドなどの農場や牧場、体験用ファームなどに滞在し、動物の世話、乗馬、農作物の収穫などファームならではの体験ができるプログラム。労働力と食事・宿泊先を交換するしくみの「ＷＷＯＯＦ（ウーフ）」という旅スタイルも世界20ヶ国以上で行われている。ハワイや豪州などで子供を現地の学校に留学させ、その間、親は語学習得やさまざまな体験・研修に励む親子ホームステイもある。

「ホームステイ・ファームステイ」件数ベース（n=28）

【旅行期間】

2～3週間がトップで約半数。夏休みや春休みなどの期間に体験することが多いからだ。3週間から1ヶ月を含め1ヶ月以内が4分の3になる。一方、2ヶ月以上も約2割。数ヶ月から半年になるケースもある。

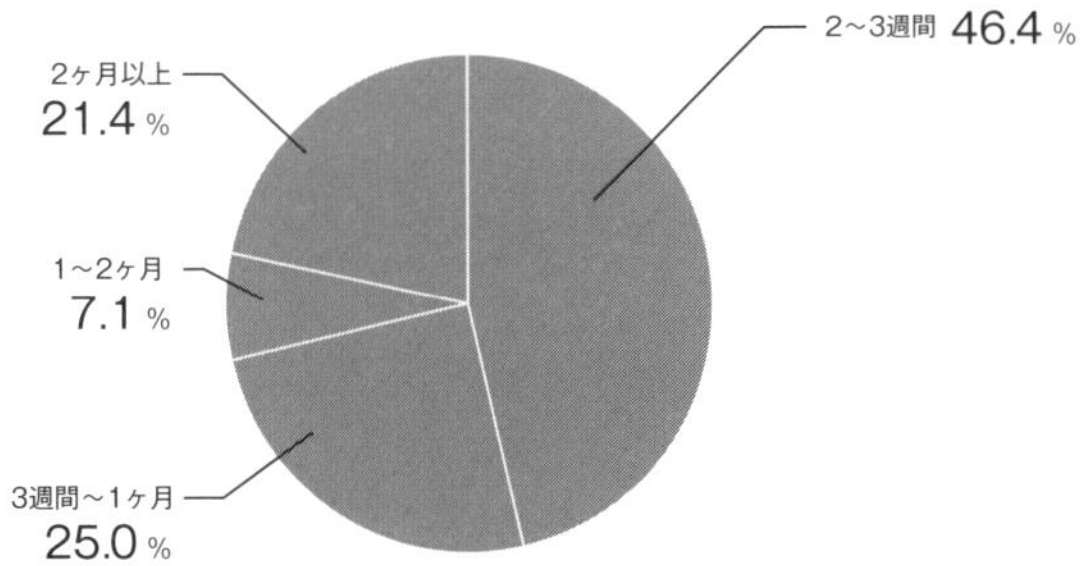

【デスティネーション】

北米がトップ。様々な都市でホームステイプログラムがあることや、米国の家庭生活が日本人になじみやすいからだろう。ついでオセアニアはファームステイも人気。「WWOOF」が注目されている。3位は欧州。

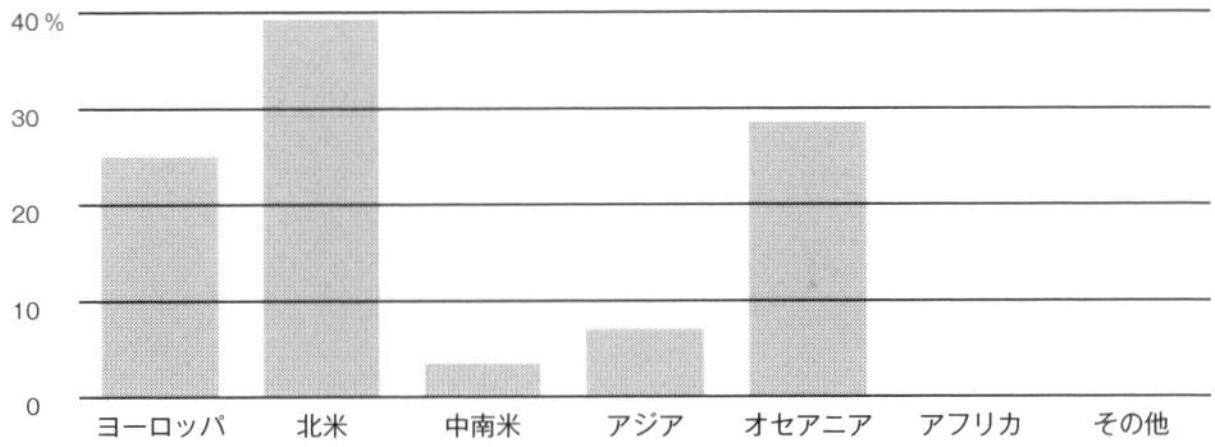

【手配状況】

トップは「その他」でそのほとんどが学校による企画。夏休み中に学校主催の旅行に参加することが多い。パッケージツアーは少ないが、実際に専門会社が取り扱っているものがパッケージツアーになる。

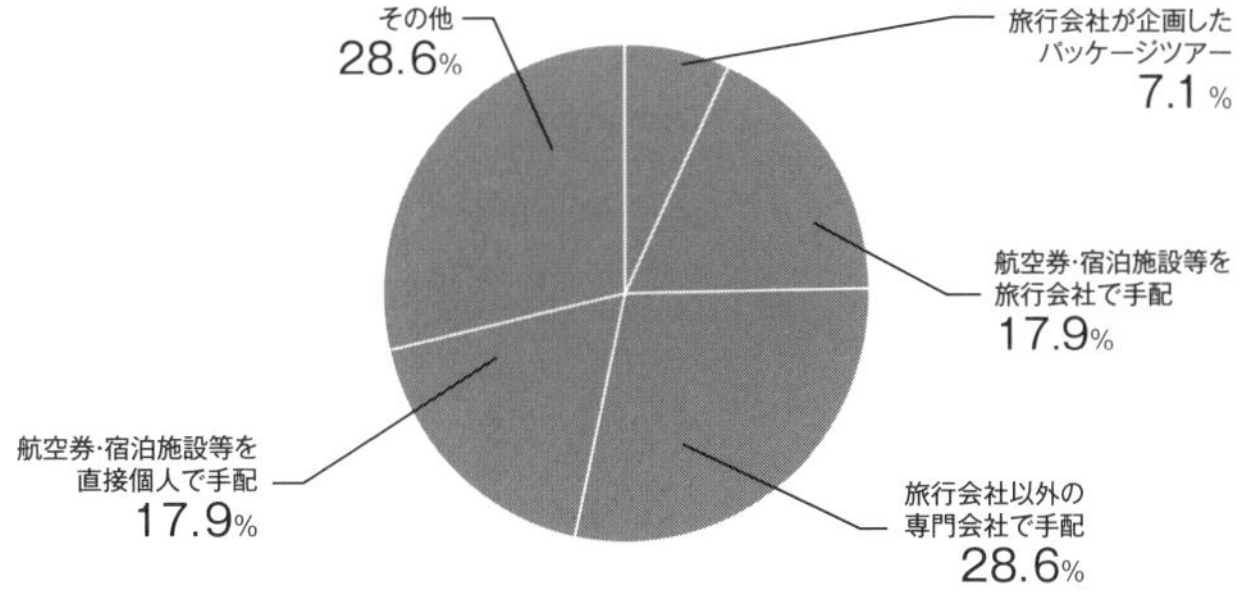

Point

- ▶語学研修とセット
- ▶参加者のほとんどが学生
- ▶農場・牧場などでの「WWOOF」が人気
- ▶友達づくりには最良の手段
- ▶その国を知る異文化体験
- ▶親子でホームステイもある

9

ワーキングホリデー
若者に人気。働きながらできる海外体験

調査対象者の声●女性28歳「学生時代からの目標」●女性28歳「大橋巨泉さんのお店で働かせていただいたとき、商品を覚えるトレーニングが辛かった。でも、今はそのおかげで日本に帰国して役に立つことが多い」●男性24歳「働けるところが少ない。ニュージーランド人はあまりしゃべらない」

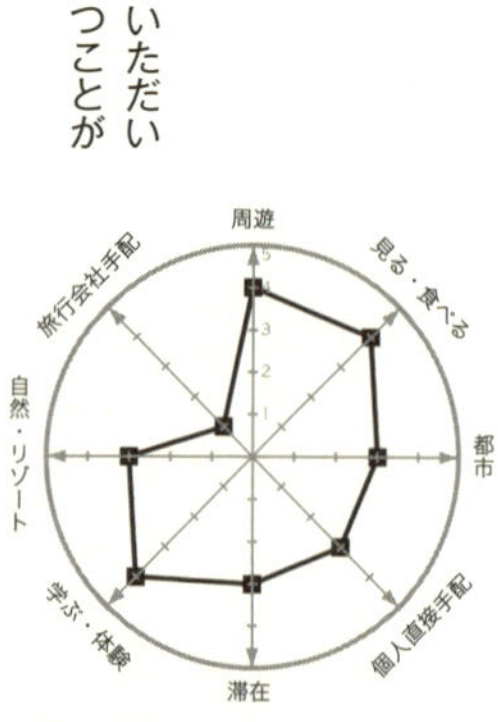

最長1年間、アルバイトをしながら海外で暮らすことができるのがワーキングホリデー制度だ。若者の間では「ワーホリ」と通称されている。青少年育成を目的とする海外滞在のシステムで、語学学習や資格取得で自分を成長させたり、気軽に旅行や遊びを楽しむこともできる。

現在、受け入れ可能な国は8ヶ国

現在、受け入れがあるのは豪州、ニュージーランド、カナダ、韓国、フランス、ドイツ、イギリス、アイルランドの8ヶ国。18~30歳(国によって異なる)の人に、ワーキングホリデービザ申請資格がある。毎年2万人程度のビザが発給されているが、その約半数は豪州で、カナダ、ニュージーランドを含めると9割を超える。

ワーキングホリデーの魅力は、生活費を補うためのアルバイトが認可されていること。国により、同じ職場で3ヶ月以上の勤務はNG、などといった細かい規定はあるが、海外での勤務経験は貴重な財産になるはずだ。観光や文化体験など自分のしたいことに時間を割り振ることが可能で、友人同士やカップル、夫婦でワーキングホリデーに行く人も増加中。各種のスクールに通う人も、学生ビザでの渡航とは異なり、途中で通学期間が途切れてもビザステイタスを気にせずに滞在できるというメリットもある。

だが、就労しようとしても、国や地域によっては仕事が少ないケースもあるので、各地で盛んに開かれている無料セミナーや説明会に出席し、事前に必要な情報を仕入れておくべきだろう。

「ワーキングホリデー」件数ベース（n=3）

【旅行期間】

年代は申請資格があるので当然10～20代となる。確立された旅行スタイルだが、分母が小さいため本調査でもサンプル数が少ない。旅行期間は2ヶ月以上で有効期間をフルに活用するケースが多い。

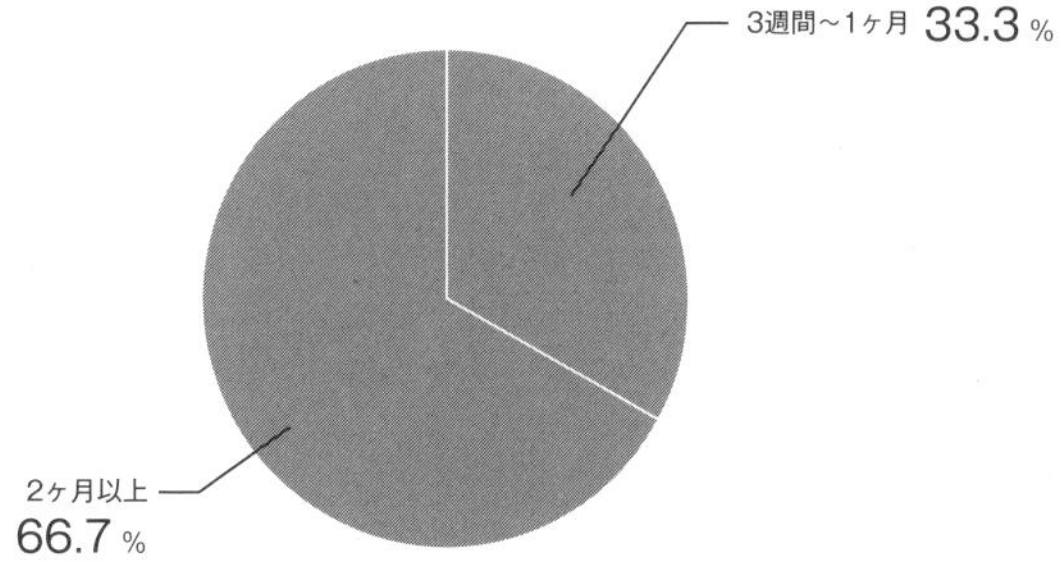

【デスティネーション】
本調査ではサンプル数が少なく、オセアニアとヨーロッパとなったが、現在ワーホリ対象国は8ヶ国で豪州とニュージーランドへ行く人が圧倒的に多い。北米はカナダ、アジアは韓国のみ。

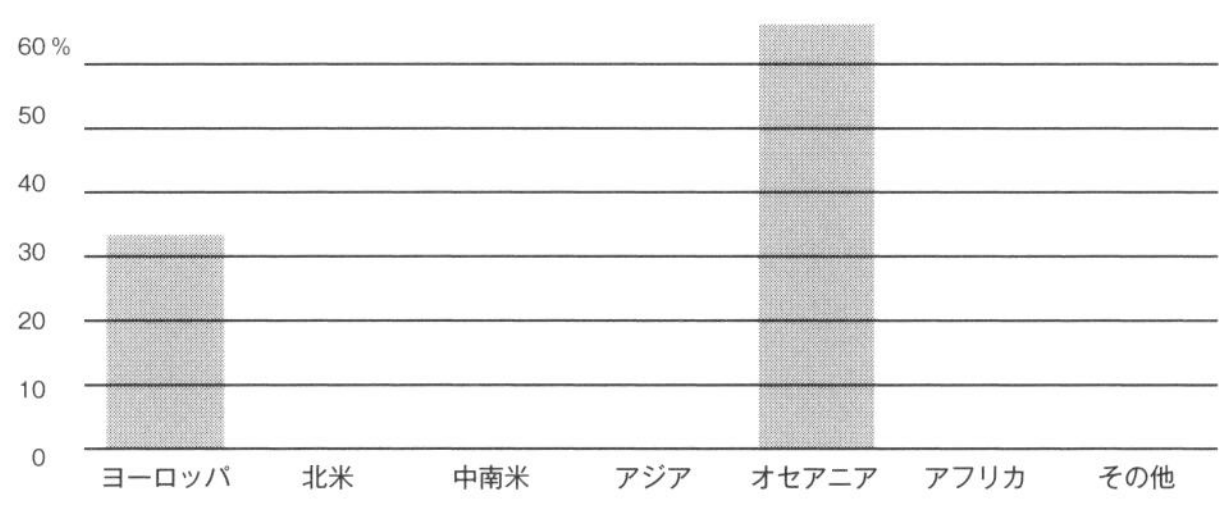

【手配方法】
本調査ではサンプルが少なく「直接個人で手配」がトップ。実際ビザを取得すれば往復の航空券を手配するだけの気軽な旅行が可能。ただしはじめての旅行者は旅行会社や専門会社のアドバイスが必要だろう。

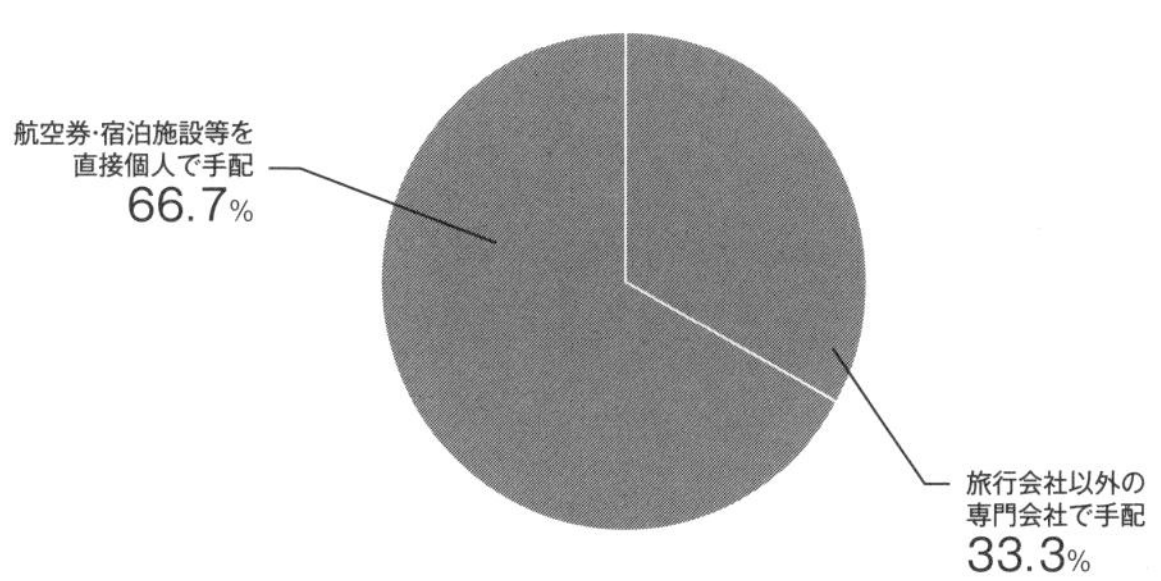

Point

- ▶若者の間では通称「ワーホリ」
- ▶滞在中就労が認められる青少年育成を目的とする
- ▶ワーホリビザは毎年2万人程度に発給
- ▶現在受け入れがあるのは、豪州・ニュージーランド・カナダ・韓国・フランス・ドイツ・イギリス・アイルランドの8ヶ国
- ▶国や地域によっては、仕事が無いケースも

ボランティア旅行

若者だけではない。定着してきたまじめ旅

調査対象者の声●男性23歳「途中NGOの活動に加わり、ゴミの山で生活する家族に出会い、子供たちに算数を教える機会があった。そのときの子供たちの笑顔や、学びたいという姿勢に、生きる力、生きるという姿勢を学んだ気がした」●女性21歳「あまり深く考えずに行ったため、現実をみて衝撃的だった」

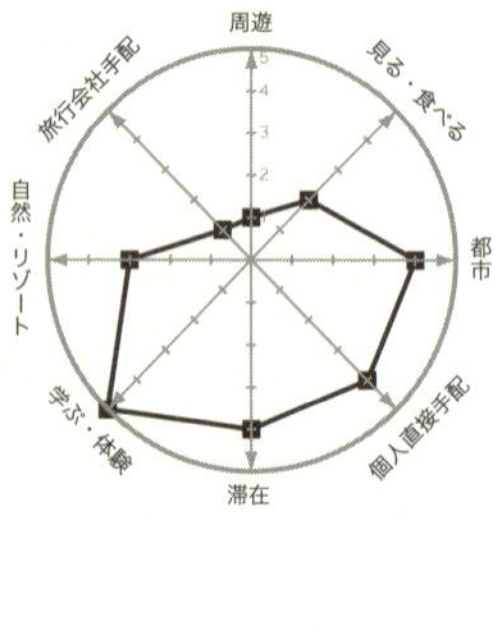

発展途上国の病院や老人ホームなどでの介護ボランティア、現地の保育所や幼稚園での保育ボランティア、動物の世話をする飼育ボランティア、その他、自然保護地区、施設建築などにスタッフとして仕事に参加するボランティアなどが注目を集めている。

いずれもボランティアを通じて文化体験や国際交流ができるというものだ。日本で保育や介護などの仕事に就いている人や、海外で誰かの役に立ちたいと希望する人に参加者が多い。費用は自己負担、しかも無報酬が大半だが、滞在費が不要になるケースもある。近年は若者だけではなく、熟年層も注目しはじめている。多くの人が各地で参加していると推測されている。インド・コルカタにあるマザー・テレサの「死を待つ人の家」のボランティアが有名。

申し込みはインターネットで簡単に

いまやボランティア先は全世界に広がり、ステイ先はインターネットで簡単に申し込めるようになっている。海外ボランティア活動を行う組織、ＪＩＣＡ海外青年協力隊は、開発途上国の人々のために自分の能力や経験を生かしたいという20〜39歳までの人を支援している。派遣先はおよそ70ヶ国で、原則2年滞在（1ヶ月から10ヶ月程度の短期派遣制度もある）。現地での生活費や渡航費などはＪＩＣＡが負担する。

また、「地球の歩き方」が提供する留学サイト「成功する留学」では、1週間から3ヶ月程度、友人と一緒に参加もできる「日本語アシスタント教師派遣プログラム」や「幼稚園・保育園アシスタントボランティアプログラム」などを案内している。

「ボランティア旅行」件数ベース（n=7）

【経験者の性別と年代の構成】

本調査でのサンプル数は少なく、まだはっきり顕在化したスタイルとはいえない。女性10～20代が圧倒的に多い。30代女性、10～20代男性も存在している。

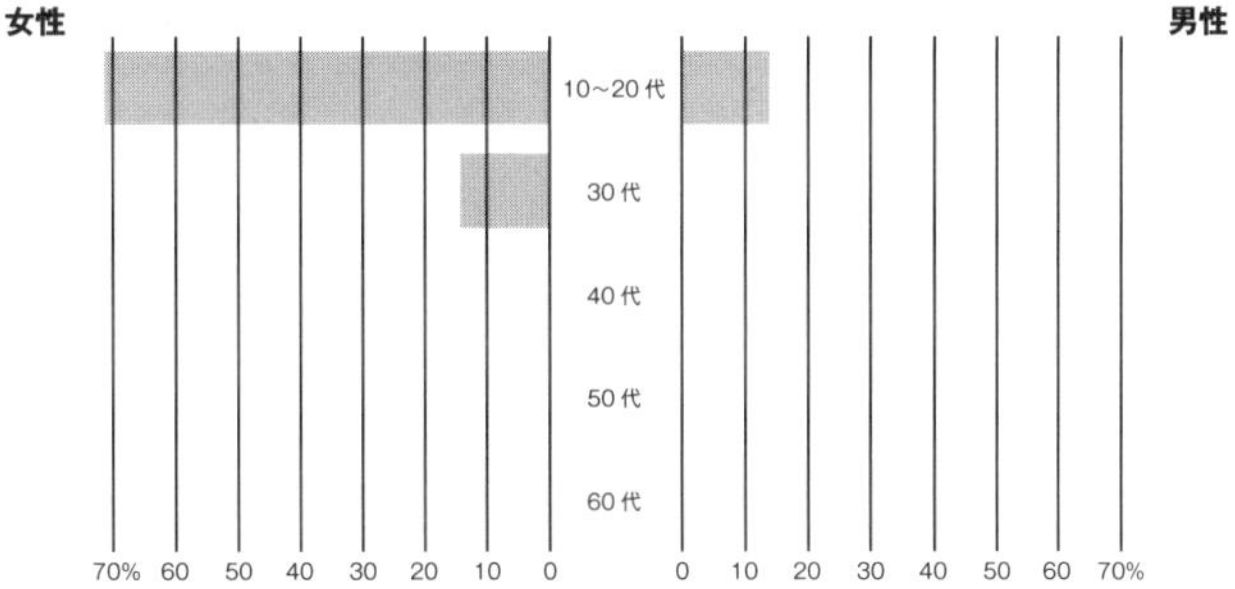

【デスティネーション】
発展途上国が多くマスコミで実態を見る機会の多いアジアに集中。タイ、インドネシア、フィリピン、ベトナム、カンボジア、インドなどでボランティアを必要とし受け入れ体制も整っているようだ。

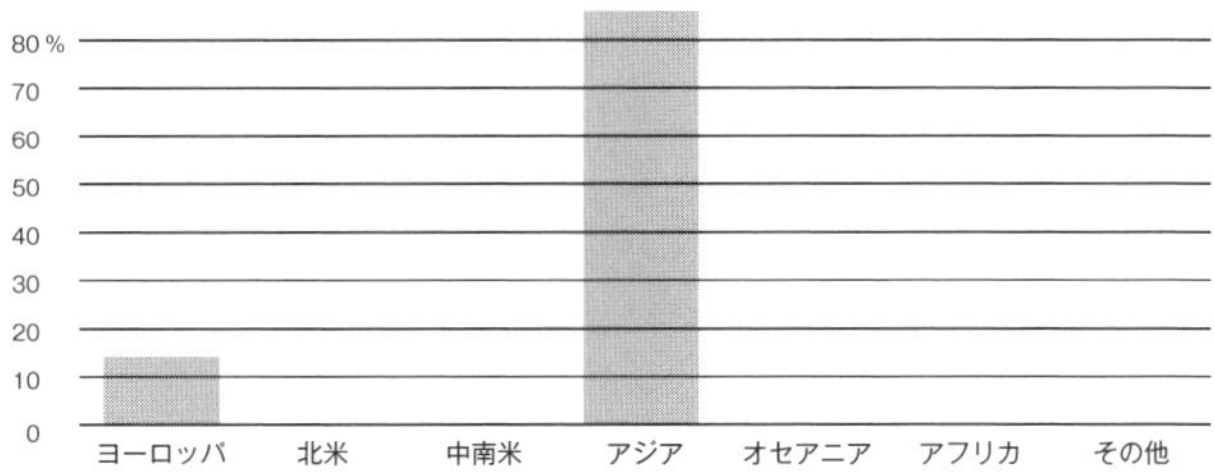

【手配方法】
「直接個人で手配」し、インターネットで調べたボランティア先に向かうケースが多い。また留学専門会社がボランティア先とセットしたプログラムを販売するケースもある。「その他」はＪＩＣＡなどからの派遣によるもの。

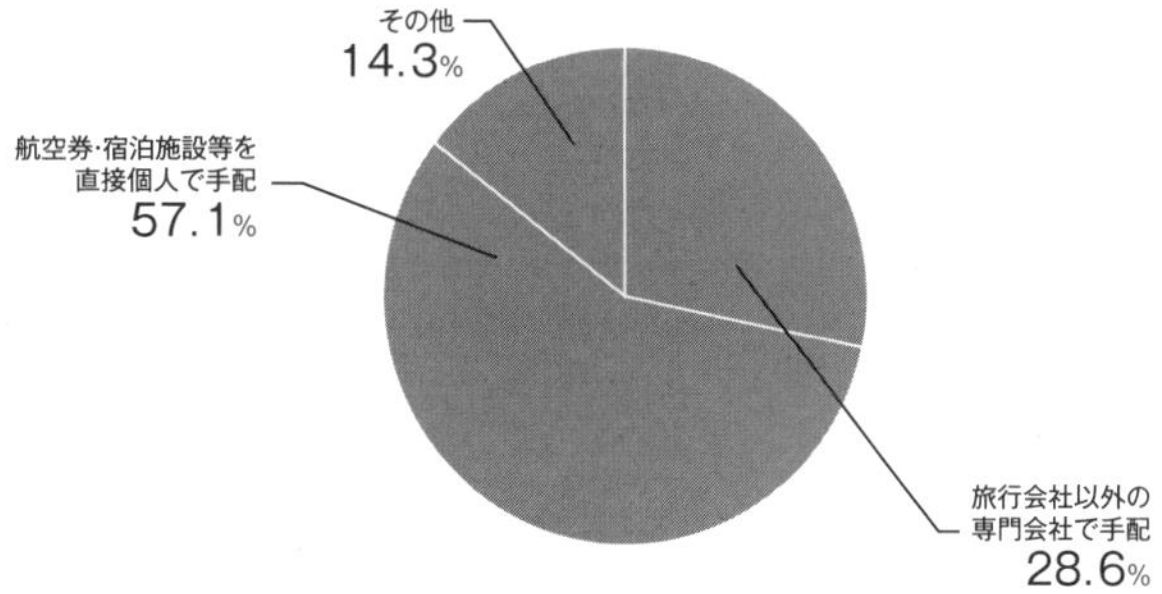

Point

- 発展途上国の病院、保育所、老人施設や自然保護地区、施設建築などにスタッフとして参加
- 費用は自己負担が基本
- 無報酬が原則だが、滞在費は不要の場合もある
- 熟年層も注目しはじめている
- １人で行く人と友人と行く人がいる

11

バックパッカー
不滅の旅行スタイル。若者の自分探しの旅

調査対象者の声●男性21歳「自分自身が鋭い感受性を持って、日々をポジティブに生きていればどこでも刺激的だし、どんなことからでも学ぶことができる。世界であろうが日本であろうが関係ないな、と学んだ」●女性32歳「1人で自由に新鮮な体験をしたかった。嫌いと思ってた国がどんなところか知りたかった」

荷物を詰めたリュックサック（バックパック）を背負い、お金をかけずに世界各国を周遊する、いわゆる不滅の「貧乏旅行」。学生、フリーターなどによる1人旅が圧倒的に多く、彼らはバックパッカーと呼ばれている。１９６０年代から欧米で流行しはじめ、航空券の低価格化とともに世界の若者たちにとって自分探しの旅の代名詞になっている。基本的に、現地の人とのふれあいを大切にする旅行だが、比較的安価で泊まれるゲストハウスやユースホステル、ドミトリーなどを宿にすることが多い。旅行者が多く集まる街には安宿街が形成され、ゲストハウスやインターネットカフェ、旅行会社などが集まり便利になっている。

　バックパッカーは、必ずしも貧乏旅行自体を目的にしているわけではない。お金が無いからバックパッカーを選ぶのではなく、高級ホテルなどに泊まらずできるだけ安く旅行することで現地の人の暮らしに直接触れ、そこから新しい発見や気付きを得たいというのが彼らの真意のようだ。

「留学」ではなく、「流学」

　彼らが好んで使う「流学」という言葉は、当時、東京学芸大学の３年生だった若者が世界20ヶ国を旅した記録を綴った本『流学日記』（岩本悠著２００３年刊）から広まった。著者は本の中で「世界は僕らの学校」と提唱し、「流学」とは、「自分をさらけ出し、世界を知り、自分を見つめ直すことで自己を発見し、行動力の源を得る」こと、と説いている。この本に触発され、日本を飛び出す若者が多数出現しているようだ。

「バックパッカー」件数ベース(n=13)

【経験者の性別と年代の構成】

男女とも10～20代が多い。「ボランティア旅行」と比べて男性が多いのは、冒険的な要素が多いためだろう。しかし女性の経験者も意外と多い。男女の30代男性40代は「転職時に挑戦」が多いという。

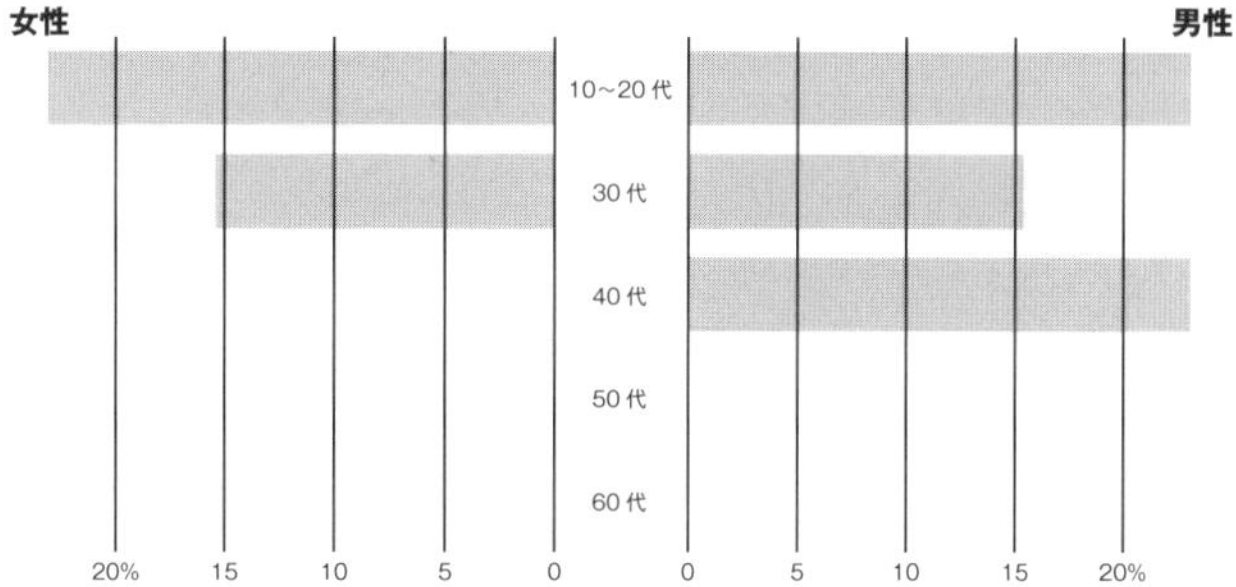

【デスティネーション】
バックパッカーの最大の特徴はデスティネーションにバリエーションがあること。トップは欧州とアフリカだが、アフリカが上位に来るのはこの旅行スタイルだけ。次いで北米、アジア、オセアニアとなり、中南米も登場する。

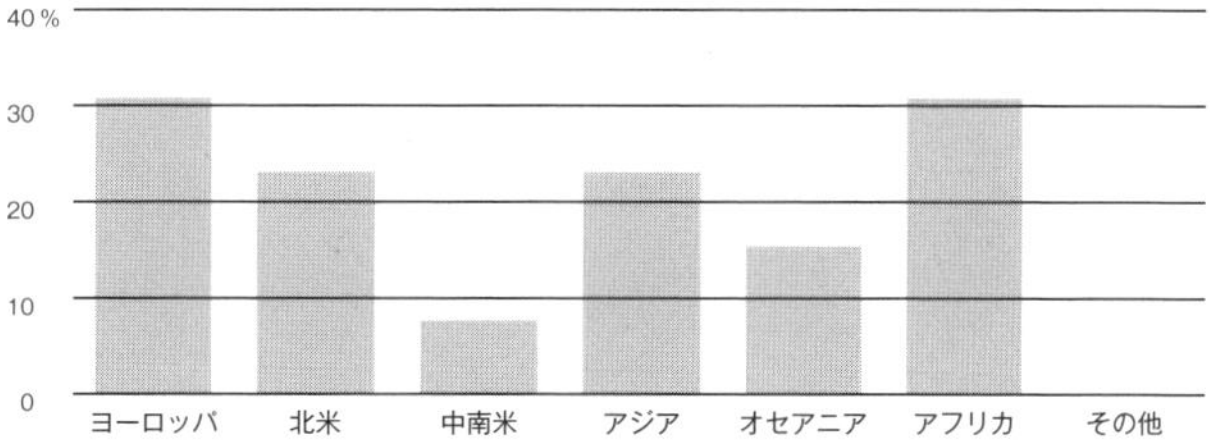

【手配方法】
「直接個人で手配」が100%。現地の滞在の手配はせず、行きの航空券だけを購入して旅立つことが多いという。自由な気ままな旅ともいえるが、リスクを伴う海外旅行において、自己責任の旅ということもできる。

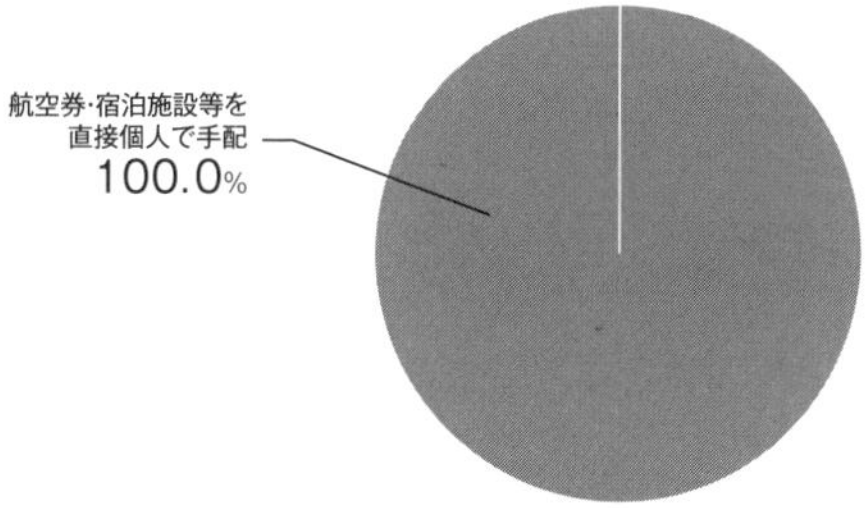

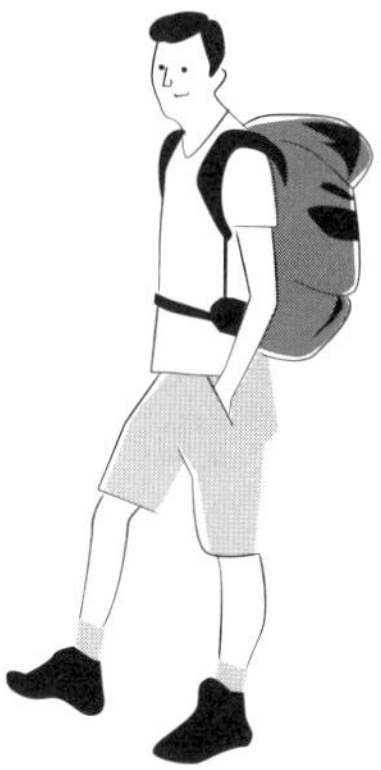

Point

- ▶「貧乏旅行」は若者の不滅の旅行スタイル
- ▶お金をかけずに世界各地を周遊
- ▶1960 年代に欧米で流行しはじめる
- ▶１人旅で現地の人と触れ合う
- ▶世界を知る「流学」とも言われる
- ▶デスティネーションは世界中
- ▶学生・フリーターが圧倒的多数

トレッキング・アウトドア
仲間たちと一緒。大自然を満喫する男旅

調査対象者の声●男性42歳「山が好き。ニュージーランドは治安も良いのでいい」●女性49歳「花いっぱいのトレッキング」●男性58歳「自分よりも高齢の方がたくさん挑戦していたのでファイトがわいた」●男性69歳「妻と1回、友達と1回スイスへ行き、病み付きになった」●男性21歳「思う存分趣味に没頭」

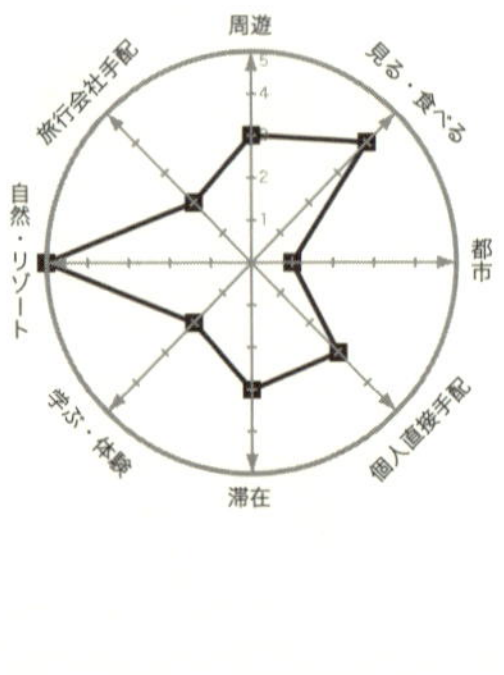

登山・トレッキング・ハイキングなどを目的とした旅行で、エコツーリズムの浸透とともに、近年増加の一途をたどる旅行スタイル。キャンプや川下りなどを中心にアウトドアを楽しむ旅行も増えている。

全体に10日前後の旅行が多いが、エベレスト、アンナプルナなど長期間となるトレッキングの旅も商品化されている。いずれも、専門のガイドが付いていくのが特徴。釣り、ダイビング、サーフィンなどのスポーツを主体とした周遊、滞在旅行もあり、専門旅行会社が多数ある。

専門旅行会社によるユニークな旅がそろう

冒険や秘境旅行を取り扱っている西遊旅行は、「エベレスト大展望　カラパタールトレッキング19日間」「K2大展望　バルトロ氷河トレッキング25日間」などを発売している。

また、トレッキング専門のアルパインツアーでは、台湾、ボルネオ、中国、アフリカ、ヒマラヤなどの登頂ツアーやニュージーランド、カナダ、アンデス、ギアナ高地などのトレッキング、カナダ、ニュージーランド、ネパールなどでのヘリコプターによるハイキング&トレッキングなどを発売。

本格的な登山やトレッキングから、女性や高齢者にも可能なハイキングなど幅広い商品があり、初心者層を増やしている。また、自然や環境への関心の高まりの中、エコツーリズムの要素を入れたツアーも多くなってきている。今後も趣向を凝らしたオリジナル旅行が、続々と商品化されるだろう。

「トレッキング・アウトドア」件数ベース（n=14）

【経験者の性別と年代の構成】

圧倒的に男性が占める旅行スタイル。男性40代50代がピーク、あとは各世代に数字が出ている。国内の山歩きに満足できない層が世界の山々に挑戦している。女性は40代に数字があるのみ。

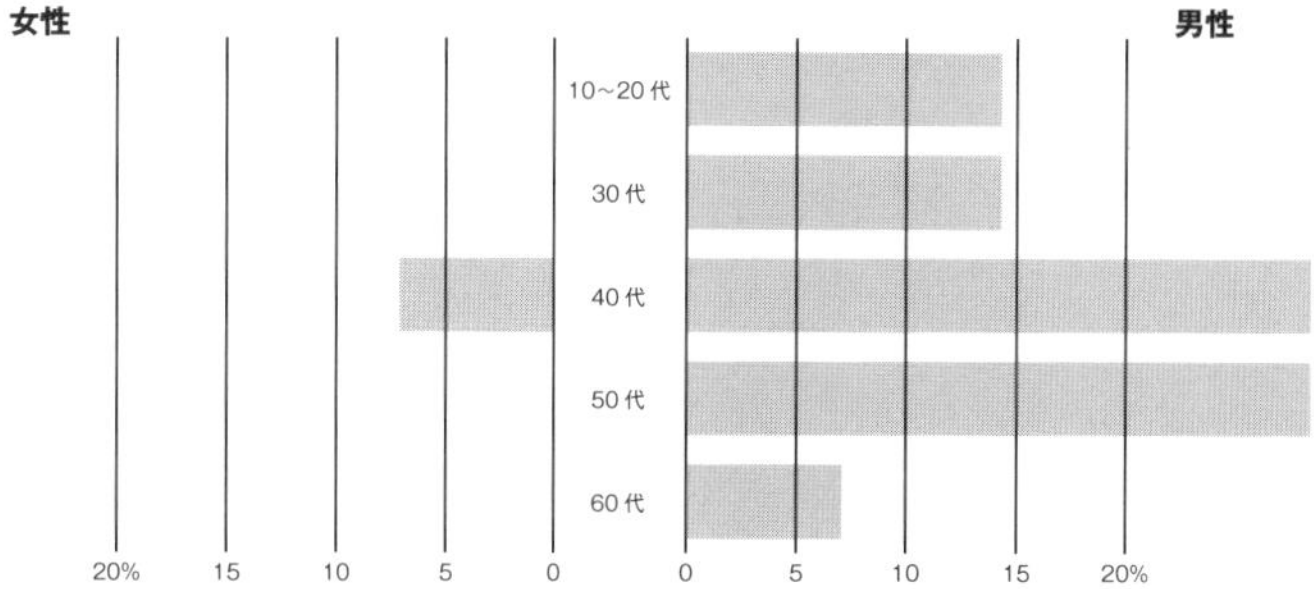

【同行者】
山登り、トレッキングが中心なので男性1人が多いが、実際にはグループ行動となることが多い。グループや友人・知人との参加も多く、夫婦での参加も見られる。

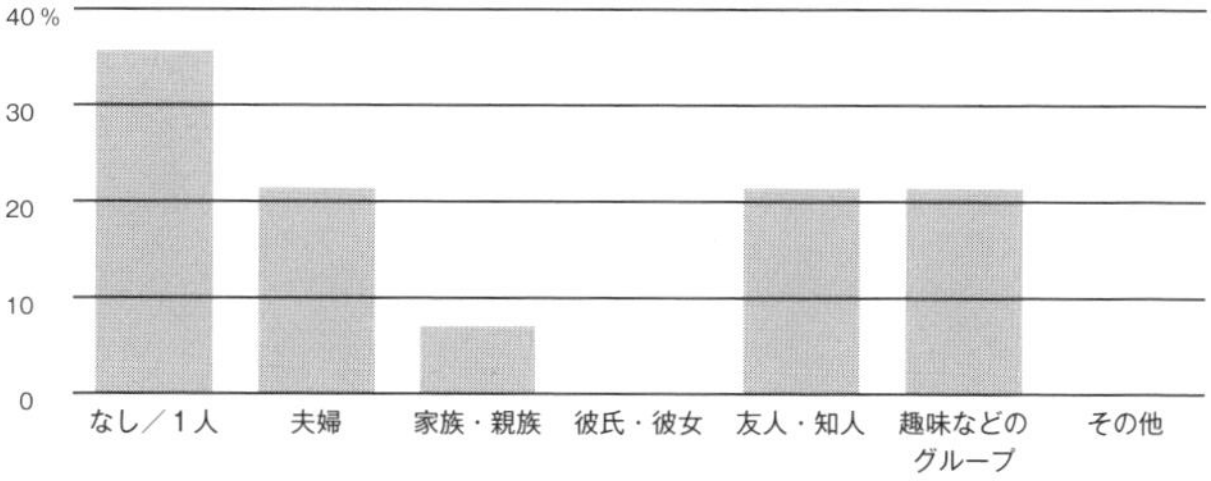

【手配方法】
リピーターや趣味の登山家は「直接個人で手配」し、現地に向かうケースが多い。しかし、多様な商品を揃えている専門旅行会社に相談しパッケージツアーなどに参加する人もいる。

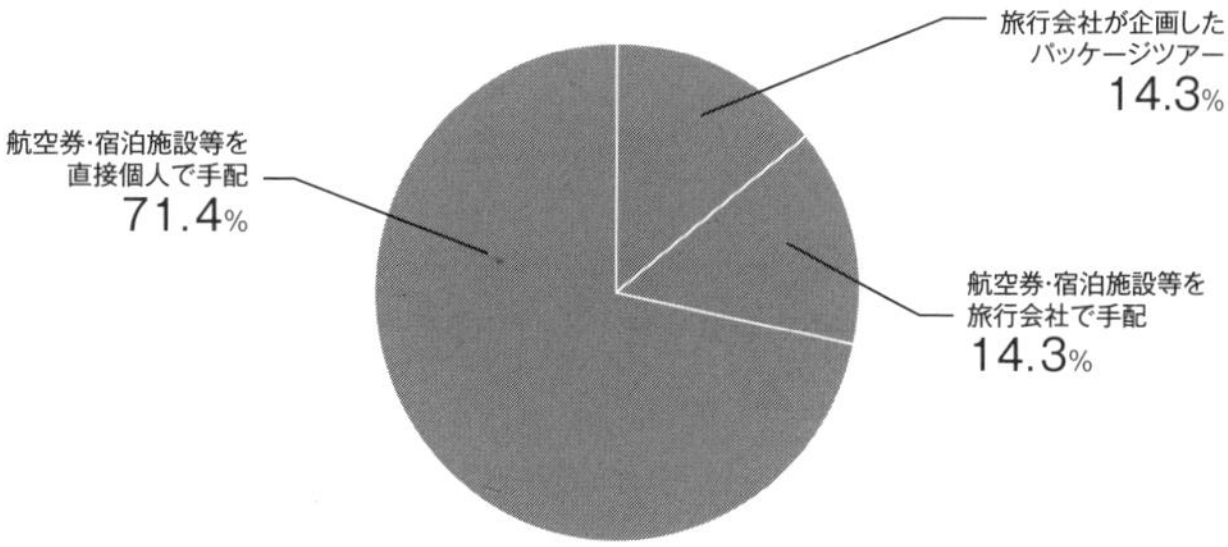

Point

- ▶登山・トレッキング・ハイキング・キャンプ・川下り・釣り・ダイビングなど
- ▶エベレスト・アンナプルナなどの長期間のトレッキング旅も商品化
- ▶専門ガイドが同行するツアーが大半
- ▶自然を満喫するための冒険や秘境旅行
- ▶エコツーリズムが浸透

13

家族・知人訪問
最も多い「長旅」。家族や友人に会いに行く旅

調査対象者の声●女性66歳「娘が留学しているので、様子が知りたかったのとチャンスなので観光を兼ねて出掛けた」●男性47歳「ホワイトクリスマスになった。大晦日の花火とパーティーも楽しかった」●男性64歳「現地で娘夫婦が一緒だったので、英会話も安心できた」●女性49歳「アメリカ人の家庭がのぞけた」

日本のグローバル化にともない、海外在留邦人数は2005年度約101万人（外務省「海外在留邦人数調査統計」より）にまで膨れ上がっている。

同時に、業務駐在、留学、移住などにより、海外に住む家族や知人を訪ねる旅の需要が拡大し、実際に旅行者が年々増加している。国際結婚も増えており、伴侶となった相手の母国へ里帰りの機会も増えた。

このように、海外との交流が盛んになり、外国人の友人との接触機会も多くなってきたことを受け、「家族・知人訪問」の旅は右肩上がりの一途。短期旅行が比較的多いが、現地での滞在費が大幅に節約できることから、周辺の観光も含め長期滞在になるケースが少なくない。

往復航空券とお土産があれば出発

「家族・知人訪問」は海外旅行に行く最大のきっかけだ。業務駐在をしている家族や知人がいる場合、駐在期間中に一度は会いに行ってみたいと思うものだ。しかも、その家族宅や知人宅に泊まれば宿泊費が不要。ホテルに泊まる場合でも、現地事情に明るい家族・知人にまかせればリーズナブルなホテルに宿泊が可能。

その土地の観光にも同行してくれるだろうし、現地発着の安価なツアーに参加することもできる。往復航空券さえ手配すればすぐにでも旅立てる理想的な海外旅行スタイルだ。逆に現地から、両親等を招待する「呼び寄せ航空券」なども格安で現地旅行会社が販売している。「最も多い『長旅』」、家族・知人訪問の需要を旅行会社が吸収していくことが今後の課題となるだろう。

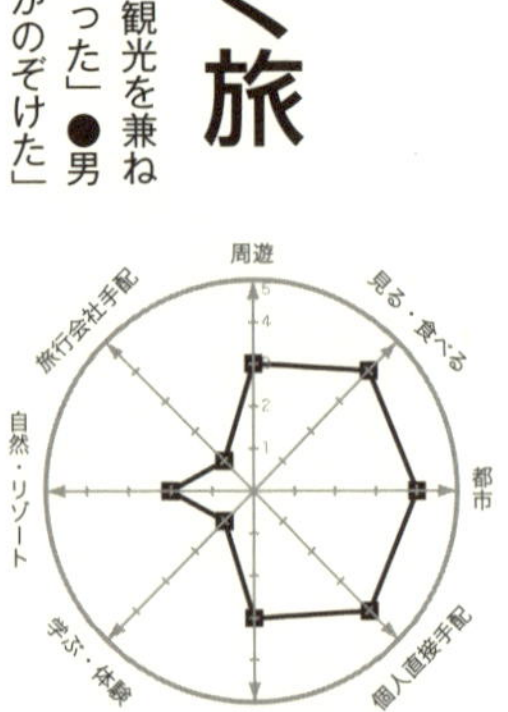

【経験者の性別と年代の構成】
男女別でみると女性が圧倒的に多い。業務駐在などで海外に長期滞在している夫を妻や家族が訪問するというケースが多いからだと考えられる。女性のピークは60代。男女とも60代が「長旅」となることが多いようだ。

「家族・知人訪問」件数ベース（n=172）

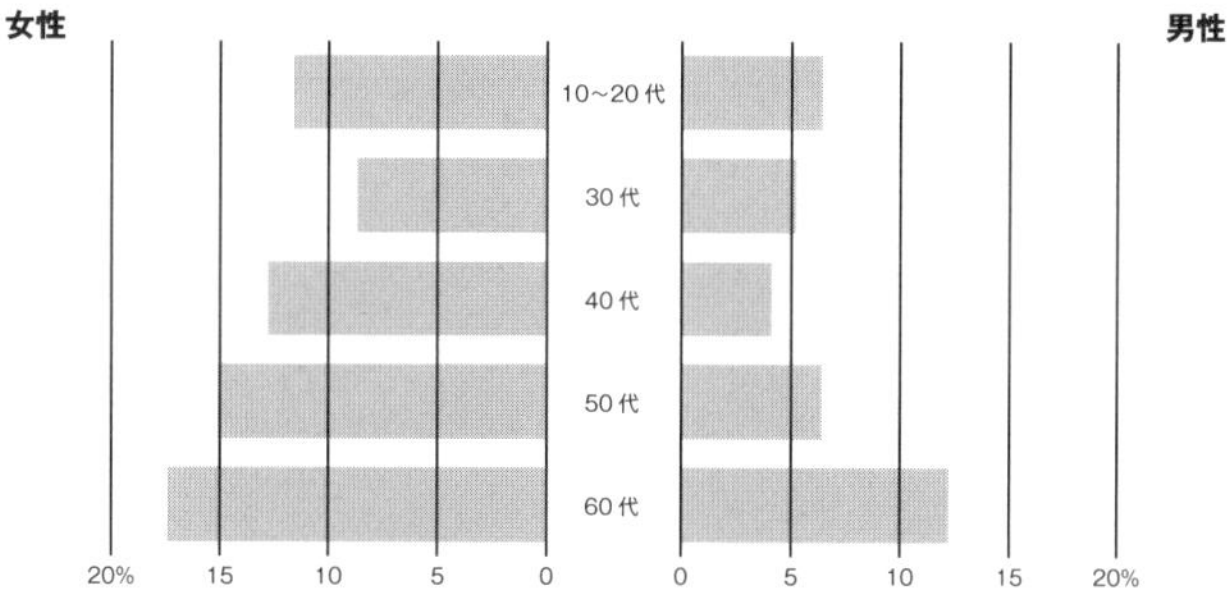

【同行者】
家族・親族と訪問するケースがトップで、1人旅、夫婦とつづく。1人旅が多いのは現地に家族・知人がいるので安心して出かけられるため。子供の留学などの場合は夫婦で行くことも多い。友人・知人を伴うことも。

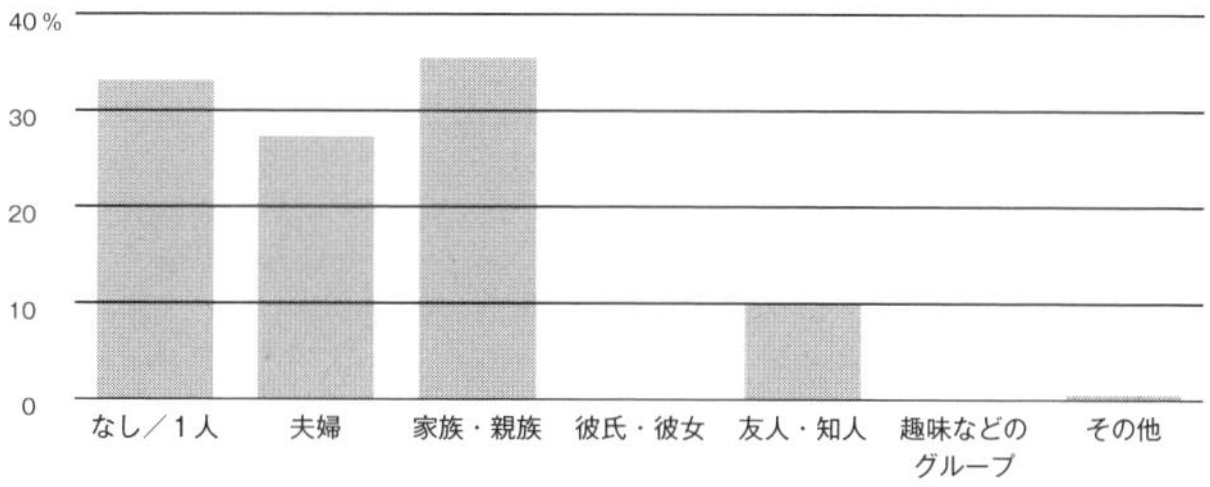

【手配方法】
「直接個人で手配」と「航空券・宿泊施設等を旅行会社で手配」がほとんどを占めFIT型の旅行スタイルとなっている。パッケージツアーは、ほとんどない。往復航空券だけを手配するケースが一般的だ。

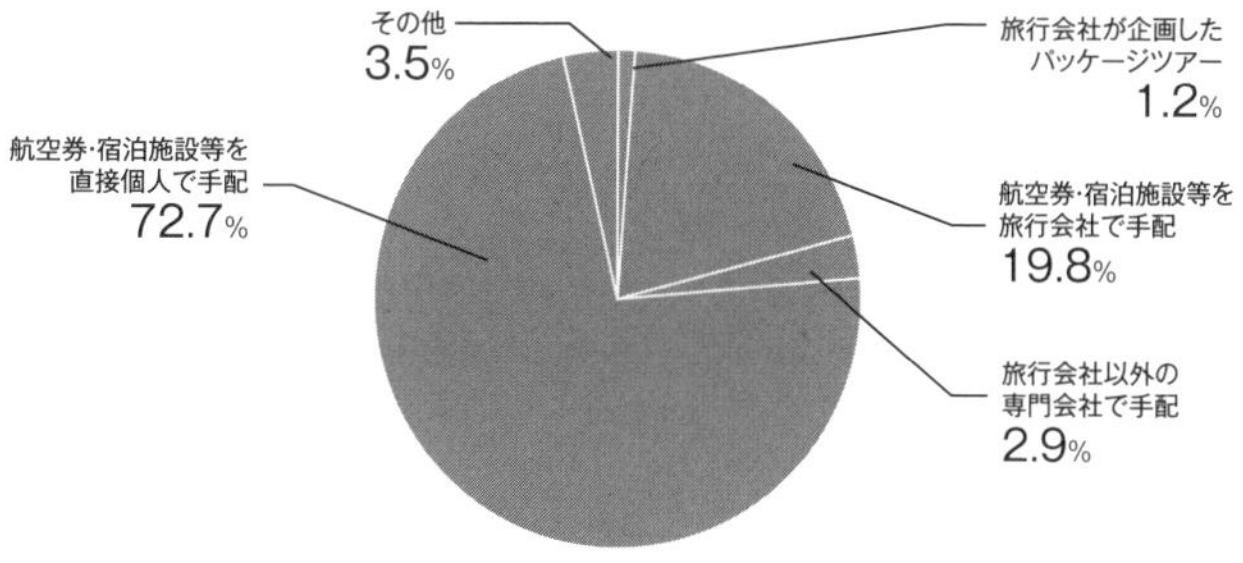

Point

- ▶日本のグローバル化
- ▶業務駐在、留学、移住で海外に住む家族や知人を訪ねる旅
- ▶海外在住邦人約 101 万人。需要は拡大
- ▶国際結婚の増加により里帰りの機会も増加
- ▶外国人の友人を持つ人が増えている
- ▶宿泊代が軽減できることから、周辺観光も含めた長期滞在化へ
- ▶「呼び寄せ航空券」も利用拡大

ハネムーン・ウェディング
一生の記念旅行は長ければ長いほど幸せ

調査対象者の声●女性54歳「結婚式にも感激しましたし、相手の家族とも親しくなりました。観光も楽しかった」●男性36歳「挙式と旅行がセットで安かった」●女性40歳「夫婦とも長年のオペラファンで、ヨーロッパの本場で鑑賞したかった」●女性31歳「子供は体調を崩し、親族12人で一緒に行動していたため疲れた」●女性33歳「夢がかなった」

「ハネムーン・ウェディング」も、現在伸びている旅行スタイルのひとつだ。

1週間から10日前後が一般的だが、一生に一度の記念として豪華、かつ長期にわたる滞在、周遊になるケースが増えている。また、近年、現地でのウェディングも多くなり、ウェディングの後にそのままハネムーンとなり長期間となるケースも。今後は、「ハネムーンの長期周遊」と、「ウェディングの長期滞在」の両面で伸びていくことが予想される。海外ウェディングの場合は本人たちだけでなく、親族や友人知人など、数多くの関係者が海外渡航を果たすことになる。

旅行とセットになったプランが商品化

世界各国の特徴を生かしたウェディングプランを豊富に持つワタベウェディングは、挙式からパーティー、旅行に至るまですべてをサポートする会社。すでに35万組の海外ウェディングの実績を持っている。ハワイ、グアム、サイパン、米国西海岸、オセアニアが人気のエリアだという。

ＪＴＢ初のブライダル専門店、「ウェディングプラザ南青山」は、ウェディングコーディネーターが完全予約制でさまざまな「ハネムーン・ウェディング」の相談に乗り、豊富なオリジナルプランを提案する。全世界にチャペル&教会のネットワークを持つ大手旅行会社ならではの充実ぶりだ。

いずれも大切な記念旅行をゆっくりと味わえる「長旅」のプランが用意されている。

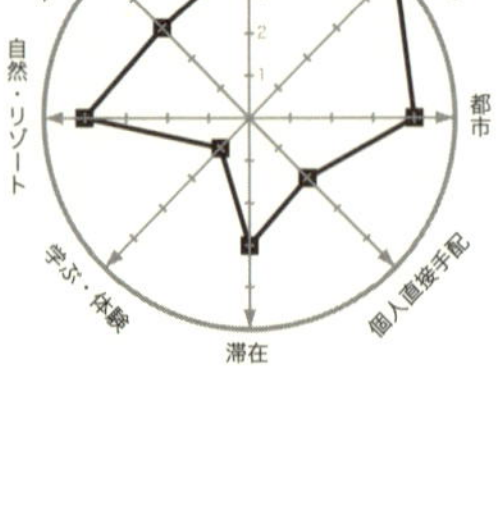

「ハネムーン・ウェディング」件数ベース（n=21）

【経験者の性別と年代の構成】

結婚適齢期がボリュームゾーン。男性は30代がピーク。女性も30代がピークで40代、10～20代とつづく。20代は当事者と思われるが40代50代60代は当事者か、または家族としてウェディングに参加したものと思われる。

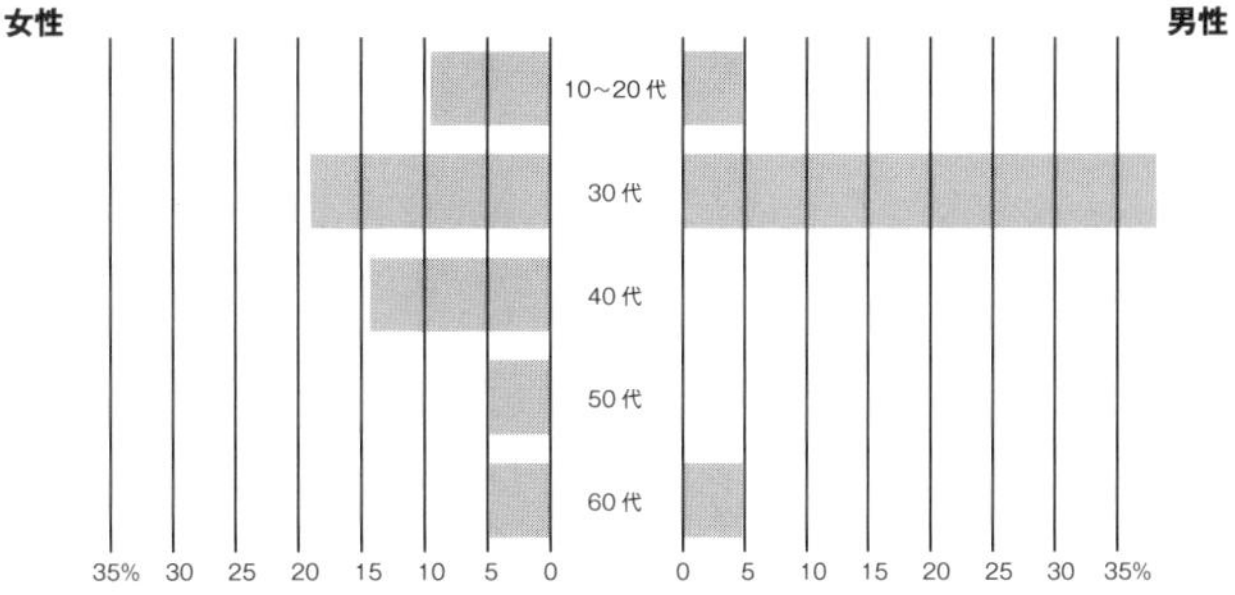

【デスティネーション】
一般的なデスティネーションは、ハワイ、豪州、グアムなどだが、「長旅」のハネムーン・ウェディングはバリエーションが豊かだ。ハワイを含む北米がトップで欧州、アジア、オセアニアとつづき、中南米、アフリカも登場する。

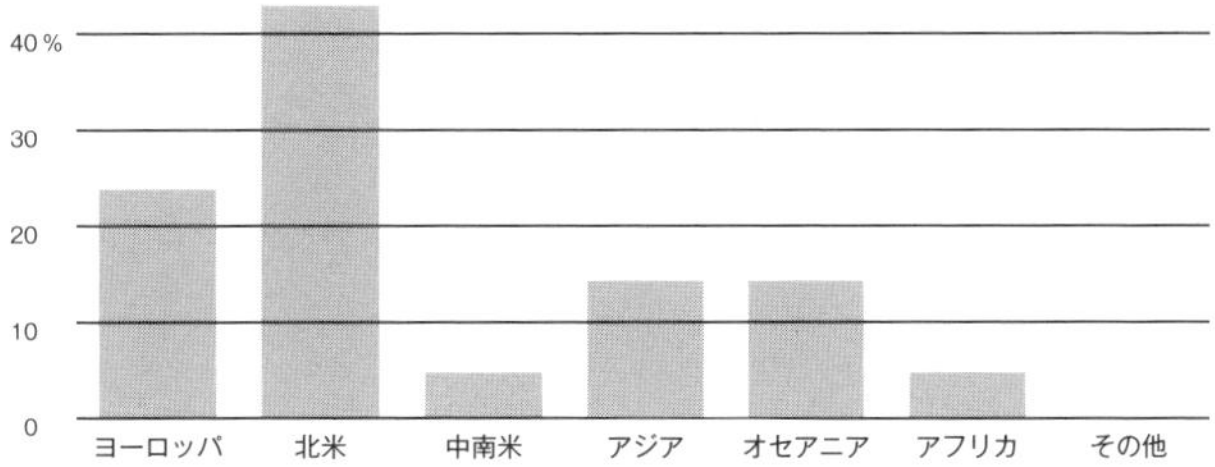

【手配方法】
「パッケージツアー」と「航空券・宿泊施設等を旅行会社で手配」で過半数を占める。ウェディング専門会社の手配など含めると4分の3に。一生一度の記念旅行に安心を求めているのだろう。こだわりの「直接個人で手配」も。

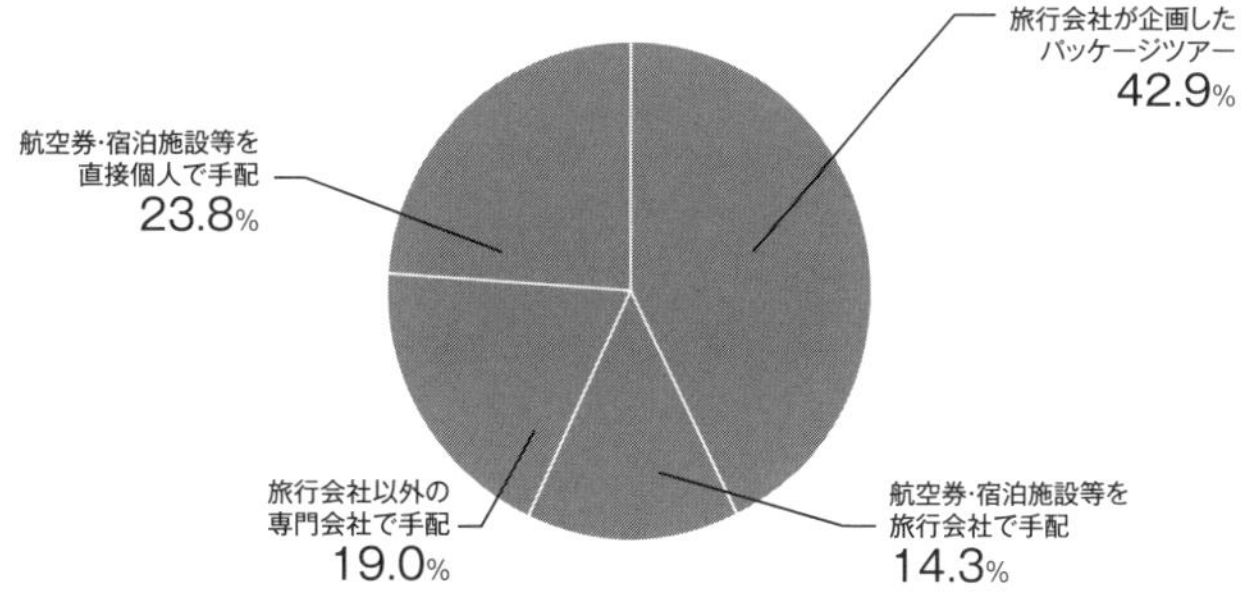

Point

- ▶一生一度の記念旅行は豪華に長期に
- ▶「ウェディング（海外挙式）＋ハネムーン」で長期化
- ▶ハネムーンの長期周遊型と、ウェディングの長期滞在型に分かれる
- ▶「長旅」ハネムーンのデスティネーションはバリエーション豊か

Column❷

女性にうれしいロングクルーズの旅
——太平洋の真ん中で、船上インタビュー

旅の販促研究所　中村忠司

「100日間以上の世界一周クルーズが売り出しと同時にすぐに満室に！」。バブルの頃ではなく今の話である。どこにそんな魅力があるのかを、日本クルーズ客船が運航する「ぱしふぃっく びいなす2007オセアニア・ニュージーランドクルーズ」に同乗させていただき探ってみた。

時計の無い船室での船旅

〝ぱしふぃっく びいなす〟は、総トン数2万6518トン、全幅25メートル。客室238室、総旅客定員696名の日本を代表するクルーズ客船のひとつである。今回のオセアニア・ニュージーランドクルーズは、2007年1月22日(月)から3月10日(土)の47日間の「長旅」。

食事は、朝食・昼食・夕食の他にアーリーモーニングティー・モーニングティー・アフタヌーンティー・夜食と1日7食が用意されている。部屋タイプは、4タイプに分かれていて、5階から10階まで。部屋にはテレビ、湯沸かしポットや各種アメニティーグッズも完備している。トイレは全てシャワートイレで、シャワー完備バスタブはデラックスルーム以上にある。ちなみに時計は、「時間を忘れてお寛ぎ下さい」という考えから用意されていない。

荷物持たない手ぶらの旅が魅力

乗船客の年齢層は60代から80代で70代が中心。男女比はやや女性が多いようだ。夫婦参加以外にも1人参加や友人、姉妹での参加など様々である。

荷物は宅配サービス（有料）があり、事前に送っておくと部屋に入れておいてもらえる。飛行機のように到着地で荷物を運んだり、積み替えたりの作業がないので非常に楽である。〝ぱしふぃっく びいなす〟のほとんどのクルーズに乗船しているUさん（60代女性）のお話でも「クルーズの魅力のひとつは荷物の楽さ。周遊旅行なのに荷物の積み替えをしたりしないで済む。オプショナルツアーもペットボ

トルだけ持って参加できる」と強調している。この荷物の楽さがクルーズにシニアリピーターをつくっている要因のひとつでもあるのだろう。

船内イベントが女性をとりこに

船内では、様々なプログラムが用意されている。各種教室（囲碁・ダンス・コントラクトブリッジ・水彩画など）、スポーツ（海水プールでのシュノーケリング、ジム、太極拳、ヨガなど）、イベント（ピアノコンサート、トークショー、運動会など）。

中でも女性に人気なのがダンスだ。ダンスの大好きなIさん（70代女性・夫婦参加）によると、「クルーズのいいところは、部屋から直接ダンスの衣装を着てステージにいける気軽さ。お化粧ももちろん部屋ですませる事ができる。なかなか普段着られない洋服やジュエリーも積極的に楽しんでいる」と話されている。

クルーズコーディネーターの廣田さんも、「ご夫婦で参加の場合、日中はお互いに別の教室やイベントに参加して、夕食時に会うことにしている方も多い」とのこと。

とにもかくにもキャビンクルーたちはフレンドリーだ。2回目の乗船のときは「お帰りなさい」と迎えるという。〝家事からの解放と自由な時間〟そして〝ストレスフリー〟。まさに、ロングクルーズは女性の天国といえるようである。

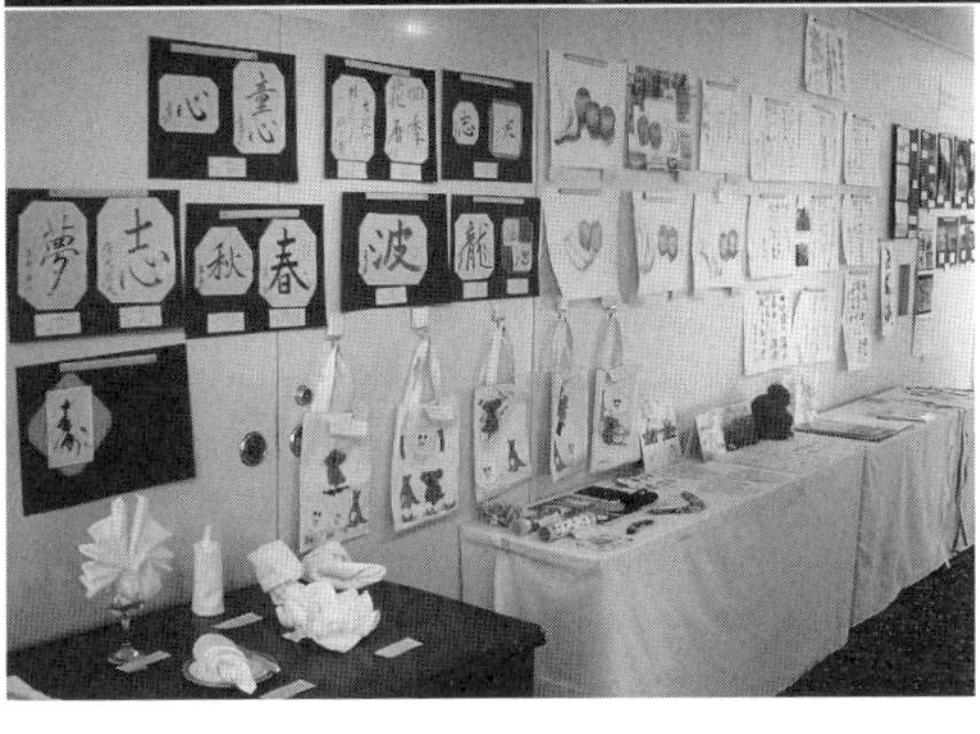

写真上：ぱしふぃっく びいなす（日本クルーズ客船提供）
写真下：文化祭（船内での作品発表会）

第四章

「海外長旅」の実態と意向

どんな「長旅」が求められているのか

「海外長旅」の実態と意向を旅行者に聞く！

「海外長旅」にはさまざまなバリエーションがあることを、前章までの記述でご理解いただけたことと思う。

そこで、この章では、「海外長旅」の実態と意向を明らかにするために、「旅の販促研究所旅行企画パネル」より後述する対象者と期間、方法で調査を実施した。以下、調査結果を各項目ごとに詳説していく。「実態」とは、文字通り〝経験した旅行についてのありのまま〟を数値化したものであり、「意向」とは〝今後どうしたいか〟という質問に対して寄せられた回答を数値化したものである。

▼「旅の販促研究所旅行企画パネル」

ｌｐｓｏｓ日本統計調査㈱の「アクセスパネル」（住民基本台帳を基点として拡大された約25万世帯90万人。日本最大規模のパネル）をベースに、過去3年以内の海外旅行および宿泊を伴う国内旅行経験者（2006年6月時点・ビジネスを含む）1万人をモニター化したもの。インターネット調査、郵送調査、電話調査、定性調査のリクルートなどあらゆる調査方法に対応でき、高い回収率（Ｗｅｂ50％、郵送70％）を維持している。

今回の「長旅」に関する調査を行った期間は、２００６年12月1日から同月11日まで。調査方法はインターネット調査、有効回答数は２２３０サンプルだった。その内訳は左図の通り。男女の数字や年代別の数字のそれぞれには、さほどの偏りがなく、傾向を読み取るために充分な数値が集まった。さらに、興味深い「長旅」を経験している数百人に対し、インターネットによる追跡調査を行った。これらの調査で寄せられた対象者の生の声も可能なかぎり紹介していく。

なお、本文中で「図表」と記されているものは、すべて本調査によるものである。

【「長旅」に関する調査の調査設計について】

調査対象者：18～69才男女　「旅の販促研究所旅行企画パネル」利用　過去３年以内の海外旅行および宿泊を伴う国内旅行経験者
調査期間：2006年12月1日～12月11日
調査方法：インターネット調査
有効回収数：2,230サンプル

内訳	合計	男性	女性
合計	2,230	1,084	1,146
10～20代	365	149	216
30代	502	252	250
40代	463	239	224
50代	451	228	223
60代	449	216	233

1 「長旅」経験の実態と意向
――日本人の「海外長旅」、ここまでわかった

「長旅」経験豊富な60代女性

まず、図表①を見ていただきたい。最近5年間での「海外長旅」経験（2週間以上の旅行・滞在）の「実態」である。

このグラフを見ると、男女とも10〜20代が28・2％、31・5％とトップだが、これらの数字は、学生を中心とする留学およびホームステイなどの経験者が数字を押し上げているものと思われる。時間的な余裕がある若い人ほど長期間、海外に出ていることは理解しやすいが、この調査結果で注目したいのは、男女とも60代が10〜20代を除く他の世代より突出して多いことだ。これはもちろん、リタイア後にできた時間的な余裕や、経済的な余裕がもっともある年代が60代だからだが、それにしても、60代女性の26・2％という数字には目を見張るものがある。男性より女性のほうが年を重ねても元気で意欲旺盛な人が多いのだろう。旅行会社にとっては、見逃せない結果といえる。

逆に、数値が低いのは、男性では40代、次いで30代。女性のほうは30代、次いで40代となっている。男性は企業人として責任あるポジションにつき、仕事がもっとも忙しい年代であること、女性も子育て、あるいは男性同様に仕事に忙殺される年代という極めて当然ともいえる状況を、これらの数字は雄弁に物語っているといえそうだ。

＊

どんなことがきっかけで「長旅」に出向いたのか、旅行内容ごとに調査対象者のコメントを紹介しよう。

「暮らすように旅行したいから、今年はハワイにした」（62歳男性　海外ロングステイ）
「数年後に海外移住の計画があるので、試しに生活をしてその国についての知識を得たかった」（25歳女性　海外ロングステイ）
「子供の夏休み、夫の夏休みに合わせての日程。子供が前回過ごしたサマースクールに再度通わせたかったから」（43歳女性　海外ロングステイ）
「以前から行きたかった音楽会に出席できるツアーだったので」（68歳男性　都市長期滞在）
「スリランカの知的分野の自立のために支援することにしている。それまでの支援の成果の確認と新たなる支援のために行った」（67歳男性　海外ロングステイ）
「アマゾン川、イグアスの滝、アスカの地上絵を見たいと

図表①【最近5年間の「海外長旅」経験】

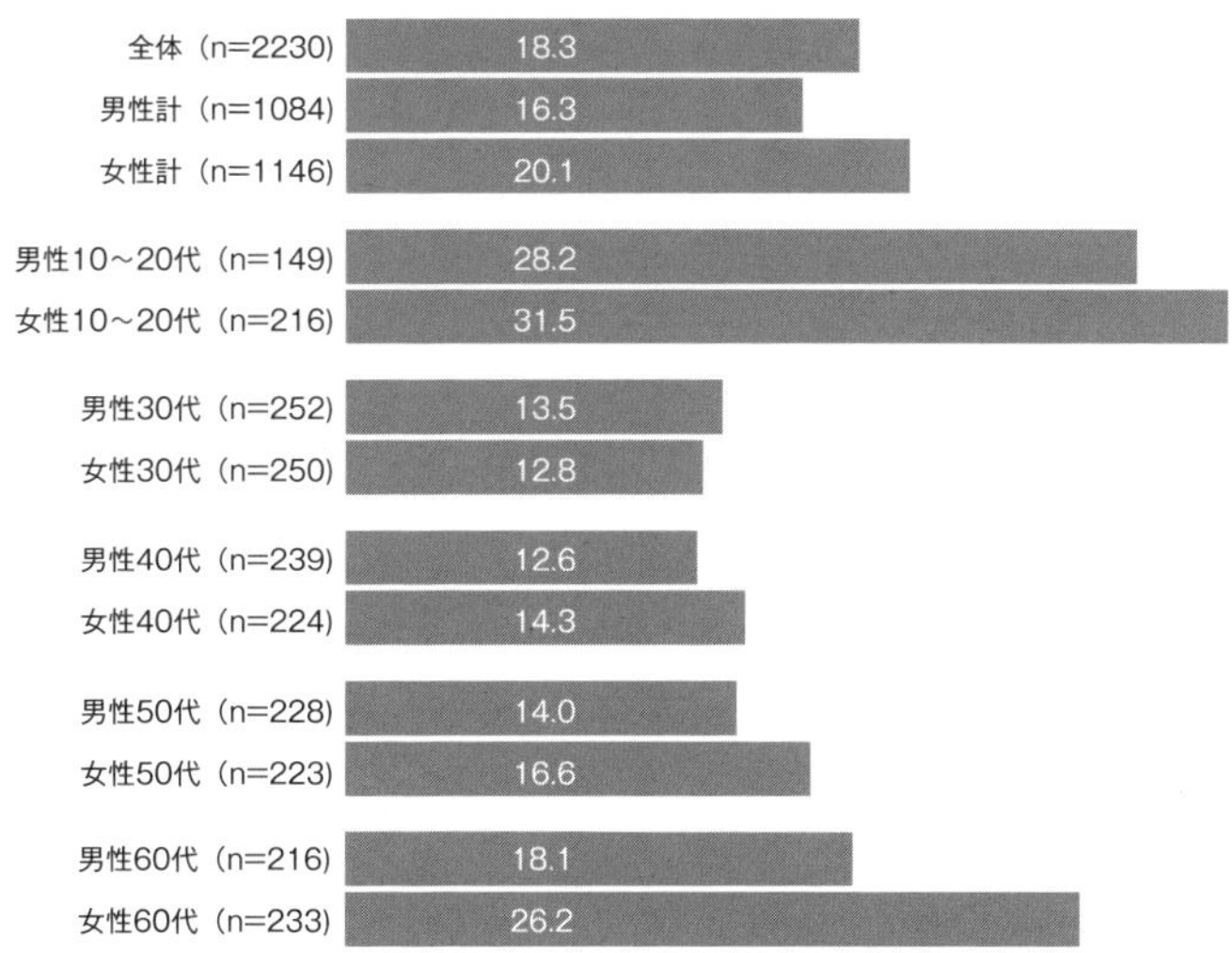

思ったことと、南米はどういう感じのところかをこの目で見たかったため」（62歳女性　長期周遊旅行）
「大自然に触れる。野生動物の暮らしを自然の中で見たかった。マサイの暮らしに興味があった」（68歳女性　長期周遊旅行）
「荷物の移動回数が2回に限定される。在職していた会社が建造した大型豪華客船」（67歳男性　クルーズ）
「友人に、カリブクルージングが楽しかったという話を聞いて」（66歳女性　クルーズ）
「義父がビジネスクラスの往復航空券をプレゼントしてくれた。夫婦とも長年のオペラファンで、ヨーロッパの本場で鑑賞したかった」（40歳女性　ハネムーン・ウェディング）

「長旅」志向は全年代旺盛、とくに50代

次に、今後の「海外長旅」の「意向」（図表②）を見てみよう。

こちらは、「実態」の数値よりも、非常に特徴的な数値結果が出ている。「すでに具体的に予定を立てている」「具体的予定はないが、ぜひ長期旅行・滞在をしたいと思っている」「機会があれば長期旅行・滞在をしたいと思う」の3つをすべて含めると、ほとんどの年代で80％を超えており、「長旅」への意向が全体的に非常に高いことがわかる。

ここで注目したいのは、真ん中の「具体的予定はないが、ぜひ長期旅行・滞在をしたいと思っている」である。これを見ると、50代女性が34・5％と群を抜いている。かたや、50代男性も28・1％と、男性の他の年代のどれよりも高い数値を示している。これらは、まさに「今は行け

ないけれども、近いうちに必ず行きたい」と積極的に考えている〝リタイアメント予備軍〟＝団塊世代と思われる。「『長旅』に出たい」と具体的予定はないが積極的に考えているのは50代なのだ。10〜20代の数値が高いのは、現実的に行こうと思えばすぐに行ける人が多いということだろう。

さらにこのグラフでは、「すでに具体的に予定を立てている」が、60代の男女で5・6％、5・2％存在していることがわかる。図表①と合わせて見てみると、実際に「長旅」に行っているのは10〜20代、そして60代に多いが、「意向」を強く持っているのは50代のアクティブな男女だということがわかる。

だからといって、30代40代の男女が「意向」を持っていないというわけではない。それは「機会があれば長期旅行・滞在をしたいと思う」が他の年代よりも多いことを見れば明らかだ。「長旅」への意向は、いずれの年代においても非常に高いといえる。

＊

図表② 【今後５年間の海外長旅意向】

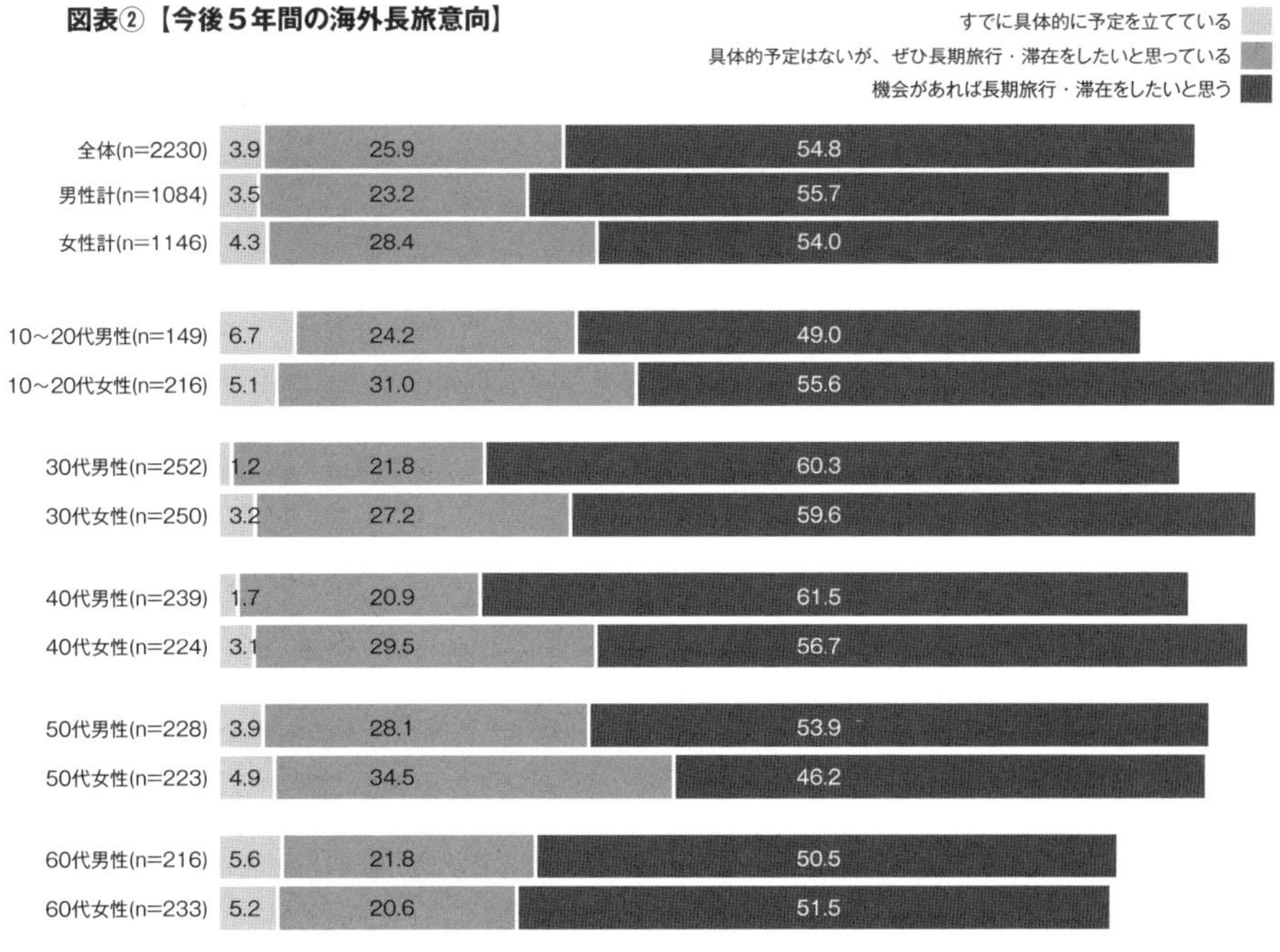

次は、どんな「長旅」をしたいか、について寄せられた調査対象者のコメントである。

「ドイツ、ローテンブルクなどの中世の面影を色濃く残す地方都市を各都市に2～3泊程度かけてじっくりと堪能したい」(34歳男性)

「1年以上住むのにもっとも良さそうなところを探したい」(65歳男性)

「巨大都市ではなく、普通の首都クラスの都市に滞在したい」(34歳男性)

「世界遺産、キリスト巡礼の旅」(63歳男性)

「初めてであれば、団体ツアーなどで行くのも良いが、団体ツアーは忙しくてじっくり見られない。大体の様子がわかったら、日程を十分に取って、心ゆくまでその土地の風景・人情・暮らし・文化・歴史などを楽しみたいので、長期旅行を企画したい」(62歳男性)

「ハワイ州の複数の島に1週間単位で過ごしてみたい。オアフ島とハワイ島には行ったことがあるが、どちらも異なった魅力があり、他の島についても知りたくなったから」(36歳男性)

「ヨーロッパを、ユーレールパスを使って、ゆっくり時間をかけて複数の国の名所・旧跡、美術館などを巡りたい」(50歳男性)

「短期の海外旅行はかえって疲れが残ると感じるし、非日常の生活をより実感するためには、2週間以上の海外旅行・滞在をしたい」(54歳男性)

「いつも経済的な理由などで1週間以内の海外旅行になってしまうが、その国や街に馴染みかけたところで帰国することになり、残念に思っているから」(40歳女性)

「かねてからの夢であるシルクロードの旅を、定年を迎えてから、中国からエジプトまで1ヶ月以上かけて実現させたいと思っています。帰路は大陸横断鉄道にも乗りたいと考えています。来年からは、グアムかサイパンで、2週間は難しいですが、1週間は滞在して、マリンスポーツを楽しみたいと思います。また、老後は、タイ、マレーシア、インドネシア、ベトナムなどの暖かい地域に移住したいので、順次、滞在して選考したいと思います」(50歳女性)

「海外コンサートのはしごがしたい」(37歳女性)

「ゆっくりリフレッシュしたい。現地の日常生活の中で、文化の違いを肌で感じたい。できれば趣味の続きを実体験したい。コンサートホールなどでのオペラ鑑賞、地元でフラワーアレンジメントのお稽古、お料理、刺繍など」(54歳女性)

「絵画鑑賞やスケッチが好きなので、海外の美術館巡り、それぞれの町で写生などをしてみたい。また、画家たちの生活の場所などを巡りたい」(65歳女性)

2 旅行内容の実態と意向
——意向は「海外ロングステイ」

ボリュームゾーンは「家族・知人訪問」

「海外長旅」の旅行内容はどうだろうか。

旅行内容の「実態」には③④のふたつの図表がある。図表③は件数順のグラフ、図表④は性別年代別に「長旅」件数の割合を示したものだ。

図表③【最近５年間の「海外長旅」の内容】（n=673：「海外長旅」件数ベース）

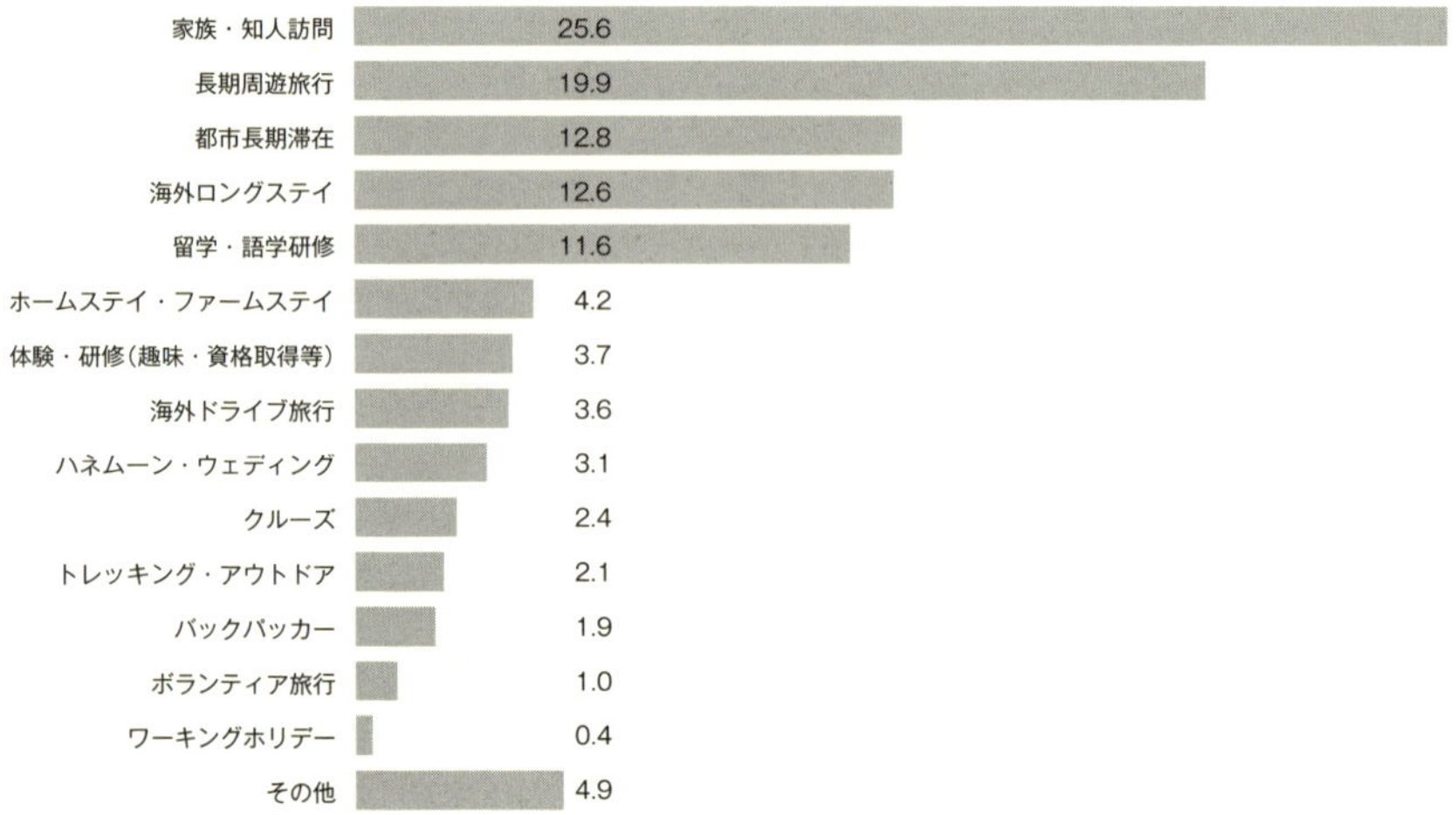

図表④【最近５年間の「海外長旅」の内容／性×年代別】（「海外長旅」件数ベース）

	n	家族・知人訪問	長期周遊旅行	都市長期滞在	海外ロングステイ	留学・語学研修	ホームステイ・ファームステイ	体験・研修（趣味・資格取得等）	海外ドライブ旅行	ハネムーン・ウェディング	クルーズ	トレッキング・アウトドア	バックパッカー	ボランティア旅行	ワーキングホリデー	その他
全体	673	25.6	19.9	12.8	12.6	11.6	4.2	3.7	3.6	3.1	2.4	2.1	1.9	1.0	0.4	4.9
男性計	288	20.5	20.1	16.0	14.2	9.0	3.1	3.5	3.8	3.5	2.1	4.5	2.8	0.3	0.3	4.9
10～20代	71	15.5	16.9	8.5	11.3	29.6	8.5	2.8	-	1.4	-	2.8	4.2	1.4	1.4	5.6
30代	45	20.0	17.8	6.7	2.2	11.1	4.4	8.9	11.1	17.8	-	4.4	4.4	-	-	8.9
40代	43	16.3	16.3	16.3	20.9	-	2.3	2.3	7.0	-	2.3	9.3	7.0	-	-	4.7
50代	58	19.0	13.8	27.6	25.9	-	-	3.4	3.4	-	1.7	6.9	-	-	-	3.4
60代	71	29.6	32.4	19.7	11.3	-	-	1.4	1.4	1.4	5.6	1.4	-	-	-	2.8
女性計	385	29.4	19.7	10.4	11.4	13.5	4.9	3.9	3.4	2.9	2.6	0.3	1.3	1.6	0.5	4.9
10～20代	113	17.7	13.3	9.7	5.3	40.7	15.0	4.4	1.8	1.8	0.9	-	2.7	4.4	1.8	5.3
30代	50	30.0	24.0	8.0	14.0	4.0	-	2.0	-	8.0	2.0	-	4.0	2.0	-	4.0
40代	46	47.8	8.7	-	28.3	2.2	4.3	-	6.5	6.5	2.2	2.2	-	-	-	-
50代	61	42.6	14.8	21.3	13.1	-	-	-	8.2	1.6	1.6	-	-	-	-	6.6
60代	115	26.1	31.3	10.4	8.7	2.6	-	7.8	2.6	0.9	5.2	-	-	-	-	6.1

トップは、「家族・知人訪問」。現在、日本の海外在留邦人は、長期滞在者と永住者を合わせて約101万人（2005年度　外務省海外在留邦人数調査統計より）もいるが、「海外長旅」に出かける最大のきっかけは、「観光」や「グルメ」などよりもまず「現地に住んでいる家族に会いたい」「友人に会いたい」ということであることが興味深い。

2位以下は、「長期周遊旅行」「都市長期滞在」「海外ロングステイ」「留学・語学研修」と続く。「都市長期滞在」「海外ロングステイ」の滞在型の旅行が予想以上に顕在化していることが注目される。人気急上昇中の「クルーズ」や若者の間で確かなブームになっている「ボランティア旅行」、「ワーキングホリデー」などは、実際の件数としてはまだまだ少ないことがわかる。

＊

調査対象者は、次のようにコメントしている。

「夫、私、子供の3人でアメリカ・テネシー州ナッシュビルに住む妹宅にホームステイ。近くの公園で子供と遊んだり、レンタカーでマーケットに出かけたり……普通の暮らしを満喫しました。2家族で隣の州まで車での小旅行も楽しみました。帰路は子供と私の2人だけだったので、小さなアクシデントはテンコ盛り。それがよい思い出になりました」（41歳女性　家族・知人訪問）

「退職後の一連の欧州旅行の一環で、フランス、東欧、スイス、オーストリアなどを旅行しました。イタリアについてはたまたま、北から南まで2週間で訪れるツアーがあったので、思いきって参加しました。教科書に載っていた風景に感動しました」（67歳男性　長期周遊旅行）

「大学からの交換留学の企画を見て、外国の人たちの中で、自分の力を試してみたかったから。そして、今自分が学んでいる勉強をもっと発展させたかったから」（21歳女性　留学・語学研修）

行きたいのは、なんといっても「海外ロングステイ」

行きたいと思う旅行内容、つまり旅行内容の「意向」の図表⑤⑥を見てみよう。図表⑤は「長旅」意向者ベースで順位付けしたものであり、図表⑥は性別年代別に「長旅」の内容を示したものである。

両者を見ると、「意向」のほうは、「家族・知人訪問」が断然1位だった「実態」とは異なり5位に転落。代わりに「海外ロングステイ」が他を圧倒していることがわかる。図表⑥を見ても、男性は40代の52・2％を頂点に各年代がまんべんなく高い数値を示し、女性にいたっては、30代の64・9％を筆頭に、40代、50代など、男性の各年代よりさらに高い数値がずらりと並んでいる。今日「海外ロングステイ」は、多くの日本人にとって、もっとも行きたいと思うような「長旅」スタイルなのである。しかも、そのことは、3位に「都市長期滞在」が位置していることで、裏付けられる。「都市長期滞在」の意向は、「海外ロングステイ」と同様、1ヶ所に暮らすように長く滞在することを意向していると読み取れるからだ。それほど、「海外ロングステイ」的な「意向」

図表⑤【行きたいと思う「海外長旅」の内容】（n=1888：「海外長旅」意向者ベース）

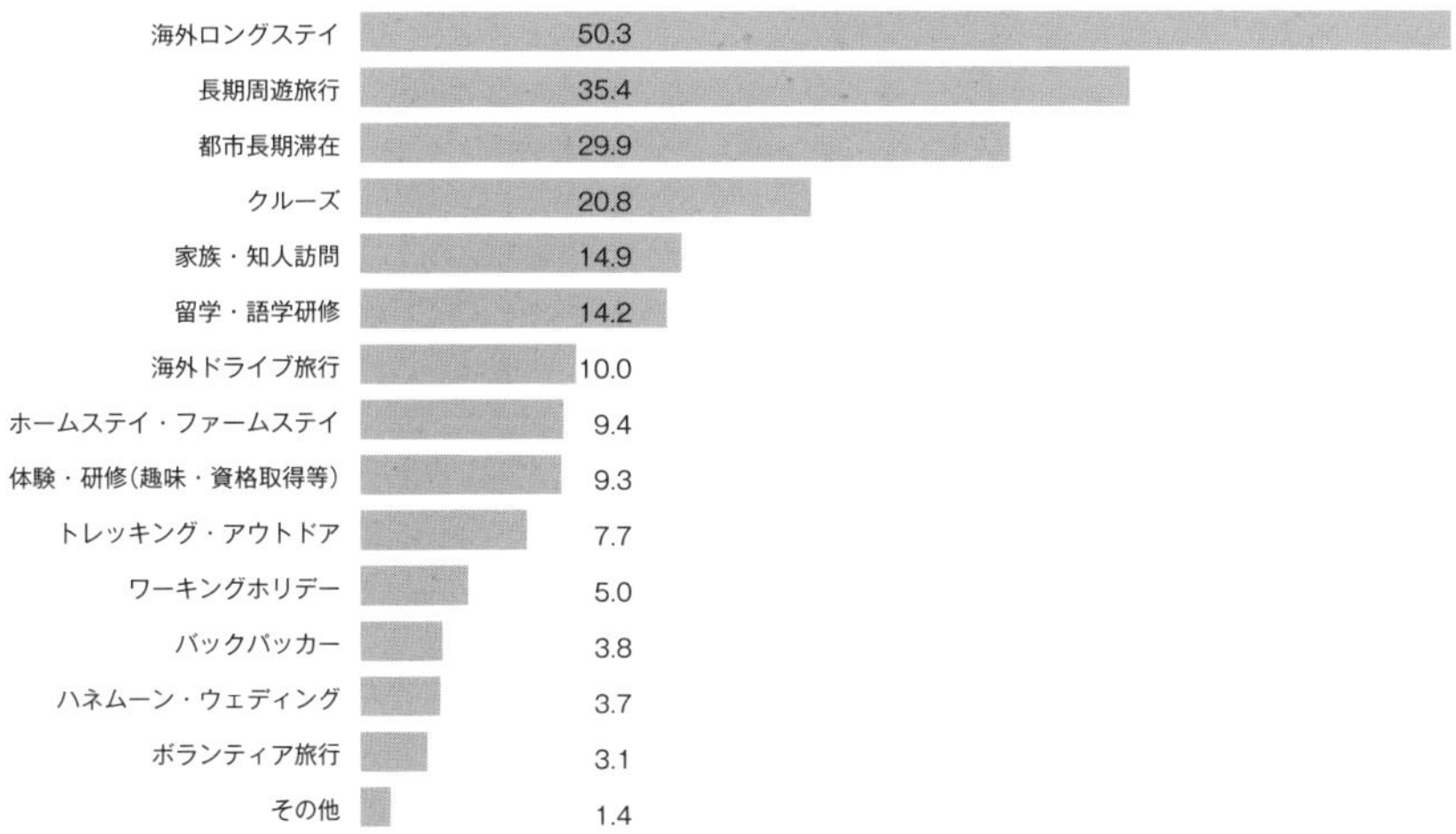

図表⑥【行きたいと思う「海外長旅」の内容／性×年代別】（「海外長旅」意向者ベース）

	n	海外ロングステイ	長期周遊旅行	都市長期滞在	クルーズ	家族・知人訪問	留学・語学研修	海外ドライブ旅行	ホームステイ・ファームステイ	体験・研修（趣味・資格取得等）	トレッキング・アウトドア	ワーキングホリデー	バックパッカー	ハネムーン・ウェディング	ボランティア旅行	その他
全体	1888	50.3	35.4	29.9	20.8	14.9	14.2	10.0	9.4	9.3	7.7	5.0	3.8	3.7	3.1	1.4
【性×年代別】																
男性計	894	45.3	36.1	30.9	20.0	10.7	10.3	11.4	5.8	6.3	10.3	4.3	3.5	2.6	1.8	2.5
10～20代	119	33.6	30.3	33.6	16.8	6.7	26.9	15.1	12.6	10.1	7.6	12.6	10.1	12.6	3.4	0.8
30代	210	47.1	40.0	28.1	20.5	12.9	11.4	13.8	5.7	5.2	10.5	4.3	3.8	2.4	1.0	2.9
40代	201	52.2	32.3	34.3	22.9	11.4	10.4	11.9	6.0	6.0	9.5	3.5	2.5	1.0	3.0	1.5
50代	196	50.5	36.2	37.2	18.9	13.3	5.1	9.7	4.1	6.6	12.2	3.6	2.0	0.5	1.5	3.1
60代	168	36.9	39.9	20.8	19.6	7.1	3.0	7.1	3.0	4.8	10.7	-	1.2	-	0.6	3.6
女性計	994	54.8	34.7	29.0	21.5	18.7	17.7	8.7	12.7	12.0	5.4	5.7	4.0	4.7	4.3	0.5
10～20代	198	49.0	32.3	28.3	15.7	18.7	27.3	6.1	16.7	14.6	4.5	14.1	9.6	16.7	6.1	-
30代	225	64.9	33.3	26.7	17.8	18.7	18.7	8.9	17.8	14.7	5.8	4.9	4.9	5.8	6.2	1.3
40代	200	63.0	30.5	33.5	22.5	19.0	21.5	12.5	11.5	13.5	4.0	4.5	2.5	-	3.0	-
50代	191	57.1	36.1	36.6	25.1	24.1	14.1	8.4	10.5	11.0	7.3	3.1	2.1	0.5	4.2	1.0
60代	180	37.2	42.2	19.4	27.8	12.8	5.6	7.2	5.6	5.0	5.6	1.7	0.6	-	1.7	-
【海外旅行頻度別】																
ヘビー	188	51.6	35.1	40.4	27.1	17.6	19.1	11.7	9.6	10.6	6.9	5.3	5.9	3.2	5.3	1.6
ミドル	780	51.3	35.9	29.2	20.6	15.0	14.5	9.7	8.8	9.6	7.3	4.1	4.5	3.3	3.6	0.9
ライト	920	49.2	35.0	28.3	19.7	14.3	12.9	9.8	9.9	8.7	8.3	5.8	2.7	4.1	2.3	1.8

は、男女とも、各年代にわたって強いのである。

2位の「長期周遊旅行」も各年代まんべんなく意向者が見られる。やはり、いろいろな観光地や自然、遺跡などを「ゆっくりとちゃんと見たい」という意向が強いのだろう。

ここで目につくのは、図表⑤で4位と健闘している「クルーズ」である。「実態」では数値が低かった「クルーズ」が、将来の行動につながる「意向」になると、順位を大幅に上げる。まさに、「海外ロングステイ」とともに、「クルーズ時代の幕開け」を予感させることだといえるだろう。

意外ともいえるのは、図表⑤では「海外ドライブ旅行」が7位にきていることだ。小さいと思っていたマーケットが少しずつ広がり始めている。旅行会社もすでに旅行商品を企画し、販売を始めている。そのほか、図表⑥からもわかるように、「留学・語学研修」「ホームステイ・ファームステイ」、「ワーキングホリデー」などが10〜20代の数値で高いことは、容易にうなずけることである。

また、図表⑥の下段「ヘビー」「ミドル」「ライト」にも注目していただきたい。この表では、過去3年間に海外旅行（「長旅」を含む）を5回以上経験した人を「ヘビー」、2〜4回の人を「ミドル」、1回の人を「ライト」と分類しているが、ヘビーユーザー、つまり、旅行経験の多い人ほど、「都市長期滞在」や「クルーズ」「海外ドライブ旅行」などに意欲的なことがわかる。

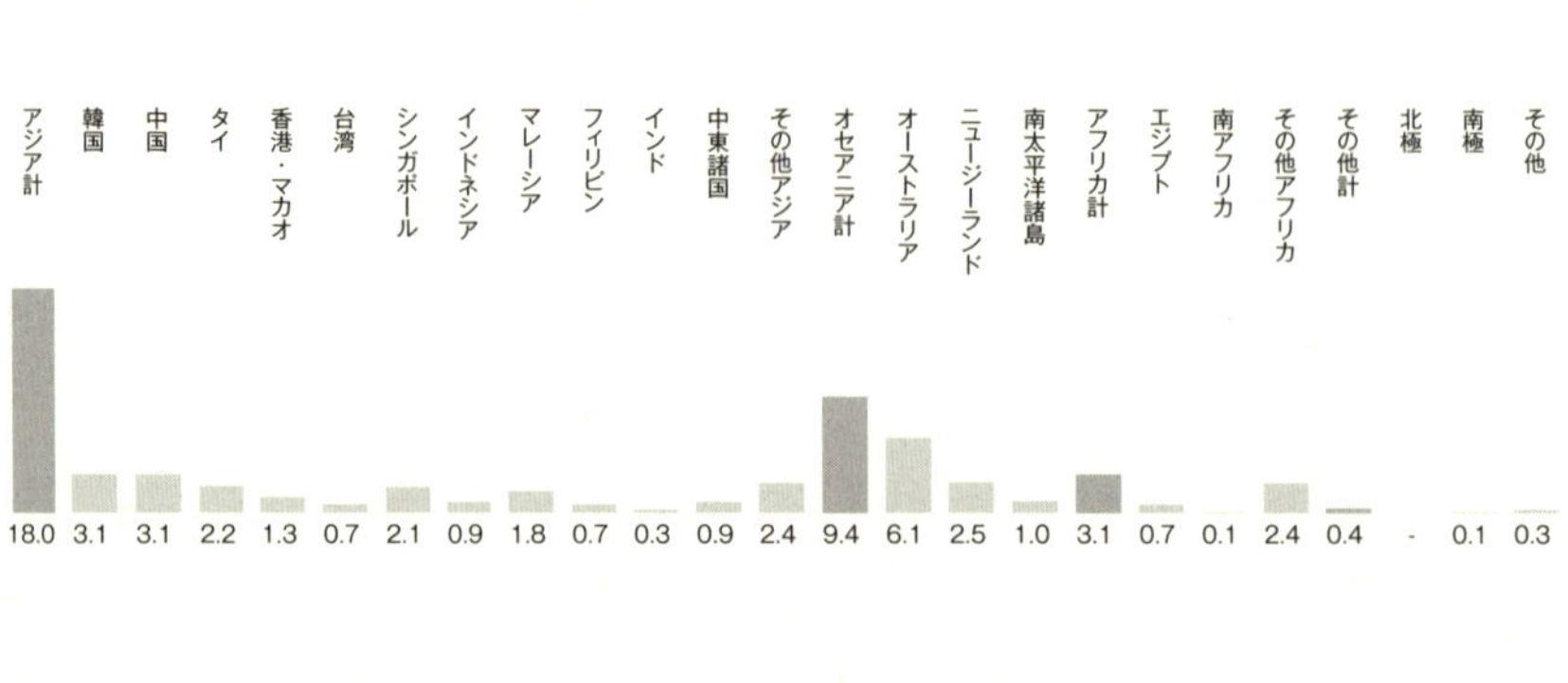

＊

調査対象者のコメントは以下の通りだ。

「夫のリタイア後は日本の季節と反対になる場所を選び、常に暖かいところで2〜3ヶ月の単位で海外で過ごしたい」（64歳女性　海外ロングステイ）

「夫婦ともに休めるときを選んで、1週間程度の海外リゾート地でのんびりしたいです。ハワイやフィジー、豪州など。休めるものなら2週間ほど骨休めしていたいのですが…」（41歳女性　家族・知人訪問）

3　デスティネーションの実態と意向
——「遠いから長く」から「何かをしにいくから長く」へ

「欧米・北米」中心から「オセアニア・アジア」の時代に

ここでは、デスティネーションの「実態」と「意向」をそれぞれ対比させながら説明していこう。

まず、「実態」の図表はふたつ。実際に「長旅」で行ったデスティネーションを示した図表⑦と、「長旅」の内容別のデスティネーション（エリア区分）の内訳を

図表⑦【「海外長旅」のデスティネーション】（n=673：「海外長旅」件数ベース）

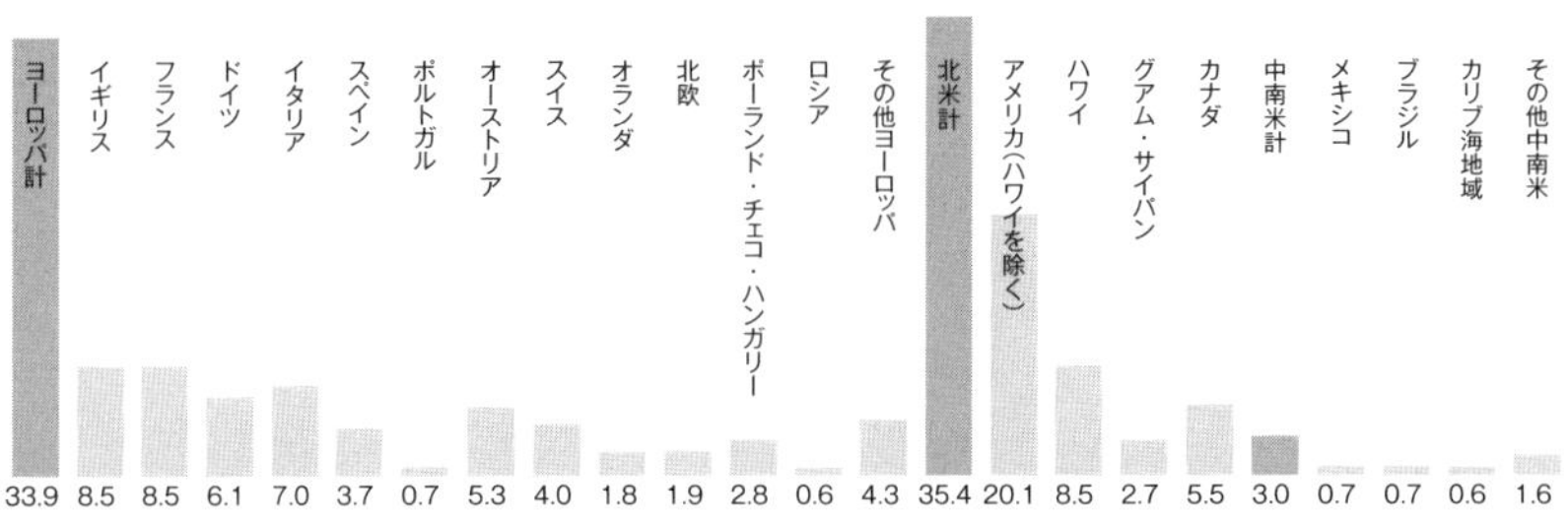

図表⑧【「海外長旅」のデスティネーション／「長旅」内容別】（「海外長旅」件数ベース）

	n	ヨーロッパ計	北米計	中南米計	アジア計	オセアニア計	アフリカ計	その他計
全体	673	33.9	35.4	3.0	18.0	9.4	3.1	0.4
海外ロングステイ	85	9.4	63.5	2.4	15.3	9.4	1.2	-
都市長期滞在	86	48.8	27.9	-	17.4	7.0	-	-
長期周遊旅行	134	59.7	9.0	6.7	15.7	4.5	7.5	-
クルーズ	16	18.8	37.5	18.8	25.0	6.3	12.5	6.3
海外ドライブ旅行	24	29.2	50.0	-	4.2	8.3	8.3	-
留学・語学研修	78	26.9	41.0	1.3	14.1	20.5	-	-
体験・研修（趣味・資格取得等）	25	76.0	12.0	-	8.0	4.0	4.0	-
ホームステイ・ファームステイ	28	25.0	39.3	3.6	7.1	28.6	-	-
ワーキングホリデー	3	33.3	-	-	-	66.7	-	-
ボランティア旅行	7	14.3	-	-	85.7	-	-	-
バックパッカー	13	30.8	23.1	7.7	23.1	15.4	30.8	-
トレッキング・アウトドア	14	28.6	21.4	-	7.1	42.9	-	-
家族・知人訪問	172	20.3	52.9	2.3	23.8	2.3	1.2	0.6
ハネムーン・ウェディング	21	23.8	42.9	4.8	14.3	14.3	4.8	-

図表⑨【「海外長旅」のデスティネーション意向／性×年代別】（「海外長旅」意向者ベース）

	n	ヨーロッパ計	北米計	中南米計	アジア計	オセアニア計	アフリカ計	その他計
全体	1888	76.5	68.4	26.9	41.7	59.9	21.8	6.7
【性×年代別】								
男性計	894	73.7	68.8	27.1	42.6	61.7	21.7	7.6
10～20代	119	73.1	65.5	21.8	38.7	55.5	16.8	6.7
30代	210	71.0	71.0	28.1	37.1	66.7	22.9	9.0
40代	201	73.6	73.1	30.3	42.3	66.2	23.4	7.5
50代	196	75.0	70.9	30.1	51.0	61.7	25.0	7.1
60代	168	76.2	60.7	22.0	42.9	54.8	17.9	7.1
女性計	994	79.1	68.1	26.7	40.8	58.2	21.8	5.8
10～20代	198	81.3	65.2	27.8	44.4	57.1	26.3	8.6
30代	225	77.3	77.3	29.3	44.9	62.7	18.2	4.4
40代	200	75.0	76.5	29.0	44.0	63.0	23.5	4.5
50代	191	84.3	67.5	23.6	41.9	61.3	24.6	7.9
60代	180	77.8	51.1	22.8	27.2	45.6	16.7	3.9
【海外旅行頻度別】								
ヘビー	188	75.5	63.3	34.0	53.7	56.4	26.6	7.4
ミドル	780	77.6	66.0	26.2	40.3	56.7	21.8	6.4
ライト	920	75.9	71.5	26.0	40.4	63.4	20.8	6.7

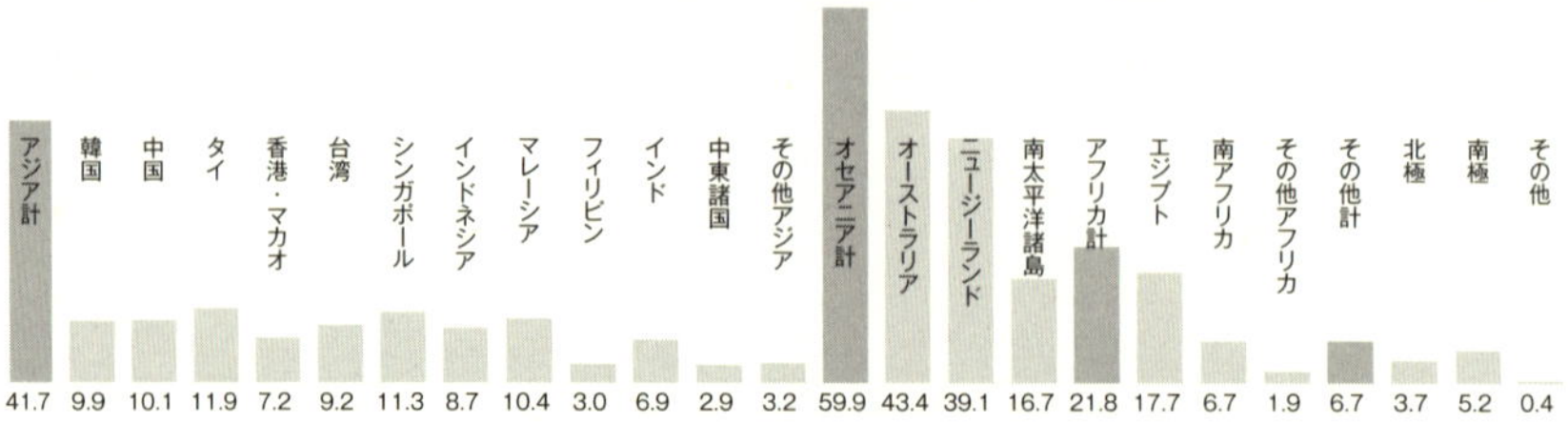

示した図表⑧である。同様に、「意向」も図表がふたつ。こちらは行きたいと思うデスティネーションを示した図表⑩と、行きたいと思う「長旅」の年代別のデスティネーション（エリア区分）の内訳を示した図表⑨である。

「実態」のふたつの図表を見ると、ヨーロッパと北米の数字が群を抜いている。これは、遠隔地に出かけたことが結果的に「長旅」を招いたことを示していると見て間違いない。それらに比べ、アジアがやや低いのは、近距離のために、２週間以上の「長旅」になりにくいからだろう。

こうした傾向は「意向」のふたつの図表にも表れているが、目立つのは豪州、ニュージーランドといったオセアニアの数字が高く出ていることだ。これは、「海外ロングステイ」でのオセアニア人気を裏付ける数字と考えてよい。やはり「海外ロングステイ」で人気の高いアジアの数値の高さを見ても、そのことは間違いないと思われる。同様に、カナダの数値も高く出ている。

「長期周遊旅行」を含め、ヨーロッパや北米は、「意向」のほうでも相変わらず強い。これは、国別でトップになっているイタリアなど、〝憧れの地〟といったひとつのブランドになるような付加価値のある国が揃っていることが挙げられるだろう。

また、「実態」ではゼロに近い数値でも、「意向」で数値が現れてくる国もある。アフリカ、中南米、あるいは北極、南極などだ。「長期周遊旅行」のＳＩＴ志向や「バックパッカー」などが数値を上げていると思われるが、これからの「長旅」

図表⑩【「海外長旅」のデスティネーション意向】（n=1888：「海外長旅」意向者ベース）

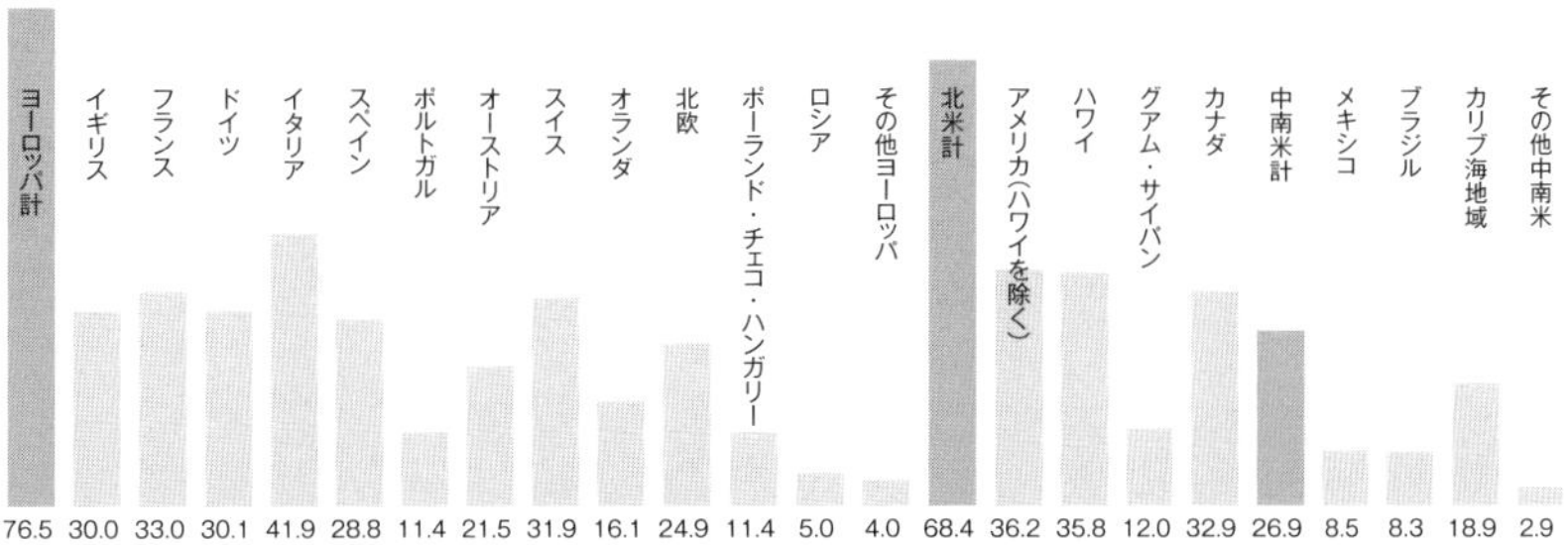

は、〝遠いから長くなる〟のではなく、〝何かをしに行くから長くなる〟時代になっていくと思われる。「海外ロングステイ」でのオセアニア、アジアなどの伸長は、そのことをはっきり物語っているといえるだろう。

＊

調査対象者は、どんな動機・理由でデスティネーションを選んでいるのだろうか。

「マウイ島にタイムシェアのコンドミニアムを購入したため、年に数回行くチャンスができた。マウイは我々夫婦が気に入っている海外の1つ」（64歳女性　海外ロングステイ）
「毎年、冬には暖かい南半球に出かけている」（65歳男性　海外ロングステイ）
「お正月にハワイで過ごせるように、タイムシェアでホテルを所有しています」（60歳女性　海外ロングステイ）

4 旅行期間の実態
――「海外長旅」といっても「3週間以内」

意外に長い「海外ドライブ旅行」

「旅行期間」については、「実態」を表す図表⑪の通りである。

まず、「全体」を見ると、「海外長旅」の77・3％は3週間以内であることがわかる。逆に、2ヶ月以上は7・3％。「長旅」といっても実態は数ヶ月という単位にはなっていない。

2ヶ月以上の経験者の多さで目立つのは「ワーキングホリデー」だが、ビザの有効期限の1年間を充分に使いきっているということだろう。同様に、「留学・語学研修」や「ホームステイ・ファームステイ」も旅行の性質上、2ヶ月以上の旅行者の割合が高くなるのは当然ともいえる。

やや意外なのが「海外ドライブ旅行」で、2ヶ月以上が12・5％もいること。前にも触れたが、この「海外ドライブ旅行」は、潜在需要が非常に高い。

逆の意味で意外なのは、「バックパッカー」や「ボランティア旅行」などがせいぜい1ヶ月、長くても2ヶ月以内と案外短いことである。また、「海外ロングステイ」

図表⑪【「海外長旅」の旅行期間／「長旅」内容別】（「海外長旅」件数ベース）

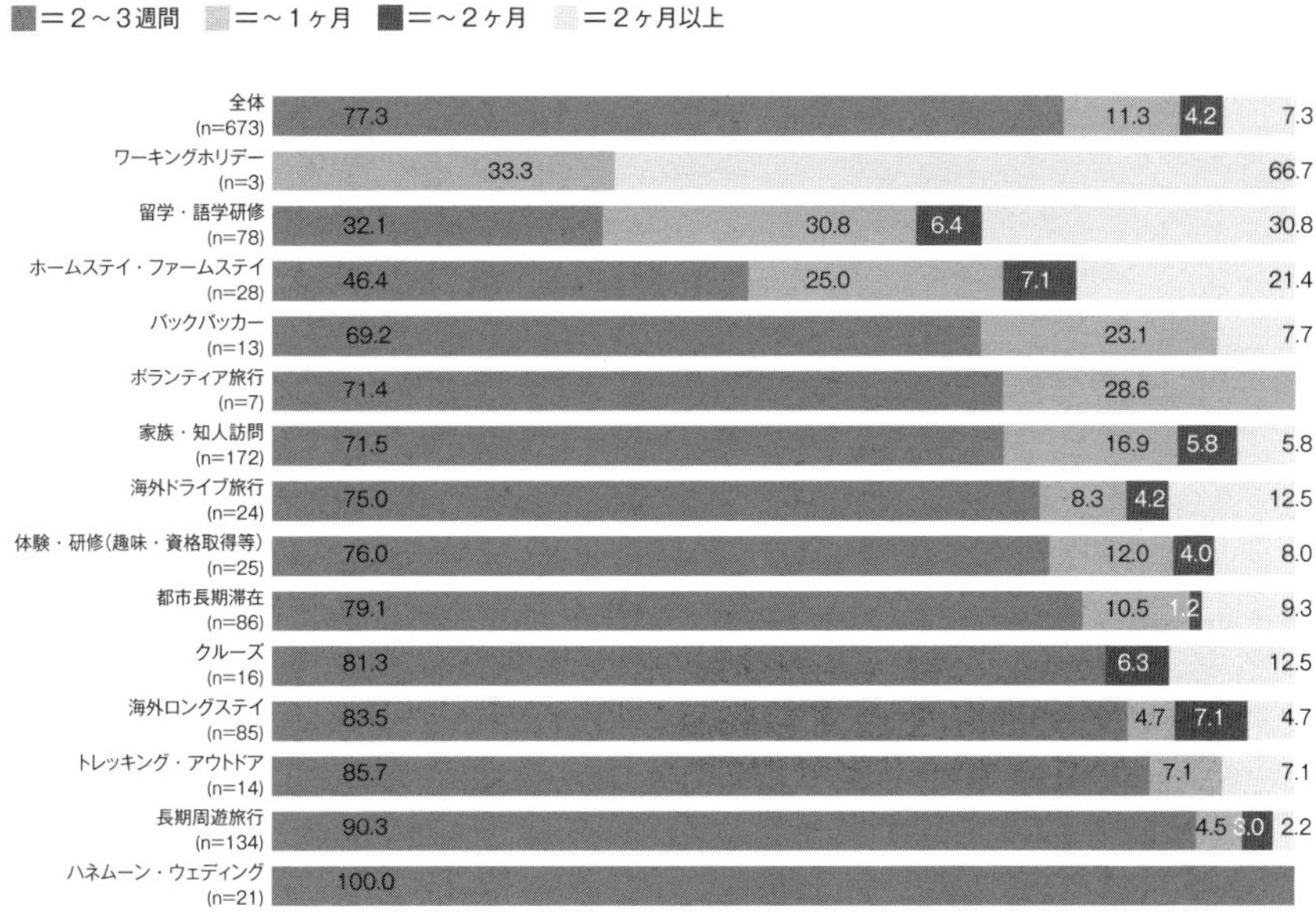

に3週間以内の割合が高いのは、下見ツアーや試しの短期間のステイがまだ中心だからだと思われる。

ユニークなのは「ハネムーン・ウェディング」だ。100％が3週間を超えないという結果は面白い。

＊

2週間以上の海外旅行・滞在をしたいと思う理由について、調査対象者は以下のように答えている。

「ひとつの国を知るには、最低2週間は必要だと思う」（29歳女性）

「よく行く海外旅行のツアーは8日程度なのですが、ヨーロッパなど遠い国だと移動に往復2日程度かかってしまい、時差などを入れると実際には5日程度の滞在になってしまいます。せっかく遠い国に行くのだったら、ゆとりのある旅をしてみたいです」（41歳女性）

「今年もヨーロッパに12日間行ったが、まだまだ見

図表⑫【過去5年間の「海外長旅」頻度／性×年代別】（「海外長旅」経験者ベース）

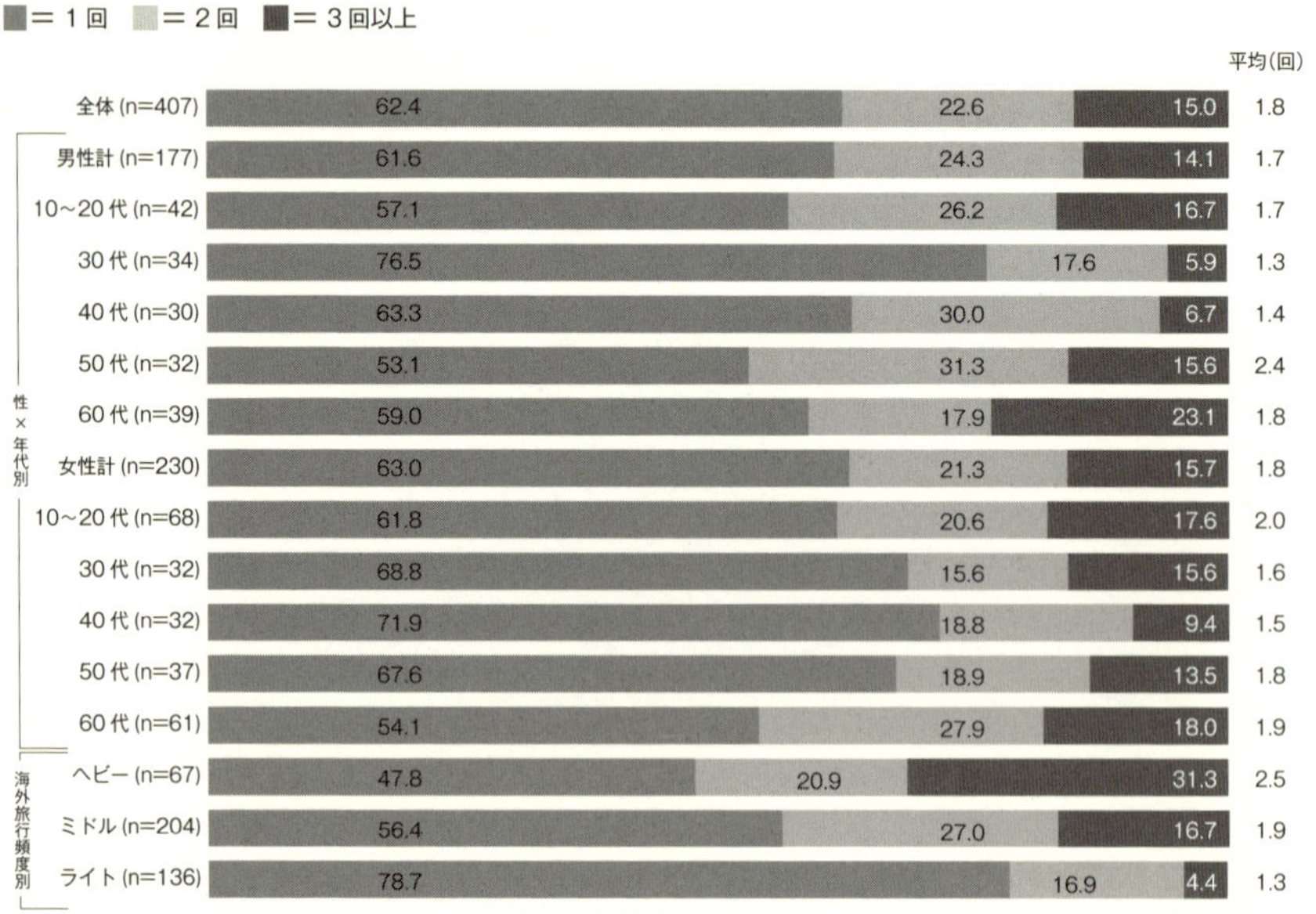

るところがあり、日数的には全然足りないと思う」（48歳男性）

「1週間や10日では体験できない現地の生活を経験してみたいから」（39歳女性）

「仕事・家事を忘れて、現実逃避できるから。2週間以上期間があれば、観光・買い物などだけじゃなく、ゆっくりできる時間も作れそう。できれば、あわただしい旅行は避けたいので」（26歳女性）

5 旅行頻度の実態

──旅行機会が多い人ほど、「海外長旅」が多くなる

「5年間に3回以上が15％」という驚き

図表⑫は、過去5年間の「海外長旅」の経験頻度をグラフ化したもの。このグラフの特徴は、全体の6割強は「長旅」経験1回の人で占められるが、逆に、「長旅」3回以上の人も15・0％もいるのがわかるということだ。注目に値する、非常にインパクトがある数字といえよう。

また、年代ごとに見ていくと、男性50代～60代と女性60代で「海外長旅」経験2回以上の人が多いことがわかる。

グラフの下の「ヘビー」「ミドル」「ライト」にも注目してほしい。このグラフの総数は407人だが、このうち、最近3年間に海外に5回以上行った「ヘビー」の人は67人。さらにこのうちの3人に1人が最近5年間で3回以上、「海外長旅」に出ている。当たり前のことだが、海外旅

行に頻繁に行く人ほど、「海外長旅」にも数多く出ているのである。

＊

調査対象者の中から、頻度の高い人のコメントをピックアップしよう。

「最初はたまたま訪れたスペインの街が気に入って、それから10年以上も訪問しています」（65歳女性　都市長期滞在）

「妻と1回、友達と1回スイスへ行き、病みつきになった」（69歳男性　トレッキング・アウトドア）

「イタリアの古代遺跡を訪ねる旅をしています。今年で7回になります」（61歳女性　体験・研修）

6 宿泊施設の実態

――「海外長旅」の宿泊はバリエーションに富んでいる

「長旅」は「ホテル」以外を利用する

海外「長旅」の宿泊施設の「実態」を表すものが図表⑬である。このグラフは、

図表⑬【「海外長旅」での宿泊施設利用状況】（n=673：「海外長旅」件数ベース）

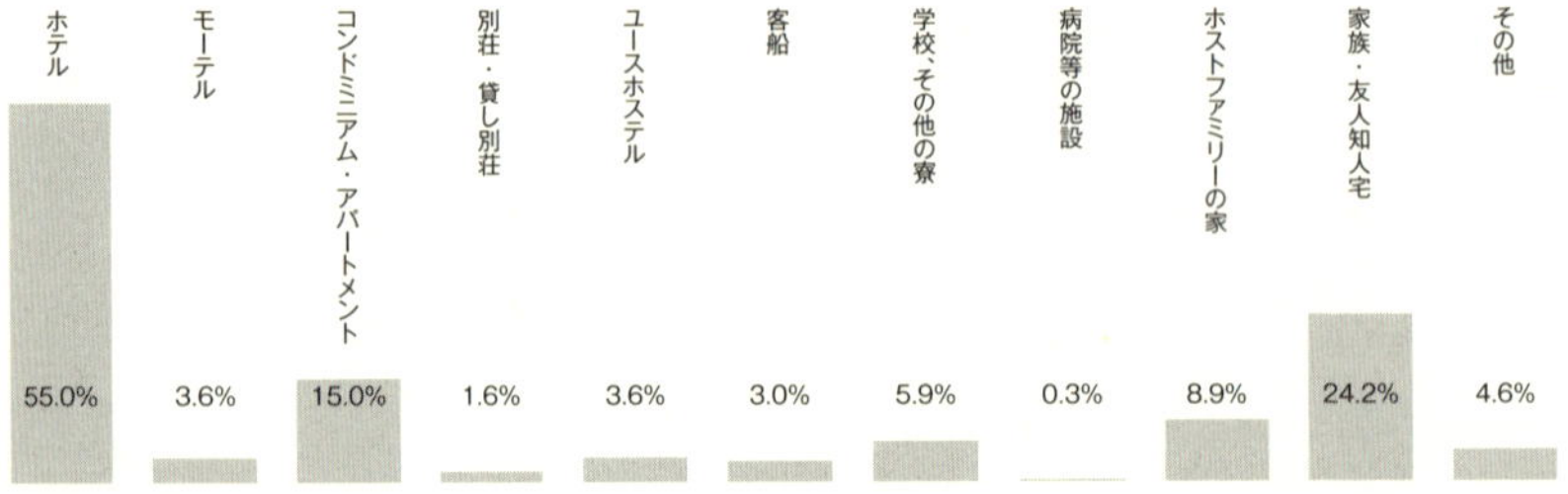

たいへん示唆深い要素を持っている。

まず驚かされるのは、全体で見ると「ホテル」の利用率が55・0％にとどまることだ。「そんなに低いのか」と意外に思うほどの数値である。日本人の多くの人の意識に刷り込まれている「海外旅行＝ホテル宿泊」という構図が、ここで見事に覆される。といっても、この数値は「長旅」のもの。実は、一般の海外旅行では92・9％とホテル宿泊が圧倒的なのである（「旅行動向２００６」㈶日本交通公社より）。ホテル利用率が低いのは「長旅」に限ってのことなのだ。逆に言えば、「長旅」は、ホテルに泊まってのものばかりではないことがわかる。

「ホテル」に続くのは「家族・友人知人宅」で、「コンドミニアム・アパートメント」が3位、「ホストファミリーの家」が4位だ。なかでも、2位の「家族・友人知人宅」が多いのは、前述の「旅行内容」の項で突出して多かったことからもうなずける数値である。

「長期周遊旅行」は「ホテル」に宿泊することが多く、「家族・知人訪問」は当然ながら「家族・友人知人宅」が多い。そして、これらが「長旅」宿泊のボリュームゾーンを形作っ

図表⑭【「海外長旅」での宿泊施設利用状況／「長旅」内容別】（「海外長旅」件数ベース）

	n	ホテル	モーテル	コンドミニアム・アパートメント	別荘・貸し別荘	ユースホステル	客船	学校、その他の寮	病院等の施設	ホストファミリーの家	家族・友人知人宅	その他
全体	673	55.0	3.6	15.0	1.6	3.6	3.0	5.9	0.3	8.9	24.2	4.6
海外ロングステイ	85	49.4	1.2	45.9	1.2	2.4	1.2	2.4	1.2	3.5	8.2	3.5
都市長期滞在	86	69.8	1.2	36.0	3.5	1.2	1.2	2.3	1.2	1.2	9.3	-
長期周遊旅行	134	88.8	5.2	2.2	1.5	7.5	4.5	1.5	0.7	0.7	13.4	6.0
クルーズ	16	50.0	-	6.3	6.3	6.3	100.0	6.3	6.3	6.3	6.3	-
海外ドライブ旅行	24	54.2	33.3	25.0	12.5	8.3	8.3	8.3	4.2	4.2	12.5	20.8
留学・語学研修	78	21.8	1.3	12.8	1.3	3.8	1.3	32.1	1.3	53.8	6.4	3.8
体験・研修（趣味・資格取得等）	25	56.0	-	12.0	8.0	16.0	4.0	24.0	4.0	16.0	8.0	24.0
ホームステイ・ファームステイ	28	14.3	-	14.3	7.1	7.1	3.6	7.1	3.6	85.7	21.4	-
ワーキングホリデー	3	-	-	-	-	66.7	-	-	-	66.7	-	33.3
ボランティア旅行	7	14.3	-	-	-	28.6	-	42.9	-	28.6	-	14.3
バックパッカー	13	61.5	23.1	7.7	7.7	53.8	7.7	-	-	-	15.4	15.4
トレッキング・アウトドア	14	42.9	35.7	28.6	14.3	7.1	-	-	-	-	7.1	-
家族・知人訪問	172	41.3	2.9	7.0	1.7	1.7	-	2.3	-	2.3	75.0	1.2
ハネムーン・ウェディング	21	95.2	-	-	-	-	-	-	-	-	14.3	-

ているのである。また、「都市長期滞在」と「海外ロングステイ」が、「コンドミニアム・アパートメント」の数値を押し上げていることも見逃せない。その他、「体験・研修」が「学校、その他の寮」が多く、「海外ドライブ旅行」には「モーテル」が、「バックパッカー」には「ユースホステル」や「モーテル」が多いのは妥当なところか。

では、もっとも「ホテル」を利用するのは何かというと、「ハネムーン・ウェディング」。95・2%という数字は、一般の海外旅行より「ホテル」に宿泊する率が高い数値である。ここで紹介した⑭は、「長旅」ならではの「宿泊施設」それぞれの違いが如実にわかるものとなっている。

*

宿泊施設の利用状況を聞いてみた。

「アパートを6ヶ月契約で借りた」（63歳女性　海外ロングステイ）

「バケーションで1ヶ月家を留守にしたお宅を借りた」

図表⑮【「海外長旅」の同行者／「長旅」内容別】（「海外長旅」件数ベース）

	n	なし／1人	夫婦	家族・親族	彼氏・彼女	友人・知人	趣味などのグループ	その他
全体	673	29.6	27.2	23.2	0.4	16.3	3.9	3.7
海外ロングステイ	85	15.3	34.1	40.0	-	11.8	1.2	1.2
都市長期滞在	86	32.6	31.4	24.4	1.2	10.5	1.2	1.2
長期周遊旅行	134	15.7	36.6	22.4	0.7	29.1	1.5	1.5
クルーズ	16	43.8	50.0	12.5	-	6.3	-	-
海外ドライブ旅行	24	12.5	33.3	29.2	4.2	20.8	4.2	-
留学・語学研修	78	69.2	-	1.3	-	14.1	-	15.4
体験・研修（趣味・資格取得等）	25	28.0	4.0	-	-	32.0	36.0	4.0
ホームステイ・ファームステイ	28	57.1	-	-	-	10.7	10.7	21.4
ワーキングホリデー	3	100.0	-	-	-	-	-	-
ボランティア旅行	7	42.9	-	-	-	42.9	14.3	-
バックパッカー	13	38.5	15.4	-	-	46.2	-	-
トレッキング・アウトドア	14	35.7	21.4	7.1	-	21.4	21.4	-
家族・知人訪問	172	33.1	27.3	35.5	-	9.9	-	0.6
ハネムーン・ウェディング	21	-	71.4	28.6	-	-	4.8	-

（52歳女性　海外ロングステイ）
「B&B（ベッド・アンド・ブレックファスト＝小さな家族経営の宿泊施設）」
（64歳男性　海外ドライブ旅行）
「フランスではお城に泊まりました」（66歳女性　長期周遊旅行）
「豪州人とシェアアコモデーションフラット」（28歳女性　ワーキングホリデー）

7 同行者の実態
――「1人」「夫婦」「家族・親族」がトップ3

暮らしを持ち込む「長旅」

図表⑮⑯を見ていただきたい。「1人」、「夫婦」、「家族・親族」と、トップ3がきれいに並んでいる。実は「長旅」は1人旅が多いことが特徴なのだ。

1人旅が多いのは、実は海外「長旅」に限ったことではない。後述する国内「長旅」も、「1人旅」がトップ。

「留学・語学研修」や「ホームステイ・ファームステイ」は当然「1人」が多いはずだが、最近は「親子留学」なども出始めており、将来的には「夫婦留学」が出てくることも予想され、「留学＝1人」の図式は崩れていくかもしれない。

全体で「夫婦」が多いことは非常にわかりやすい。「海外ロングステイ」や、50代

図表⑯【「海外長旅」の同行者】（n=673：「海外長旅」件数ベース）

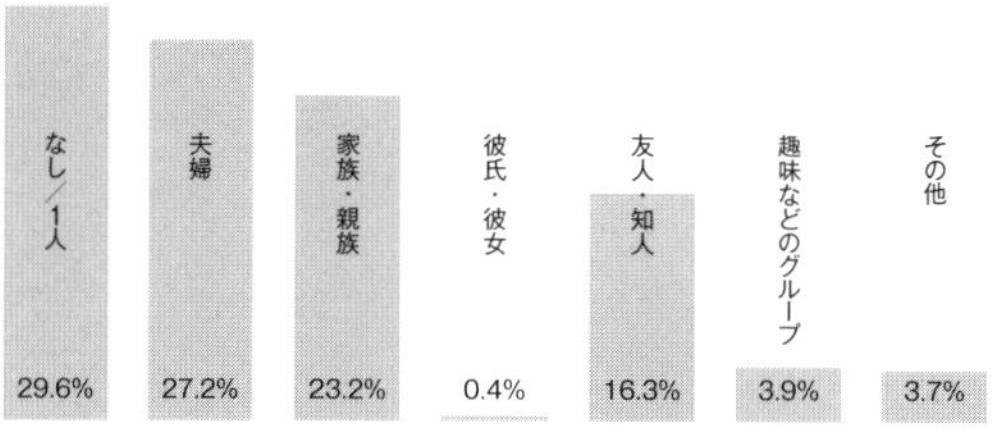

以上にも人気の高い「都市長期滞在」、「長期周遊旅行」などは圧倒的に「夫婦」。「クルーズ」や「海外ドライブ旅行」も「夫婦」が多い。

また、「家族・親族」が多いのも、前述の「旅行内容」の「実態」を知れば、なるほど、とうなずけるだろう。海外に赴任している夫に会いに出かける旅も、「家族・親族」が多い。さらに、「ハネムーン」だけなら「夫婦」だろうが、それに「ウェディング」が伴うと「家族・親族」で出かけることになってくる。

このように「夫婦」や「家族・親族」が多い傾向は、「長旅」とは、突き詰めれば「暮らすように旅すること」であり、日本の家族関係がそのままの形で移行しやすいからだと思われる。そのために、同行者が自然に「夫婦」、あるいは「家族・親族」となるパターンが増えているということなのだろう。

このほか、「トレッキング・アウトドア」は「友人・知人」が多い。これは理解しやすいが、「バックパッカー」や「ボランティア旅行」なども、「友人・知人」が多いという事実は、今の時代の若者気質を表しているということなのだろうか。

＊

誰といっしょに行っているかを聞いてみると……。

「長期の同行者を探すのは難しいので、夫と2人で行くことになりそう。ハワイのヴィラへ

は、孫たちの年齢を考え、いずれ大家族で行きたいと思っています」（64歳女性　海外ロングステイ）
「美術のイコノロジー（図像解釈学）の勉強をしている仲間たちと歴史と美術史を中心に、自分たちで企画して実行した」（66歳女性　体験・研修）
「1人で出向き、途中で夫と合流」（51歳女性　家族・知人訪問）

8 旅行手配状況の実態 ――「海外長旅」は旅行会社離れ？

旅行会社の関与は4割に満たない

この項目には、旅行会社にとっては今後の課題としなければならない特徴が明らかになっている。

図表⑰を見てほしい。5つの項目に分類されているうち、「旅行会社が企画したパッケージツアー」と「航空券・宿泊施設等を旅行会社で手配」のふたつが、「長旅」に対して旅行会社が関与するものだ。「旅行会社以外の専門会社で手配」を含めた他の3つは、旅行会社がとらえきれなかった需要と見なさなければならない。

このグラフを見ると明らかなように、旅行会社が関与しない手配、つまり「航空券・宿泊施設等を直接個人で手配」が45・8％を占めている。旅行会社の関与を示すふたつの項目を足しても、

図表⑰【旅行手配方法】（n=673：「海外長旅」件数ベース）

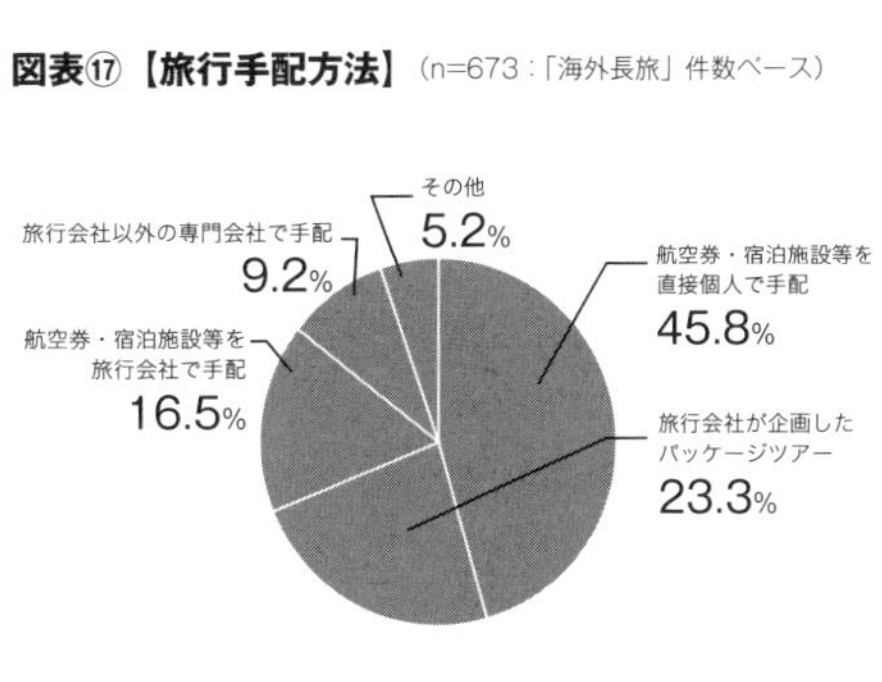

39・8%にしかならないのだ。一般の海外旅行の「旅行会社が企画したパッケージツアー」の比率は49・0%（「JTB REPORT 2006」より。ちなみに個人手配旅行は40・3%）だが、それよりはるかに低い。5・2%の「その他」の内訳は不明だが、「長旅」の半数以上は旅行会社を通さない〝個人手配旅行〟であり、そのことが、「長旅」の手配状況の最大の特徴になっているともいえる。

図表⑱を見ると、それでも、比較的「旅行会社が企画したパッケージツアー」の比率が高いのは、実際に売り出されている商品が多いこともあって、「長期周遊旅行」や「ハネムーン・ウェディング」、「クルーズ」などである。だが、「クルーズ」は船会社など専門会社の比率が43・8%もある。また、「留学・語学研修」や「ホームステイ・ファームステイ」などは専門会社手配が多く、ボリュームゾーンの「家族・知人訪問」をはじめ、「都市長期滞在」「体験・研修」「トレッキング・アウトドア」「ボランティア旅行」「ワーキングホリデー」などは個人手配の割合が多くなっている。「バックパッカー」にいたっては100%が個人手配である。

図表⑱【旅行手配方法／「長旅」内容別】

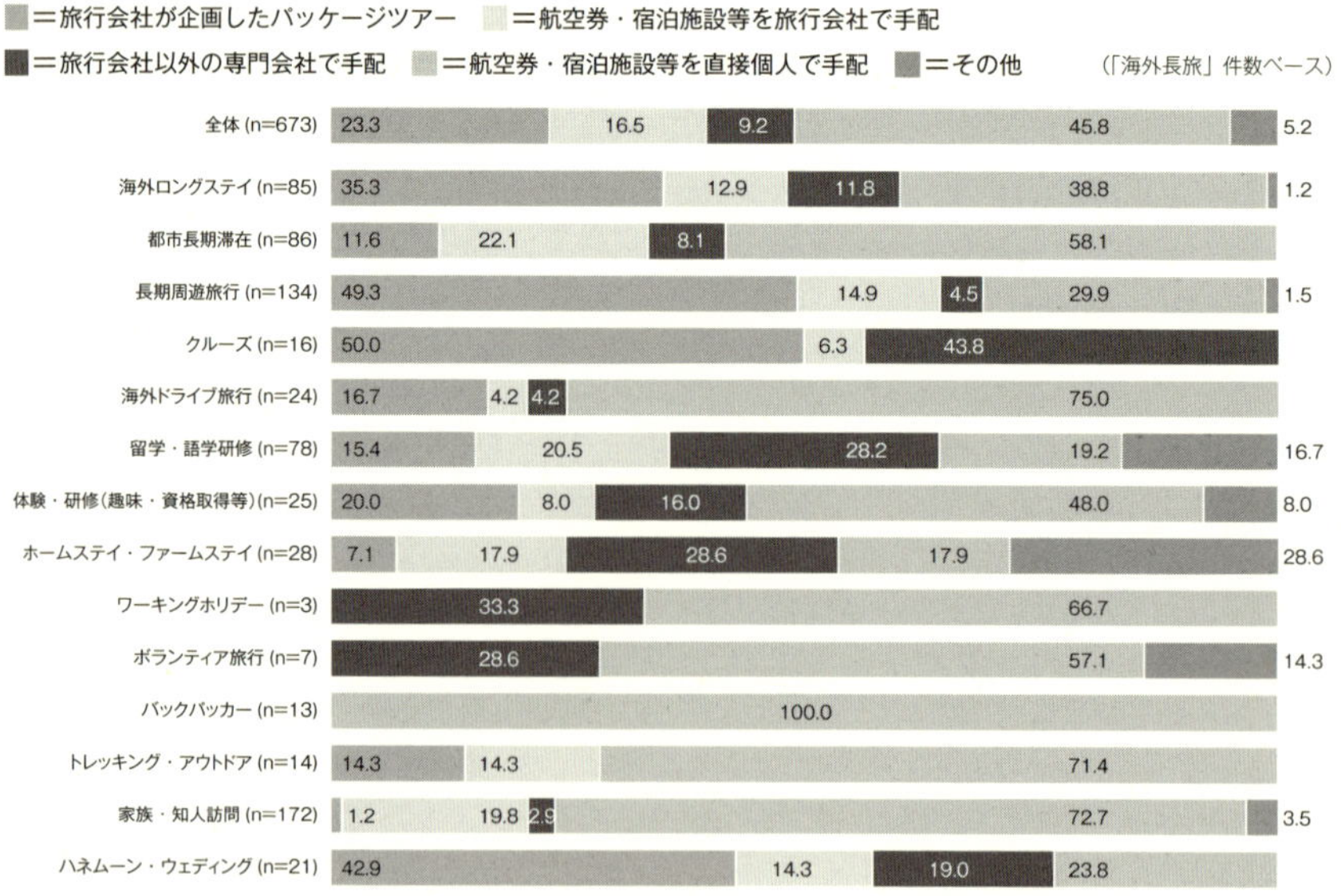

「長旅」手配の旅行会社離れ、ＦＩＴ旅行の増加……。こうした時代に旅行会社が生き残っていくためには何が必要か。それは、〝旅行会社の専門会社化〟ではないだろうか。個人手配のニーズを吸収できる体制作りや既存の専門会社に流れている特殊な旅の需要を引き寄せる店作りをしなければならないだろう。また、ボリュームゾーンの「家族・知人訪問」での旅行会社離れの現状に対して対策を講じることも急務といえる。

こうした流れを受けて、ＪＴＢグループには「留学・語学研修」や「ホームステイ」「ボランティア旅行」「ワーキングホリデー」などを専門的に扱う「ＪＴＢ地球倶楽部」があり、また、シニアのための「長期周遊旅行」などには「ＪＴＢグランドツアー&サービス」が、「ハネムーン・ウェディング」には「ＪＴＢ南青山ウェディングプラザ」が、「クルーズ」には「ＪＴＢロイヤルロード銀座」や「ＰＴＳクルーズデスク」などがある。しかし、この調査結果を見る限り、十分に「長旅」需要を吸収しているとはいえない。

＊

調査対象者は、こんな手配の仕方をしている。

「往路は主人も同行したため、仕事のスケジュールに合わせて時期を選びました。事前にインターネットや在米の妹、妹を訪問したことがある母の話を参考に、旅行会社で早割チケットのみ予約しました。行きと帰りのアメリカ国内線が別の航空会社になってしまい、戸惑い

ました」（41歳女性　家族・知人訪問）

「ハワイにはタイムシェアヴィラがあるため、行き先は最初から決まっており、飛行機、レンタカーの手配などを済ませれば後は行くだけ。現地でその時々にゴルフ以外にやりたいことをコンシェルジュと相談して手配してもらったり、自分たちで探しだしたりします。前回&今回はゴルフ好きの別々の友人夫婦をご招待し、我々がこれまでに探し出した穴場レストランやここぞというゴルフ場、観光地などにお連れしました。毎回新たな発見があり、それが次回への楽しみにつながります」（64歳女性　海外ロングステイ）

「航空券のみ旅行会社で手配。その他は自分で手配」（50歳女性　海外ロングステイ）

「航空券のみ旅行会社で手配」（41歳女性　家族・知人訪問）

「自分で企画し、旅行代理店に依頼した」（58歳男性　体験・研修）

「航空券を旅行会社で手配、宿泊施設を個人で手配」（26歳女性　長期周遊旅行）

「パッケージツアーに個人手配を加えた」（40歳男性　長期周遊旅行）

9 旅行費用の実態

——平均費用40万円、海外旅行平均の1・6倍

ボリュームゾーンは「30～40万円未満」

「旅行費用」にも、件数ベースの金額を表す図表⑲と、旅行内容ごとに平均金額を表した図表⑳

（いずれも1人当たり）がある。

「海外長旅」全体の平均費用は41・4万円。「長旅」の経済効果がいかに大きいものであるかを如実に示す数字であるといえる。一般の海外旅行の平均費用は25・4万円（内、旅行代金は14・7万円）（「ＪＴＢ ＲＥＰＯＲＴ ２００６」より）にとどまるからだ。一般の海外旅行の実に1・6倍以上の金額が「長旅」には費やされているわけだ。

⑲を見ると、もっとも件数が多いのは「30〜40万円未満」で、それに続くのが「20〜30万円未満」。さすがに40万円以上になると件数は下がるが、これらを見ると、「長旅」は高いものだという印象はさほど受けず、金額の高さが障害になっているとは思えない。

また、⑳を見ると、研修費用がかかる「留学・語学研修」や「ワーキングホリデー」「クルーズ」「ホームステイ・ファームステイ」「海外ドライブ旅行」「ハネムーン・ウェディング」が上位にきている。

「ワーキングホリデー」は対象人数が少ないので参考程度の結果だが、「クルーズ」の金額が予想外に安価

図表⑲【「海外長旅」の旅行費用】（n=673：「海外長旅」件数ベース）

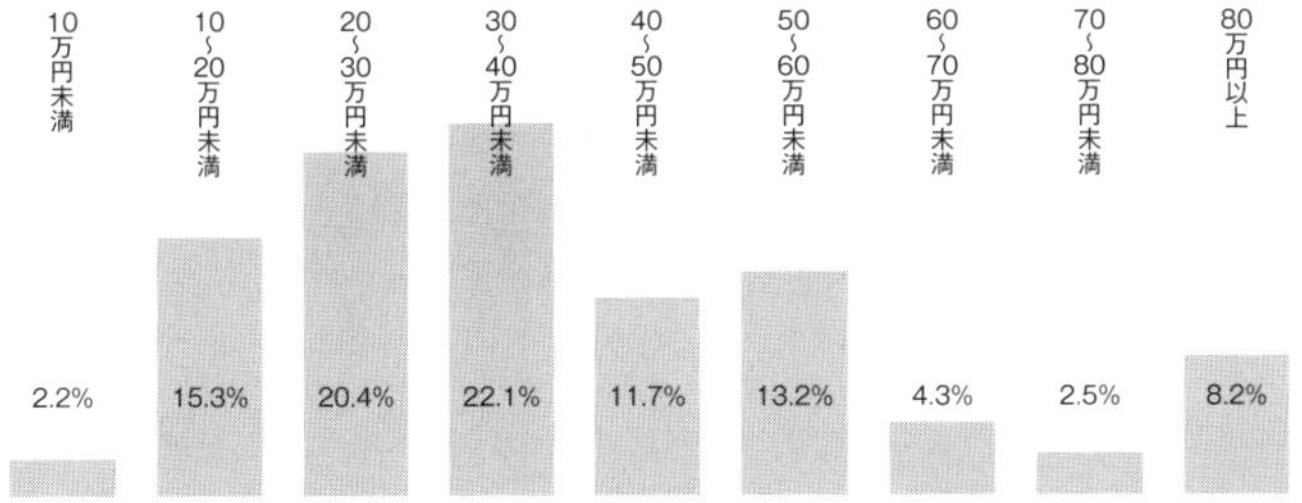

図表⑳【「海外長旅」の旅行費用（平均金額）／「長旅」内容別】（n=673：「海外長旅」件数ベース）単位：円

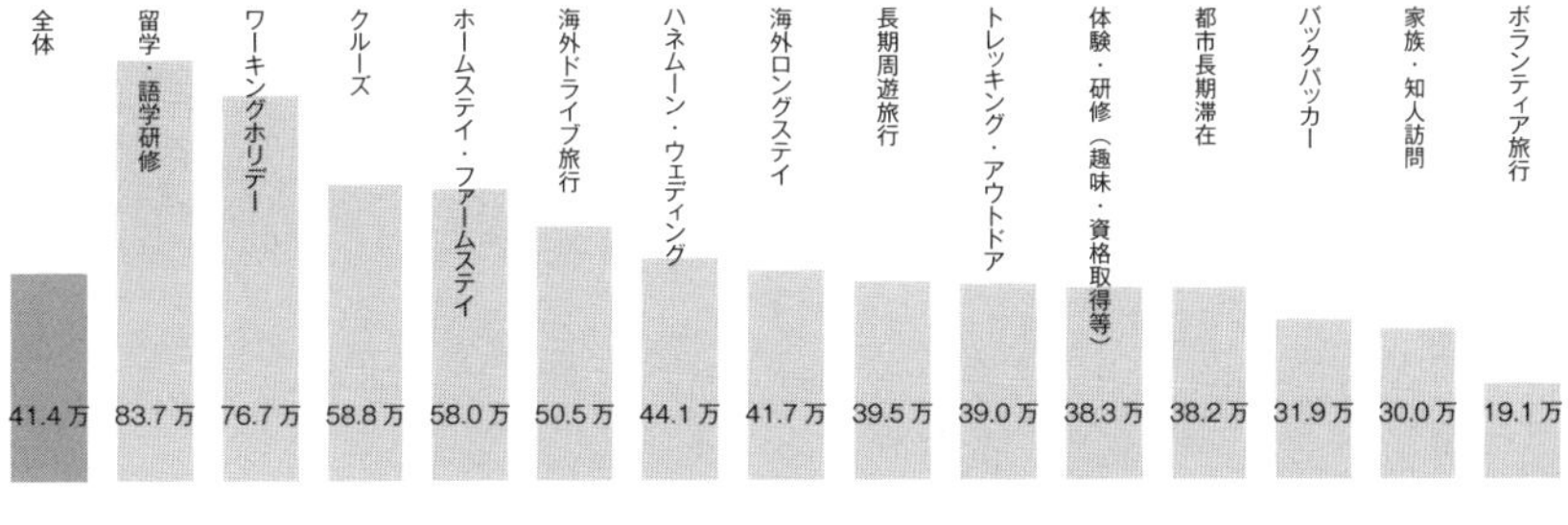

なのは、豪華な世界一周などのロングクルーズより「フライ&クルーズ」など、2週間程度と比較的短期のもののシェアが高いためと思われる。「ホームステイ・ファームステイ」は語学研修などがセットとなっているケースが多く、数字を引き上げたのだろう。

「家族・知人訪問」が安いのは宿泊料金が節約できるからであり、「バックパッカー」が意外に高いのは、泊数が多いためだろう。「ボランティア旅行」が安いのも考えやすい。

10 阻害要因

——経済的な理由はトップではない

女性のほうが心配性？

「長旅」の阻害要因は図表㉑㉒として紹介する。

「仕事などで長期の休暇がとれない」が全体の半数を超え、次いで「家計的に長期の企画は難しい」、「子供の世話や学校等の関係で」が続いている。「長旅」の阻害要因の1位が、経済的な理由ではないことに、今後の「長旅」需要の伸びの可能性を感じる。

ほぼ予想通りのラインナップに加え、「家を長く空けるのが心配」、

図表㉑【「海外長旅」の阻害要因】（n=2230：全体ベース）

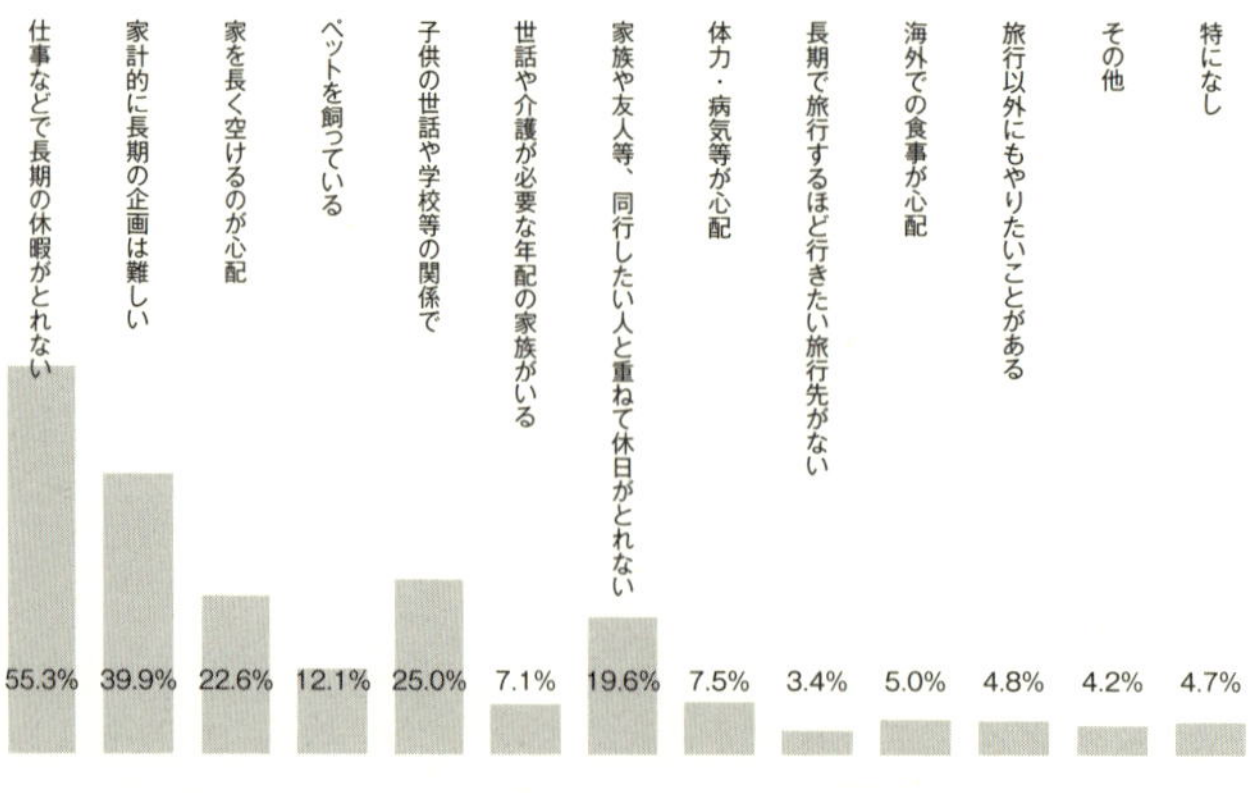

「ペットを飼っている」といった今日的なものも含まれているが、40代以上の女性に「家を長く空けるのが心配」の数値が高まることや、30～40代女性の「子供の世話や学校等の関係で」や、10～50代女性の「家族や友人等、同行したい人と重ねて休日がとれない」、50～60代女性の「世話や介護が必要な年配の家族がいる」などの数値の高まりを見れば、全体に女性の意向が色濃く表れた結果といえるだろう。

＊

阻害要因は人それぞれだ。

「過去に長期海外旅行（職務上）を数多く経験したので、いまさら行きたくない」（61歳男性）

「外国人が嫌いだ」（20歳男性）

図表㉒【「海外長旅」の阻害要因／性×年代別】（全体ベース）

	n	仕事などで長期の休暇がとれない	家計的に長期の企画は難しい	家を長く空けるのが心配	ペットを飼っている	子供の世話や学校等の関係で	世話や介護が必要な年配の家族がいる	家族や友人等、同行したい人と重ねて休日がとれない	体力・病気等が心配	長期で旅行するほど行きたい旅行先がない	海外での食事が心配	旅行以外にもやりたいことがある	その他	特になし
全体	2230	55.3	39.9	22.6	12.1	25.0	7.1	19.6	7.5	3.4	5.0	4.8	4.2	4.7
【性×年代別】														
男性計	1084	72.7	38.0	14.3	9.2	18.8	5.6	11.0	5.8	3.9	4.9	5.8	4.5	5.7
10～20代	149	68.5	38.9	4.7	3.4	8.1	0.7	15.4	4.0	6.0	4.0	7.4	8.1	8.7
30代	252	91.3	55.2	11.5	6.7	30.6	0.8	8.7	0.8	3.2	3.2	4.0	4.0	2.8
40代	239	87.9	40.2	11.7	10.5	33.1	2.5	10.9	1.7	2.1	4.2	5.0	0.8	1.7
50代	228	81.6	32.5	17.5	12.7	14.9	9.6	12.3	3.1	3.9	5.7	4.8	2.2	5.3
60代	216	27.8	20.8	23.6	11.1	0.9	13.9	9.3	20.4	5.1	7.4	8.8	9.3	12.0
女性計	1146	38.9	41.6	30.5	14.8	30.9	8.5	27.8	9.1	3.0	5.1	3.9	3.8	3.7
10～20代	216	58.8	49.1	7.9	12.0	20.4	0.9	26.4	3.2	2.8	6.0	7.4	8.3	2.3
30代	250	42.0	56.0	23.2	11.6	59.2	2.0	32.8	2.0	2.4	3.2	2.0	2.4	1.2
40代	224	50.0	44.6	35.7	15.6	58.9	6.3	24.1	2.7	1.8	2.2	1.3	1.3	1.8
50代	223	34.5	34.5	39.0	20.6	12.1	19.3	36.3	9.0	3.6	5.4	4.9	1.8	4.9
60代	233	10.7	23.2	46.4	14.6	1.3	14.2	19.3	28.3	4.3	9.0	4.3	5.6	8.2
【海外旅行頻度別】														
ヘビー	213	44.1	25.8	28.6	8.9	8.9	8.5	20.2	13.6	0.9	4.7	5.2	4.2	9.4
ミドル	877	53.4	34.2	23.3	12.0	18.5	7.6	18.5	7.6	3.1	3.1	4.4	5.5	5.4
ライト	1140	58.9	46.8	21.1	12.8	33.1	6.4	20.4	6.2	4.1	6.6	5.1	3.2	3.2

「日本が一番良いのがわかったから」(20歳男性)
「海外よりも国内旅行がしたい」(36歳男性)
「植木その他の水やりなど。夏場は庭などの草取りがある」(65歳男性)
「家内といっしょを望むも、家内が長期滞在を嫌っている」(68歳男性)
「海外は犯罪などが多く、長期滞在となると心配だから」(38歳女性)
「あまり長くなると、旅行していること自体に飽きると思うので、1週間程度までが妥当だと思うから」(40歳女性)
「ガーデニングをしているので心配」(63歳女性)
「シニアだから安旅行はしたくない。そうなるとコストとの兼ね合いで…」(69歳女性)

11 満足度の実態
——今後の市場拡大を予見させる満足度の高さ

驚くべき「満足度」の高さ

全体では7割近くの経験者が「満足した」と答え、「まあ満足した」を入れると96・1%。「長旅」実態の満足度調査(図表㉓)では、「満足できなかった」人が事実上、ほとんどいないという結果になっている。そもそも旅行というものは、基本的に満足度が高いものだが、一般の海外旅行の満足度が、おおむね80%前後であるといわれていることを考えると、この数字は驚異ともいえるものだ。

特に目を引くのが、「クルーズ」。なんと全員が「満足した」と回答している。これほど、「クルーズ」は人を惹き付けるものなのだ。「長期周遊旅行」の満足度も非常に高い。また、「海外ドライブ旅行」や「バックパッカー」、肉体的にも精神的にも大変なはずの「ボランティア旅行」の満足度が高いことも興味深い。旅行期間の長さは終了後、達成感と共に満足感を与えるのだろう。「長旅」が旅行者にとっても旅行費用がかかるもののコストパフォーマンスのよい旅行ということがわかる。こうした満足度の高さはリピーター化を促進する。「長旅」が顕在化していくと市場は加速度的に伸びていく可能性がある。

＊

調査対象者の満足感あふれる感動のコメントを見てみよう。

「現地の幼稚園で、自己紹介がわりにオカリナを吹いたら打ち解けられたこと。言葉の壁があっても、小さい子

図表㉓【「海外長旅」の満足度／「長旅」内容別】

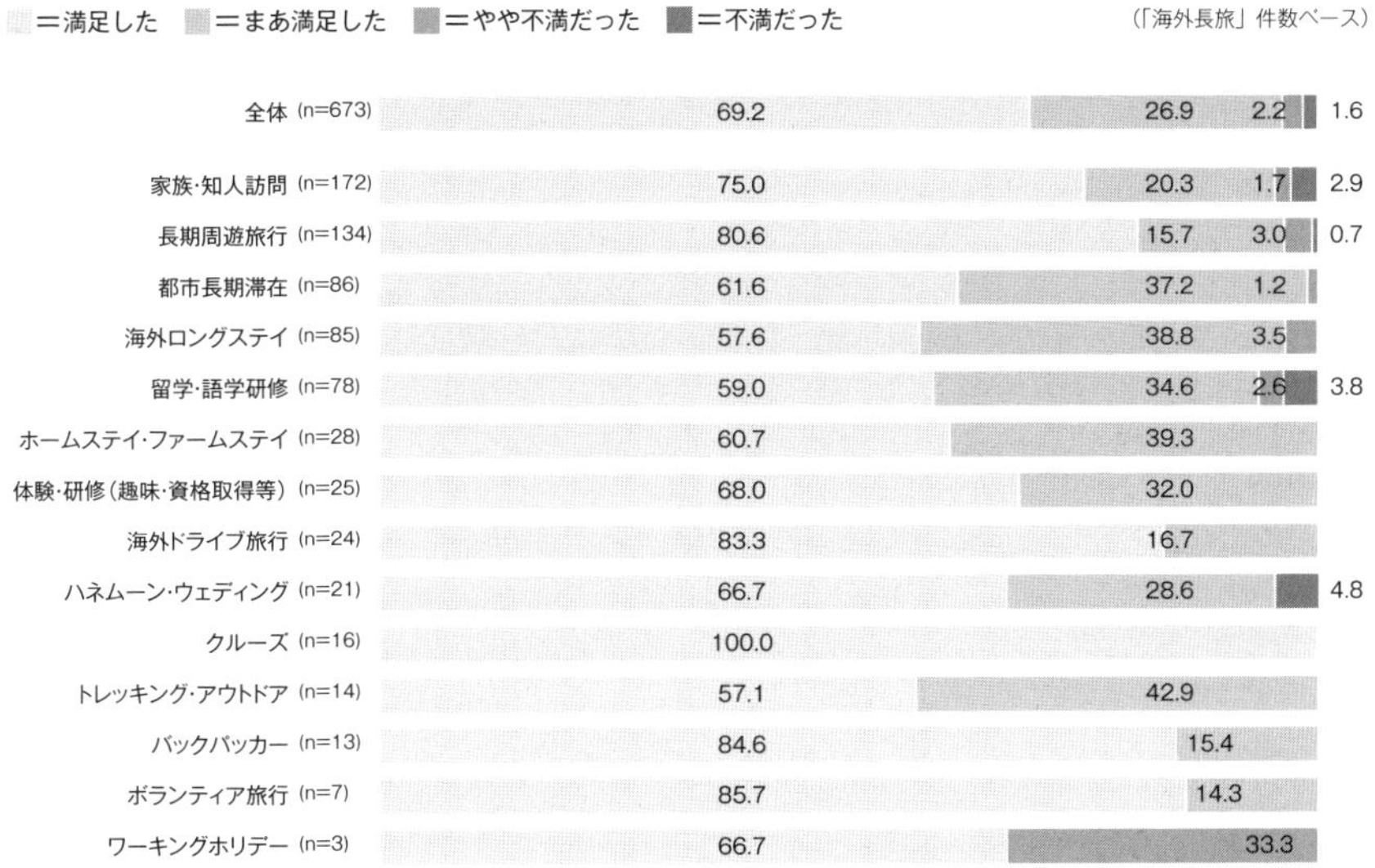

供といっしょでも、どんなことがあっても何とかどこでも生きていけそう…と思った」（41歳女性　家族・知人訪問）。

「ジャマイカンが陽気で楽しかったこと。また、ゲストたちのほとんどが長期滞在だったこと。日本人は皆無だったこと」（41歳女性　ハネムーン・ウェディング）

「鉄道、ポストバスなどいろいろな乗り物を利用して、他のツアーでは行けないようなコースに行けたこと」（68歳女性　都市長期滞在）

「大聖堂のドームコンサートでの、満員の聴衆の中で、専属オーケストラと合唱隊員との合同演奏が素晴らしかったこと。なかでも、ドームから降り注いでくる声やオーケストラの音に、天使の声のシャワーを浴びるような感動を味わいました」（69歳女性　体験・研修）

「砂漠で迎えた日の出。水平線ではなく地平線から昇る太陽を見る機会はこれまでそんなになかった。街の名前は忘れたが、モロッコで雪を見たのにも驚いた。スギ林の中に切妻屋根の家が並び、アラブの国とは思えないスイス風の街だった」（34歳男性　長期周遊旅行）

「友だちといっしょだった安心感から、朝から夜まで楽しめた。ツアーでも団体旅行でもなく、自分たち3人にガイドさんが1人でワゴン車で移動、という日が多く、団体旅行の面倒くささがまったくなかった。また、フリーの日とツアーのある日の割合がちょうどよかった。ツアーでは行きたいところがほぼ回れた。フリーの時間に知人にも会うことができた」（23歳女性　長期周遊旅行）

「両親はビジネスクラスで往復ゆっくり、宿泊は日本人経営のペンションや高級ホテルを織り交ぜて、途中日帰りツアーを利用したり、レンタカーを借りたり、両親にいろいろな形態

の旅行を楽しませてあげられた。もちろん、ロッキーやカナダ東部の景色もきれいだった」（32歳女性　長期周遊旅行）

「異文化に触れることができたことはもちろん、外国人とも交流できたこと。ニュージーランドのフィヨルドの壮大な風景」（67歳男性　クルーズ）

「船旅はのんびりできて、自由が利く。お金を持ち歩くことがない。日程が楽で、観光もほどほどなところがよい。食事も気ままに取れる」（55歳女性　クルーズ）

「シアトルのみに絞ったので、ゆっくり観光しながら西海岸を全走破できた。内陸に折り返し、いつかきっと行ってみたいと思っていたクレーターレイクのあの信じられないほどの蒼い色。海岸の砂丘で乗った4WDサンドバギーツアーのジェットコースター顔負けの面白さ！　シルバーフォールズ公園の無数の滝の美しさ。レンタカーも、現地で無料でグレードアップしてくれて大きな車に乗れたので快適だった」（49歳女性　海外ドライブ旅行）

「旅立つまでの準備の苦労、不安など、初めてのことなので、何かと大変でした。しかしその分、本当に充実した時を過ごすことができました。たくさんの素敵な一期一会に恵まれて、今まで思ってもみたことがないような気づきもたくさんありました。フィジーの人たちの温かさ、物がなくても豊かな気持ちで暮らしていけるという素敵な贈り物をもらいました」（44歳女性　留学・語学研修）

Column❸

若者は、今だからこそ、自分探しの旅に出る
──いまどきの若者「長旅」スタイル

旅の販促研究所　小畑綾乃

「観光地なんて興味ない」「有名なスポットをまわって写真を撮って帰ってくるだけでは感動しない。体験しないと疲れるだけ」

観光地を見るだけが目的の「普通の旅行」ではない旅がしたい。そう思って若者は「長旅」にでる。若者の代表的な「長旅」には、「バックパッカー」、「留学」、「ワーキングホリデー」、「WWOOF」、「ボランティア旅行」などがある。

1人旅で現地の人々と交流する

若者の「長旅」は1人旅が多い。WWOOFを体験した赤瀬君（21）は、「1人で何もかもしないといけない状態に自分を置くことで、自分とじっくり向き合い、たくましくなるため」1人旅を選んだという。そのような旅では、旅先の人たちとの交流も自然と多くなる。

「バカと言われたところから始まった」と韓国留学を経験した加藤君（24）は言う。彼は、言葉も訪問先の場所もよくわからないまま夜の韓国に到着した。死にそうな思いで家を探し、たどりついたはいいが、出てきたおばさんが話してくる言葉がまったくわからない。最後には呆れたおばさんから「パボヤー（バカね）」と言われてしまった。そんな彼は、留学中、ホスピタリティのある韓国の人たちに囲まれていたと振り返る。「自分ひとりのためだけに、10人、20人と飲み会に集まってくれた」。今、彼の携帯電話には100人ほどの韓国人の友人の連絡先が入っている。その加藤君はアジアをバックパック旅行の途中、自転車でアンコールワット近辺を旅し、「観光バスでの旅行では、観光客と現地の人の間に明確な境界線がある。自転車で行くだけで、反応が違う」と思ったと言う。このように、現地に溶け込んで旅先の人々と交流することを、若者たちは望んでいる。それらを通して、何かを学びたいと思っているのだ。

苦い経験をした若者もいる。フィリピンをバックパックとボランティアで旅した青山君（24）は、将

来、NGOで働きたいと思っていた。そんな彼の感想は、「一言で言うと怖かった」。「できるだけしゃべりたくないし、関わりたくない。みんながだまそうとしていると思った」のだそうだ。その経験を通して、彼は自分が「助けてあげたいと思っていた人を自分と同じ人間と思っていなかった」ことに気づいたという。彼はその後カンボジアを旅し、現地の子供や若い人たちと関わる中で、彼らと普通に付き合うことができると自信を回復した。彼は日本とカンボジアの若者の共通性を発見し「びっくりした」そうだ。

体験もしたい、観光もしたい、世界を見てみたい

「長旅」を体験した若者たちは、これから、どんな旅をしたいと思っているのだろうか。もう一度同じ場所に行ってみたいと思う若者もいる。バックパックでアジアを旅した本丸さん（22）は、今まで行ったアジアの国々を1～2年かけて周遊して、以前お世話になった人たちに会いに行く〝お礼参りツアー〟を考えている。インドの「死を待つ人の家」でボランティアを経験した脇坂さん（24）は、「つらいこともあったけど、だからこそ。前回は翻弄されっぱなしで終わってしまった。リベンジしたい」と言う。

もちろん、違う場所を旅したいと思う若者も多い。旅をする中で、「観光地」の魅力に気づくことも多いようだ。体験もしたいし、観光もしたい。世界の色々なものを実際に見たい。そして、誰かと一緒に旅をしてみたい。青山君は「良いものは良いって共感したい」と語った。

写真上：加藤くんとカンボジアの子供たち
写真下：本丸さんのネパールでの触れ合い

第五章

さまざまな「国内長旅」

「国内長旅」とは、生活の本拠地を日本国内の定まった地域に置きながら、日本国内各地を連続して1週間以上、滞在または周遊する、自宅に帰ることを前提とした旅行。帰省、業務による出張・駐在・赴任・就学による一時生活、就職準備のための一時生活、治療のための入院、冠婚葬祭などの家事は除く。

本章では、国内をデスティネーションとした多種多彩な「長旅」を紹介するとともに、今回「旅の販促研究所旅行企画パネル（詳細は132p）」を対象に実施した調査から、経験者の声を掲載。「国内長旅」理解の一助としていただきたい。

1

国内ロングステイ

国内なら安心。暮らす感覚でリゾート滞在

調査対象者の声●女性32歳「期間が長かったため、子供連れでもゆったりと過ごせた」●男性56歳「日常から離れることができた」●女性61歳「家事から解放されてのんびりできた」●男性62歳「滞在費が非常に少なくて済んだので経済的負担が少なかった」

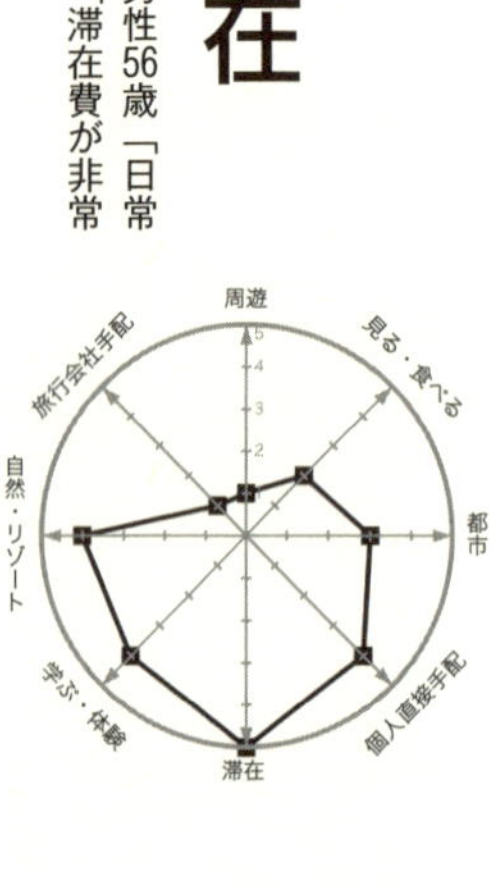

海外のロングステイと同様、リゾート地などに暮らす感覚で長期滞在することをいう。沖縄、北海道が多く、九州、東北などでも受入れ整備が進められているが、団塊世代の大量退職に伴い、地方などにニーズが高まっていくと考えられている。国は、国内ロングステイを「二地域居住」と名づけ、各自治体とともに環境整備に関わる実証実験を開催するなど、積極的に推進している。「二地域居住」の促進には、交通、宿泊施設、滞在中の過ごし方、情報提供など、長期の滞在を希望する人が安心してその地域に赴くことができるように対策を講じる必要があるからだ。また、国土交通省は、九州内の5地域（別府、阿蘇、雲仙、佐世保・波佐見、五島）で、長期滞在用の宿泊施設、滞在プログラム、公共交通機関の利便性向上策を用意し、長期滞在するモニターを募集するために、「こだわりステイ1Week」と銘打った推進事業を立ち上げている。中小企業庁も、地域の資源を使った新製品の開発や販路開拓、観光開発などの取り組みに支援を行う「地域資源∞全国展開プロジェクト」を展開し、その一環として、1週間、自由自在のスタイルで地域の人々と触れ合うための長期滞在地域コミュニティ参加プログラム「ステイタス」をスタートさせている。しかし、実態は昔ながらの別荘ライフが多く占めている。

Point

- ▼「二地域居住」と名づけ、各自治体が長期滞在の環境を整備
- ▼日本なら治安・医療・言葉・食事が安心
- ▼滞在地は沖縄・北海道が人気。九州・東北も受け入れ整備が進む
- ▼長期滞在モニター募集の「こだわりステイ1Week」（国土交通省）
- ▼地域資源を使った支援「地域資源∞全国展開プロジェクト」（中小企業庁）
- ▼地域コミュニティ参加プログラム「ステイタス」

2

都市長期滞在（東京・大阪等）

新感覚の旅。TOKYOステイ

調査対象者の声●女性67歳「昔暮らした町で、ゆっくり滞在して見物したかった」●女性67歳「ホテル、食事ともよく観光が楽しかった」●男性68歳「泊まりたい有名ホテルがあったから」●女性65歳「何度も行ったところだから、気が楽だった」●男性37歳「特に旅という感覚はなかった」

東京・大阪などの大都会でホテルやウィークリーマンションなどに長期滞在し、シティーライフを楽しむことを目的とする旅行スタイルで、リタイアメント層から若者層まで幅広い層にニーズがある。「東京ステイ」などという言葉も定着しつつあり、今後は新しい旅行スタイルに育つ可能性がある。２００５年にイカロス出版から発売された『東京ロングステイ』によると、東京ロングステイとは、都心の一等地にあるサービスアパートメントに滞在し、都心の暮らしや遊びを楽しむロングステイのこと。サービスアパートメントとは、ホテル並みのフロントサービスがつき、家具や家電製品、什器類が付属している高級賃貸マンションのことで短期でも契約できるようにした不動産。契約期間は最低１ヶ月からが多いが、２週間程度から賃貸できる物件もあり、都市長期滞在にうってつけの施設として注目されている。東京や大阪などの大都市にステイする人には、家族や友人が近くに住んでいるので気軽に安心して滞在ができるという人や、「転勤でしばらく生活していた」「学生時代に住んでいた」といった「暮らし」の経験者が多く、長期の滞在となるケースが多い。ショッピング、観劇やミュージカル、コンサート、美術館巡り、スポーツ観戦など、都会ならではの旅スタイルである。

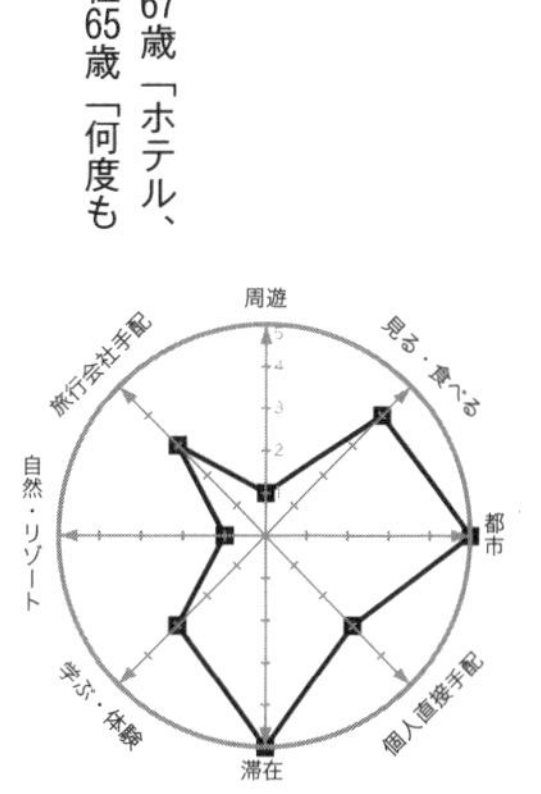

Point

- ▼「東京ステイ」「大阪ステイ」という言葉が定着
- ▼長期滞在用ホテル、ウィークリーマンションの利用
- ▼都心の暮らしや遊びを楽しむ「シティーライフ」
- ▼若者層の都市に対する憧れも強い
- ▼日常から解放されるリタイアメントプログラム

長期周遊旅行

本当はしたい、美しい日本のスロー旅

調査対象者の声●男性39歳「大自然に触れ、時間をかけていろいろなところを回りたかったから」●男性60歳「旅番組を見て以前から行ってみたいと思っていた」●女性19歳「寒い時期に暑い南国に行きたかった」●男性57歳「自分の足・筋肉で周遊した」●女性28歳「日本の心を再確認できました」

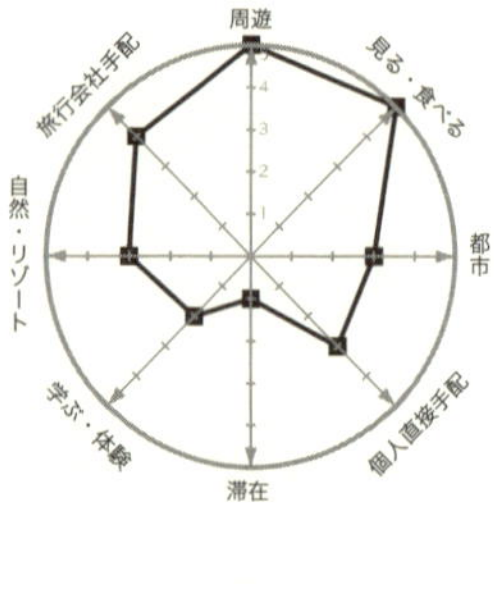

パッケージツアーで1週間を超えるものは少ないが、「エースJTB日本1周の旅10日間（中部地区発着）」といった商品が登場するなど、国内の長期周遊旅行のマーケットが少しずつ育ちつつある。阪急交通社が2006年に売り出した「日本一周31日間ツアー」（1人140万円）は、9月に大阪を出発し、舞鶴港からフェリーで北海道に入り、大雪山や日光東照宮など観光名所を巡りながら紅葉前線に合わせて南下。26人限定で団塊世代の利用を見込んだツアーだが、売れ行き好調だったという。また、「日本一周クルーズ」も人気を博している。日本を代表する大型客船「飛鳥II」「にっぽん丸」「ぱしふぃっく　びいなす」などが9〜11日間で世界遺産や観光名所などを訪ねながら日本列島を一周するクルーズを企画。これらのパッケージツアーだけではなく、鉄道やフェリー、バスなどを乗り継いで各地を周遊する旅をしている人は多い。特に北海道一周、東北一周、九州一周などは昔からある。桜前線を追ったり紅葉前線を追ったりという日本ならではの「長旅」もある。世界遺産の人気も高く、美しい日本の風景を求めて時間をかけて旅をする人が増えている。また「日本再発見」のニーズは高い。こうした「スローな旅」を求める層は確実に増えている。

Point

- ▼行き先は北海道・九州・沖縄が多いが、日本一周も人気
- ▼スローな旅を求める層は確実に増加
- ▼「日本一周バス旅」（日本旅行、阪急交通社）人気
- ▼団塊世代を見込んだ国内クルーズ
- ▼テーマは日本再発見

4

湯治・温泉保養
今も昔も。日本人のヘルスツーリズム

調査対象者の声●女性53歳「腰痛を治す目的」●男性64歳「湯治と、夏の静養を兼ねて」●女性53歳「持っているリゾート会員権の年間ポイントの残りを有効利用」●男性65歳「ごちゃごちゃ人がいずに都会から解放された気分」●女性62歳「温泉が大好き」●女性30歳「けんかをしたので仲直りのために」

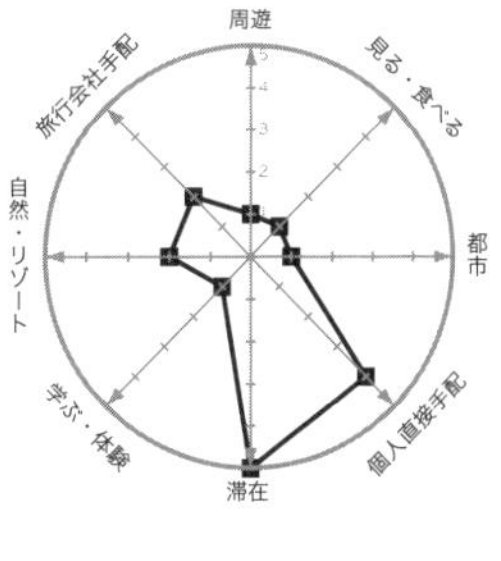

健康志向の人が増えている中で見直されているのが「湯治・温泉保養」だ。湯治は、人間が本来持っている自然治癒力を高めるものだが、昔から「湯治ひと回り1ヶ月」といわれるように、温泉治療は3週間から1ヶ月をワンクールとして入浴と休みを繰り返すのがもっとも効果的とされている。近年は、都市化の発展や余暇時間の増大などを背景に自然とのふれあいを求める声が高まっている。環境省は、古くから湯治場として利用され親しまれてきた温泉地の中から、特に温泉利用の効果が充分に期待され、かつ健全な温泉地としての条件を備えている全国91ヶ所を「国民保養温泉地」に指定。さらに、1993年からは、それらの中から自然の活用に適した温泉地を選定し、「ふれあい・やすらぎ温泉地」としての指定を開始した。最近では一般の温泉旅館も長期滞在を歓迎しはじめ、泊食分離、長期滞在割引などといった旅館側の工夫も始まっている。また、JTBは健康観光・旅行関連事業を専門的に推進する研究機関「ヘルスツーリズム研究所」を開設。現代の健康ニーズに応える集客力の高いツアーを企画している。特に湯治は、日本人の老若男女が大好きなヘルスツーリズムといえよう。

Point

- ▼「国民保養温泉地」（環境省）は全国91ヶ所
- ▼一般の温泉旅館も長期滞在を歓迎
- ▼古くからの湯治場が見直されている
- ▼泊食分離・長期滞在割引など旅館側も工夫
- ▼健康志向のトレンドが追い風
- ▼老若男女が志向
- ▼「ヘルスツーリズム」研究機関も登場

農村体験・漁村体験

脱都会。農村漁村の体験プログラム

調査対象者の声●女性31歳「普段とは違う生活を送ってみたい」●男性66歳「釣りなんかしたい」●女性63歳「田舎の暮らしを体験したい」●男性46歳「竹とんぼを作ったり、野菜を収穫したり魚を獲ったり、子供が生き生きしていた」●女性30歳「乗馬クラブのあるファームステイがしたい」

各自治体が地域の活性化や交流促進のために、長期滞在者向けの簡易宿泊施設や農産物加工施設を整備し、農村や漁村体験のプログラムを用意し始めている。これらは、学生の教育の一環としてだけではなく、熟年・シニアの受け入れも視野に入れたものだ。近年、スローフードやスローライフが叫ばれるようになり「グリーンツーリズム」への関心が高まっている。「グリーンツーリズム」はヨーロッパ発祥である。日本では産直・販売所など農林水産物を介した活動やふるさとまつり・農林まつりなどのイベント、農業・農村体験、学校教育における農村や漁業とのふれあい、自然の営みとのふれあいなどを通じて、緑豊かな農山漁村に長期滞在し、その地域の自然や文化に触れ、地元の人々との交流を楽しむというものだ。農村体験を「アグリツーリズム」、漁村体験を「ブルーツーリズム」という場合もあるが、いずれも「国内ロングステイ」のひとつの旅行パターンとして位置づけられる。㈶都市農山漁村交流活性化機構は地域別情報や体験メニュー、宿泊施設などの紹介といった普及活動を行っている。また、日本においても「ＷＷＯＯＦ」と呼ばれる、労働を提供する代わりに食事と宿泊所を用意してもらい、有機農業などを体験する旅のスタイルが始まっている。

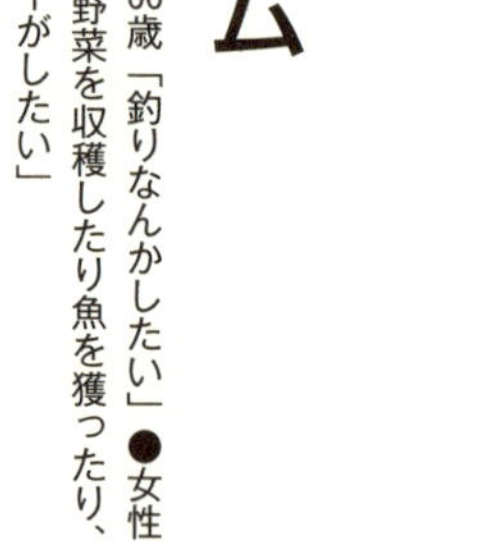

Point

- ▼自治体主導の地域活性化プログラム
- ▼農業漁業の実体験
- ▼熟年・シニアの受け入れも増加
- ▼自然食への関心の高まり
- ▼日本でも「ＷＷＯＯＦ」が広がる
- ▼農村体験は「アグリツーリズム」漁村体験は「ブルーツーリズム」

6

短期研修

シニアも参加。地方での集中セミナー

調査対象者の声●女性22歳「短期間で車の免許が欲しかった」●男性36歳「人に勧められて行き、人生の転機になった」●女性22歳「２週間で帰ってこれたが、田舎すぎて寂しかった」●男性69歳「いつも行けない寺院を見て回れた」

団塊世代を中心に「短期研修」のニーズが高まりを見せるなか、国立大学法人や自治体と提携し、生涯学習意欲の高い全国の50歳以上を対象とした日本初の産学連携による交流型教育事業「シニアサマーカレッジ」を開催したのがＪＴＢだ。２００６年夏は弘前大学と山口大学の２大学で２週間のプログラムを実施。料金は13万円で講義はその地域ならではの内容。大学はもちろん、地方公共団体の首長や民間企業の社長など多彩な講師陣が担当した。ＪＴＢは、２００７年夏には上記の２大学に岩手大学、信州大学、岐阜大学、香川大学、高知大学を加えた7大学での開催を8～9月に予定している。こうしたシニア対象の「短期研修＋地域滞在」の旅行スタイルは今後も増え、定着していくことが予想される。また、ＪＴＢによると、「シニアサマーカレッジ」は、国内ロングステイ市場を構築するきっかけとなり、地方自治体にとっては、従来の観光とは異なる地域学習要素を含んだまったく新しい観光戦略の第一歩になるという。

滞在型研修といえば、自動車免許の合宿なども昔からある。集中して短期間で免許の取得ができるので、数多くの人が利用している。

今後はリゾート地でのセミナーや研修など、さまざまな分野で活用できると思われる。

Point

▼地方大学との連携による熟年･シニア向け「シニアサマーカレッジ」の成功
▼昔からある自動車免許取得合宿は「短期研修」の代表的スタイル
▼「短期研修＋地域滞在」の新旅行スタイル
▼熟年･シニアで特に定着の可能性あり

7

島旅・島暮らし
老若男女の憧れ アクティブいっぱいアイランダー

調査対象者の声●男性60歳「内容は満足だったが天候に恵まれず残念」●女性62歳「今のうちに行っておかないと体力的にも無理になるので」●男性36歳「ダイビングの資格が取りたかったから」●男性38歳「海がきれい。色々な島に行けた」●女性41歳「自然の中で家族とのふれあいができた」

離島への憧れは根強い。沖縄や南西諸島、伊豆諸島などでの長期滞在者、いわゆる〝しまたびファン〟は意外に多いのだ。「島」といっても自然や産物、住んでいる人の気質はさまざまだが、それらを丸ごと受け入れ、暮らしや交流の場とする島旅を好む人もいれば、ダイビングやサーフィン、釣り、写真などの趣味を目的とした旅をする人も少なくない。島旅については、国土交通省離島振興課が中心となり、離島におけるU・J・Iターンなどの団塊世代へのアプローチや、毎年幕張メッセで開催される食の展示会「FOODEX JAPAN」への島の特産品出展などを通じてPRに努めている。また、同省は離島との交流促進イベント「アイランダー２００６」を開催している。「アイランダー２００６」のキャッチコピーは「島と会おう！ 島へ行こう！　島の笑顔を感じよう！」。旅行だけでなく島への定住や「二地域居住」などの促進を目的として、島のプロフィールや魅力、郷土料理や名産品が味わえる店などを紹介している。旅行会社も沖縄諸島などの島旅を商品化し、島旅ファンの注目を集めている。また、一島にとどまらず次々に離島を訪れる「アイランド・ホッピング」を楽しむ島旅スタイルもある。

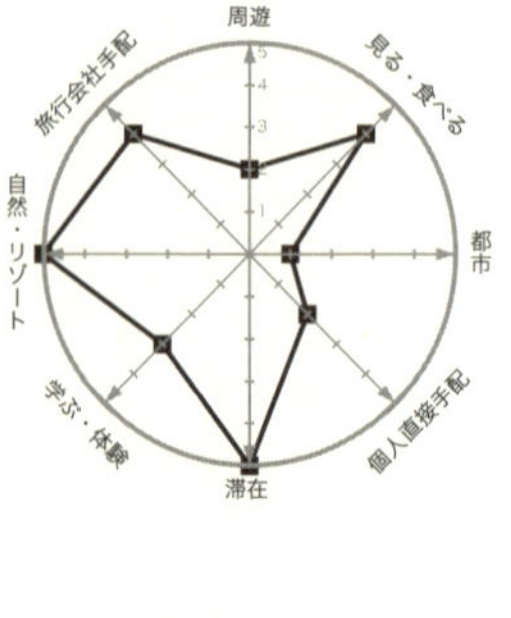

Point

- ▼根強い離島への憧れ
- ▼沖縄や南西諸島、伊豆諸島が人気
- ▼離島との交流促進イベント「アイランダー」が開催
- ▼旅行だけではなく「二地域居住」促進も
- ▼ダイビング・サーフィン・釣り・ヨット・写真といった趣味が目的の人も
- ▼「アイランド・ホッピング」を楽しむ人も
- ▼島人とのふれあい、ホスピタリティ

8

ドライブ旅行
意外と多い、日本列島マイカーの旅

調査対象者の声●女性35歳「車で走破。やり遂げた達成感を得られた」●男性66歳「一般の観光ルートを外した宿や、ドライブ旅行特有の時間の自由性を活用してルートを変えたり」●女性49歳「遠方の友人夫婦とペット連れで旅行をすることができた」●女性37歳「時間の制約なくいろいろ立ち寄れた」

マイカーによる旅行も次第に定着してきた。長期旅行は必ずしも多くはないが、若者を中心に夏場に行われるケースが多い。この分野の王道はオートキャンプ。生涯レジャーとしてのオートキャンプの普及に努めている会員制の㈳日本オート・キャンプ協会（ＪＡＣ）は、インターネットで予約できるキャンプ場ガイドや会員特典キャンプ場、イベント情報などを紹介し、年に1度、「オートキャンプガイド」を出版している。近年は、ファミリーや熟年・シニアによる長期にわたる「スロードライブ」も増えている。ドライブ旅行のメリットは何といっても交通費が節約できることと行程を自由に設定できることだ。特に4～5人の旅行の場合は大幅な交通費節減となる。またもうひとつのメリットは「ペットと同行」できること。近年ペットが泊まれる宿も増え、その傾向を加速させている。こうしたドライブ旅行には自宅からマイカーにより周遊し自宅に戻るケースと、航空機や鉄道で現地まで行きレンタカーを借り周遊するケースの2種類がある。北海道や九州などでは後者のパターンが多い。ドライブ旅行のブームの背景には8～9人乗りのワゴンタイプの自動車の増加、高速道路網の発達、カーナビの普及などもあげられる。

Point

- ▼マイカーによる長期旅行の定着が課題
- ▼高速道路網の整備・カーナビの普及
- ▼若者を中心に夏休みに行くケースが多い
- ▼熟年・シニアはスロードライブ
- ▼キャンピングカー保有者は少ない
- ▼カーキャンプ地の設備はまだまだ不十分
- ▼ペットと一緒に行動できる

9

お遍路旅
今だから脚光を浴びる昔ながらの祈りの旅

調査対象者の声●男性28歳「知人に誘われて」●女性60歳「宗教的なご参拝のため」●男性54歳「自分のルーツを訪ねる」●女性26歳「自分自身を見つめ直すため」●女性66歳「四国八十八ヶ所巡りのお遍路旅は憧れ」●男性22歳「自分の限界に挑戦するため」●女性49歳「遍路まわりの人たちと楽しい話ができた」

昔は世捨て人の旅として知られた四国八十八ヶ所巡り。今から約1200年前、弘法大師が42歳のときに人々に災難を除くために開いたのが四国霊場で、後に高弟が遍歴したのが霊場巡りの始まりといわれている。光に満ちた四国の大自然の中で、心身を磨きながら人間の持つ88の煩悩をひとつひとつ取り除き、自然の中に生かされている喜びにひたるとともに、自分自身を見つめ直すという修行の旅である。総行程は1400km、徒歩で巡ると約50日、自動車でも10～12日間の長期旅行となる。数回に分けることもあるので、すべてが長期旅行となるわけではないが、お遍路人口は年間約30万人。うち徒歩で巡る人は約3000人もおり、一定の規模が見込める市場だ。「四国八十八ヶ所巡り」は多くの旅行会社がさまざまなプランを商品化し、自分に合った旅行を選ぶことができる。また、「旅ネット四国」や「お遍路のススメ」といったサイトで知識を得たり、準備の仕方、巡り方プラン、交通手段、体験者の声などを知ることもできる。リタイア後に挑戦したいという人は多い。その他、巡礼型の長期旅行には「西国三十三札所の観音巡礼」や「坂東三十三観音巡り」などがあり、いずれも根強い人気を持っている。

Point

- ▼さまざまなプランで商品化される四国八十八ヶ所巡り
- ▼徒歩で約50日、車で10～12日間かかる
- ▼お遍路人口は約30万人。そのうち徒歩は3千人
- ▼歴史のある「長旅」
- ▼西国三十三札所の観音巡礼の旅
- ▼坂東三十三観音巡り
- ▼リタイアメントの旅

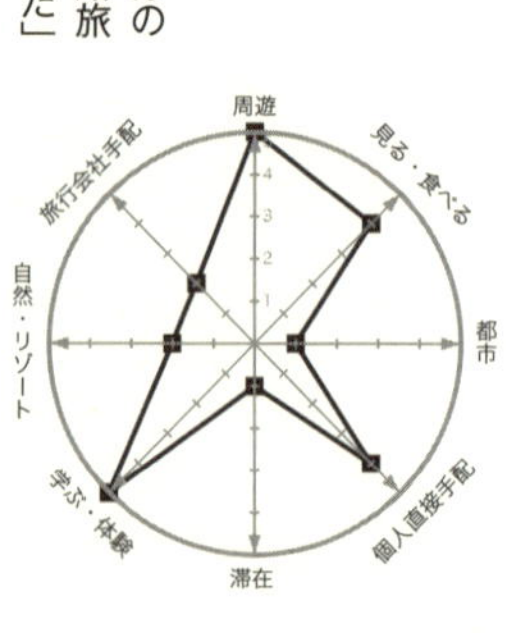

10

トレッキング・アウトドア
家族や仲間と。自然と触れ合う健康旅行

調査対象者の声●男性46歳「子供を自然に親しませるため」●女性21歳「目的は達成したからよかったが、自炊がやや面倒だった」●男性63歳「涼しい高原生活を満喫」●女性65歳「登山を達成できた」●男性39歳「のんびりと家族と楽しめた」●女性45歳「キャンプ場に連泊したので設営・撤収の時間がなく楽だった」

登山・トレッキング・ハイキング・キャンプ・川下りなどを目的とした旅行全般を指す。1週間を超えるものは多くはないが、夏休みなどによく行われる旅行だ。家族も多いが趣味の仲間たちとグループで行くのが特徴といえる。専門会社やサイトが多数ある。この分野の専門会社アルパインツアーは、「日本の山旅」と銘打ち、ほとんどは4~6日間だが「九州スペシャル7日間」のような「長旅」となる登山のツアーも企画している。自由行動中心の大型バスツアーのような大人数のぞろぞろ歩きではなく、1グループ12~20人と少人数。経験豊富なツアーリーダーや講師が複数同行し、登山本来の楽しさを追求し、安全性の配慮にも重点を置くというものだ。また、NPO法人の日本トレッキング協会がトレッキングの普及・啓蒙活動を行い、「環境教育トレッキング」や「親子トレッキング」などを開催している。同じくNPO法人の日本アウトドア協会は、全国各地の陸、海、空にまたがるさまざまなアウトドアスポーツ情報が検索できるサイトを運営している。かつて作家・深田久弥が選定した「日本百名山」へ挑戦する登山ファンの数は多く、数年かけての達成は喜びが大きい。自然と触れ合うエコツーリズムの要素もある。

Point

- ▼登山・トレッキング・ハイキング・キャンプ・川下りなど自然を満喫
- ▼根強い人気の「日本百名山」
- ▼自然と触れ合うエコツーリズム
- ▼健康・スポーツ・自然・環境が目的

11

バックパッカー
若者の定番。日本を歩く貧乏旅行

調査対象者の声●女性34歳「夜には満天の星空の下、そこで知り合った人たちとおいしいご飯やお酒を飲みながらいろんな話ができた」●男性21歳「人の温かさに触れた」●女性40歳「飛行機ではなく、電車・バスを使った学生の時にしていたような旅を、もう一度してみたい」●男性39歳「だいたい毎年行っている」

リュックサックに荷物を詰め、自分の興味のあること、好きなことを旅行のテーマにおき、お金をかけずに日本一周や北海道などを思いのままに周遊するいわゆる「貧乏旅行」。昔はその姿から〝カニ族〟ともいわれた。サイクリング旅行やオートバイによるツーリングもこの一種といえる。夏休みに学生が挑戦する旅行スタイルが典型的だが、最近のバックパッカーは大きく様変わりし、いちがいに「貧乏旅行」とは呼べなくなっている。

インターネットの普及で専門サイトが増え、ホテルや旅館の予約がお手軽になり、そのせいか、バックパッカーが駅舎などで寝泊りする姿はまず見られない。公共の「簡保の宿」や北海道に点在する「ライダー・ハウス」、全国に存在する「ユース・ホステル」などリーズナブルな宿のほか、都会最強の安宿といわれる「マンガ喫茶」も利用している。交通手段は、JRには「青春18きっぷ」などの割引切符などがあり、格安の高速バスも増えている。空の便では、格安航空会社が出現している。携帯電話を片手にさらにはパソコンをリュックに入れての新しい形のバックパックスタイルができている。国内のバックパッカーにとっては、「長旅」がしやすい時代になっていることは確かなようだ。

Point

- ▼昔はリュックサック姿から「カニ族」とも呼ばれた
- ▼日本一周や、北海道・九州を周遊
- ▼現在はいちがいに「貧乏旅行」とは呼べない
- ▼夏休みに学生が多く挑戦。1人旅が多い
- ▼携帯電話は必須。パソコンもリュックに

Column 4

欧米先進国は「長旅」先進国
――バカンスはやっぱりドイツが一番長い

旅の販促研究所　鈴木敏仁

「エコノミック・アニマル」……。こんな風に日本人の働き振りが揶揄されたのはどのくらい前のことだったろうか？　誰もが休みもろくに取らずに働き、それが日本の経済力の礎となって貿易競争を勝ち進み、各国の経済を脅かしていく。根底に日本人の勤勉さがあることは疑う余地もないが、それが当たり前と思わせる当時の社会環境にも問題はあったと思われる。必死で働く姿勢が悪いこととは思わないが、確かに心の豊かさ、精神衛生の面からは問題点も多い。近年ようやく「以前に比べ連続休暇が取りやすくなった」と聞くようになってきたのだが……。

休暇取得はまだまだ発展途上国

それでも、旅行日数を比較する限り海外先進国との格差は歴然と現れている。世界的に言えば日本はまだまだ休暇取得での発展途上国といっても過言ではないだろう。旅行のための休暇申請を提出するとき、与えられた権利の行使であるはずなのに、何故か後ろめたい気持ちを抱いた経験のある方も多いのではないだろうか。また、外国人スタッフと共に仕事をした経験のある方には思い当たる節があるだろう。日本または日本人の心をよく理解してしまった知日派はいざ知らず、まだまだForeignerの域を出ない人は、いくら仕事の山が残っていたとしても、定時になればサッサと切り上げて帰宅する。休暇取得に対する考え方、休暇取得環境、さらには休暇制度そのものの違いが、日本人と外国人との間に、旅行意識に関するこうも大きなギャップを生み出してしまったと言えるだろう。

例えば日本人による海外旅行の旅行日数は、1994年を除けば少なくともここ15年、「5～7日間」の占める割合が常に1位となっている。一方、2位の「8～14日間」（現在3位）は、1994年のピークを境に逓減傾向を続け、「安・近・短／アジアの時代」を色濃く映した3位の「1～4日間」（現在2位）の逓増に押され、ついに2005年、両者の順位は逆転した（「ＪＴＢ　ＲＥＰＯＲＴ」１９９２年版及び２００６年版）。

数字から見る欧米先進国のバカンス

一方、海外に目を向ければ、近年の1旅行当たりの宿泊数ベースで米・英・仏・独・日を比較すると、圧倒的にドイツが多くなる。１９９７年の11・４泊をピークに減少が認められるものの、２００４年は８・５泊で、英（６・８泊）、仏（５・４泊）、米（３・５泊）、日（２・３泊）を大きく引き離している（「リゾート白書２００６」リゾート事業協会より）。ドイツでは年間30日程度の有給休暇が一般的であるが、病欠制度が別途存在するため、この30日は全て休暇のために完全消化されることになる。その代表的な使い方は、10日間ずつ3回に分けて取るというもの。つまり1回当たり、２週連続の平日10日間を全て休暇とし、その前後の土・日をつなげると16連休が出来上がる。（「ＪＮＴＯ訪日旅行誘致ハンドブック２００５／２００６」、および担当者ヒアリングより）

もっとも、当然のことながら、行き先・方面によっても事情は大きく異なってくる。リゾート白書で５・４泊とされたフランスであるが、仏政府発行の「key facts on tourism 2006」においてフランス人の観光による平均滞在日数は、欧州では６・６日、アメリカ11・５日、アフリカ9・1日、アジア・太平洋13・７日と大きく異なっている。また、英国政府による「National Statistics 'Travel Trends 2004」によれば、英国人の海外旅行平均滞在日数は10日間、この内、欧州では８泊、北米14泊となっている。

いきなり休暇の先進諸国のように長いバカンスを一挙に取ろうとまでは言わないが、せめて堂々と休暇申請ができるような社会環境の整備を望みたいところだ。しかし、日本人の「長旅」志向も顕在化してきている。欧米先進国並みになるのも時間の問題かもしれない。

【日本人海外旅行者の旅行日数シェア】

「リゾート白書 2006（リゾート事業協会）」

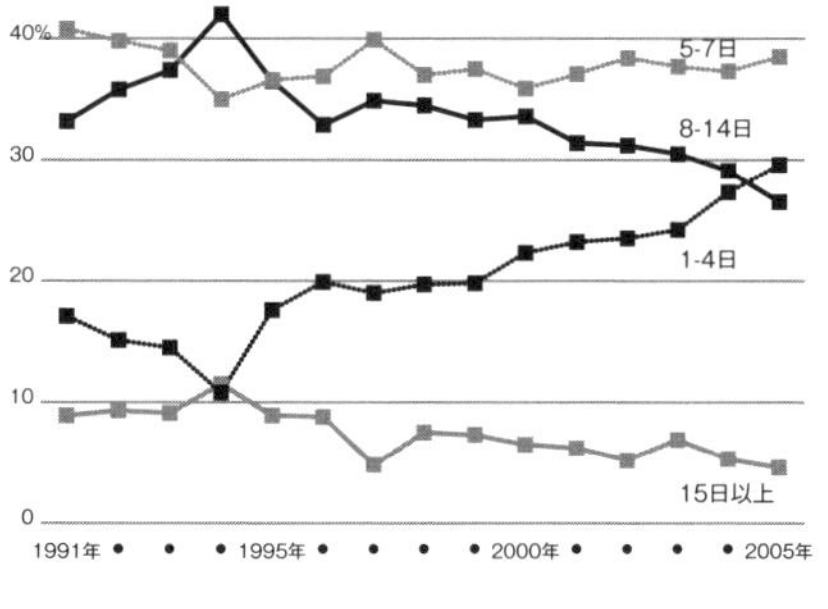

【各国の旅行１回当たりの宿泊数】

「リゾート白書 2006（リゾート事業協会）」

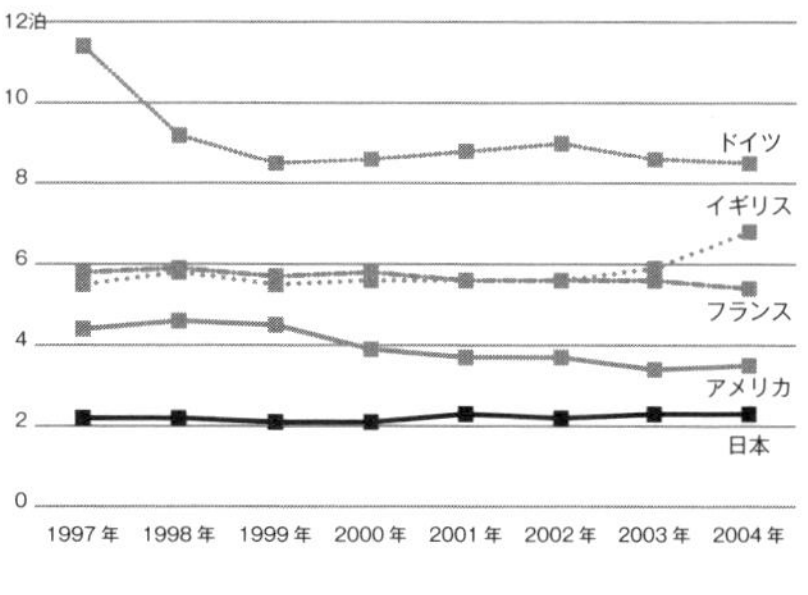

第六章

「国内長旅」の実態と意向

国内旅行にも「長旅」傾向が

前章ではさまざまな「国内長旅」を内容別に解説したが、この章では第四章に引き続き、「旅の販促研究所旅行企画パネル」による調査結果をもとに、「国内長旅」に関する実態と意向を解説していく。なお、「実態」と「意向」について意味するもの、また、調査期間、調査方法、有効回答数などはすべて第四章と同様である。調査対象者から寄せられたコメントも、可能なかぎり紹介していく。

【「長旅」に関する調査の調査設計について】

調査対象者：18～69才男女　「旅の販促研究所旅行企画パネル」利用　3年以内の海外旅行および宿泊を伴う国内旅行経験者
調査期間：2006年12月1日～12月11日
調査方法：インターネット調査
有効回収数：2,230サンプル

内訳	合計	男性	女性
合計	2,230	1,084	1,146
10～20代	365	149	216
30代	502	252	250
40代	463	239	224
50代	451	228	223
60代	449	216	233

1　「長旅」経験の実態と意向

——日本人の「国内長旅」、ここまでわかった

「国内長旅」は60代男性と30代女性

調査対象者の過去5年間の「国内長旅経験（1週間以上の旅行・滞在）」の「実態」をまとめたものが図表㉔である。これを「海外長旅」の図表①の数値（79ページ）と比較すると面白い。

まず、全体の数字は17・0％と出ているが、この数値は海外「長旅」の18・3％とさほど違いはない。つまり、日本人は、海外、国内ともほぼ同じように「長旅」を経験しているといえる。

図表㉔では、男性の10〜20代は21・5％で、女性の10〜20代よりやや数値が高くなっている。海外の「実態」では女性の数値が男性より高いが、国内では男性のほう

図表㉔【最近５年間の「国内長旅」経験】

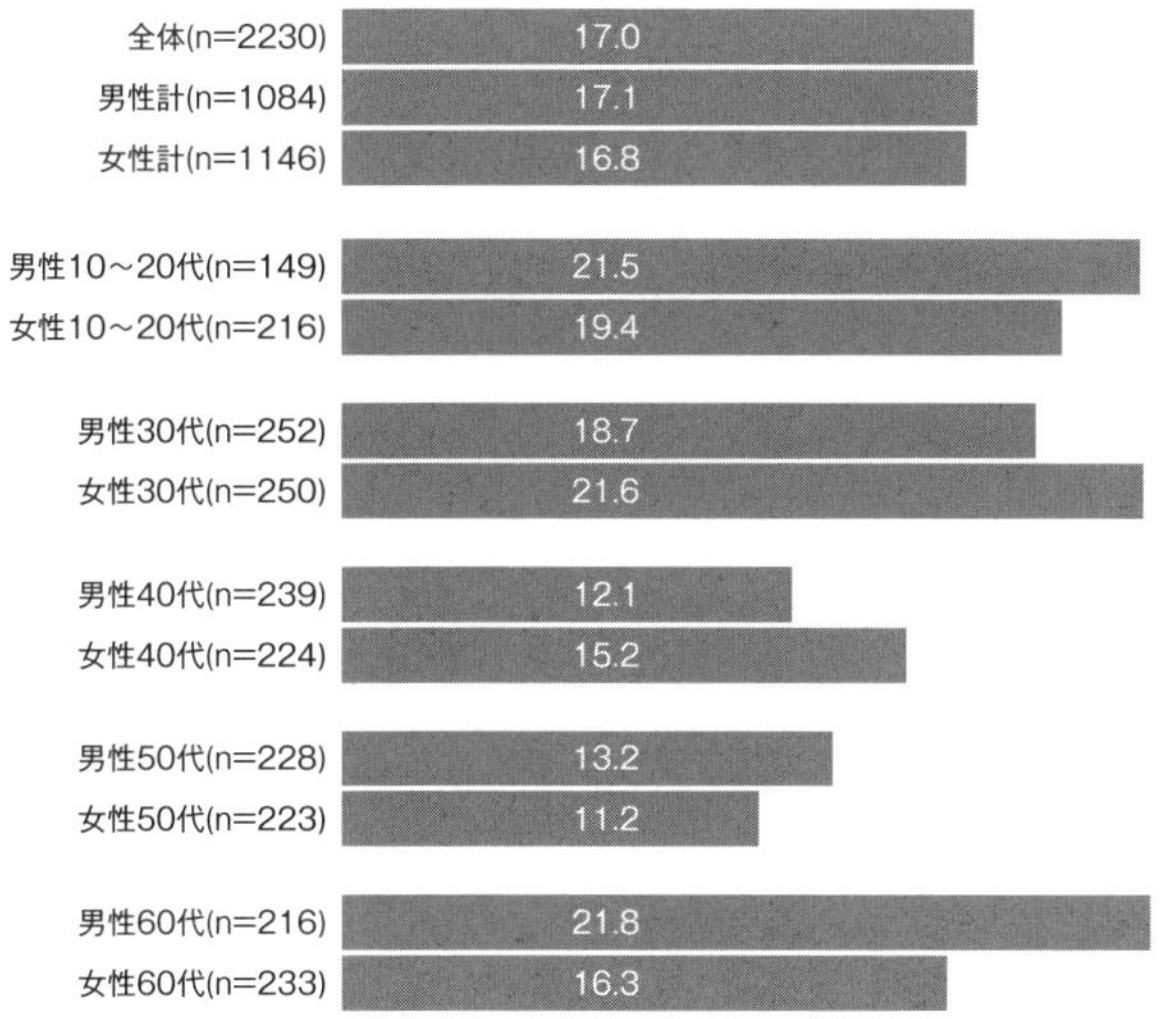

が高くなっている。若い男性の「長旅」は国内志向であり、若い女性は海外志向であるといえそうだ。この世代の女性は海外留学やホームステイなどが多く、そのため数値が押し上げられているとも考えられる。

時間も経済的余裕もある60代男性の「長旅」経験が高いのは、予想通りの結果だ。それに比して60代女性がやや低いがこれも女性の海外旅行志向の強さが原因だと考えられる。一方、40代、50代の女性の数値が低い。子供の世話、自分の仕事、あるいは親の介護などで家庭を空けられない……。これらは「海外長旅」とまったく同じ傾向だといえそうだ。

このグラフで興味深いのは、30代女性の数値が、海外「実態」のそれよりかなり高いことだ。実は、一般の海外旅行のボリュームゾーンは、この30代女性だ。これまでＯＬをはじめとする30代女性が日本の海外旅行市場を牽引してきたのである。だが、このグラフを見ると、現状では海外の12・８％に対し、21・６％と国内「長旅」経験のほうが断然多くなっている。数年前から30代女性の海外旅行が長期低落傾向にあるが、その受け皿として、単に国内旅行にシフトしたのではなく、「国内長旅」に移行している傾向があるということができる。

*

コメントをいくつか紹介する。

「何の心配もせず楽しめて、最高の時間だった」（32歳女性　国内ロングステイ）

「妻の実家が別荘を持っているので、会社の長期連休に合わせて行った」（38歳男性　国内ロングステイ）

「神社仏閣巡りがしたかった。そのためには長期の期間が必要だった」（63歳女性　長期周遊旅行）

「主人が完全に仕事からリタイアして時間ができた。荷物を持たずに楽に移動できるため体力的に楽」（69歳女性　長期周遊旅行）

「健康を兼ねてウォーキングをしているが、街道ウォーキングを計画。東海道を東京から京都まで歩いた」（58歳男性）

＊

全体に高い「国内長旅」志向、特に30代女性が注目

「国内長旅」の「意向」を表す図表㉕を見ると、「すでに具体的に予定を立てている」と「具体的予定はないがぜひ長期旅行・滞在をしたいと思っている」を合わせると4人に1人もおり、「機会があれば長期旅行・滞在をしたいと思う」を含めれば、76・3％と非常に高い数値になる。特

図表㉕【今後5年間の「国内長旅」意向】

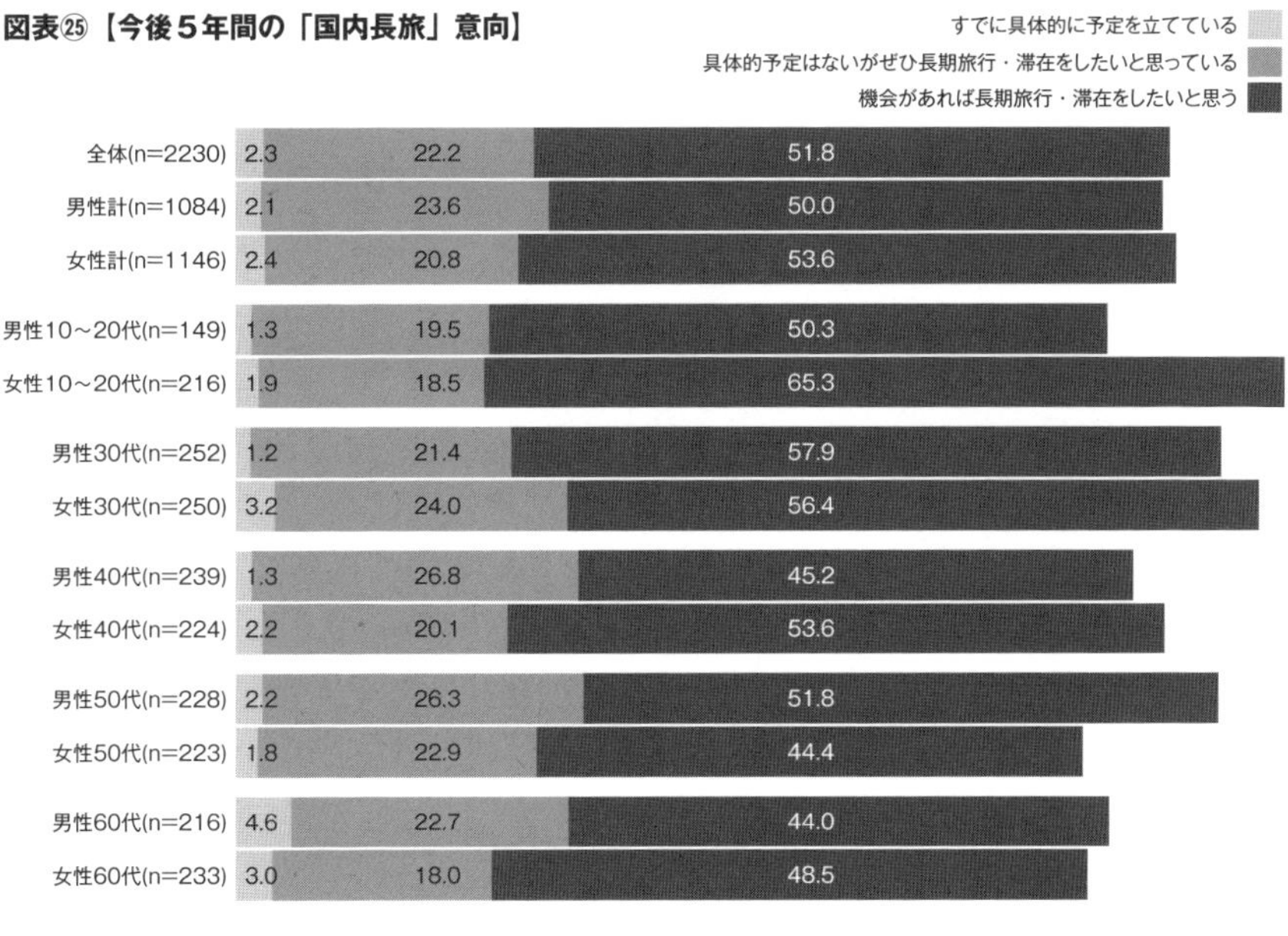

に、男性の40代、50代、女性の30代、50代の高さが目立ち、全体的に日本人の「国内長旅」の「意向」が高いことがわかる。男性の50代が高いのは、今後時間と経済的な余裕が生まれることやリタイアメント後を見据えて「意向」が強くなっているためと思われる。また、60代男女とも、他の年代に比べわずかだが「すでに具体的に予定を立てている」割合が4・6%、3・0%と高いのもうなずける結果といえる。

特徴的なのは、30代女性の「国内長旅」志向である。「すでに具体的に予定を立てている」と「具体的予定はないがぜひ長期旅行・滞在をしたいと思っている」を足した数値が、女性の他の年代のどれよりも高い。「海外長旅」の「意向」では、女性の50代、10〜20代、40代より低いにもかかわらず、である。これは何を意味するのだろうか。

過去5年間といえば、企業に勤める正社員が減り、契約・派遣社員が急増した期間と一致する。こういった労働環境が連続した休暇をとりにくくしていたのではないだろうか。また、ボーナスが無い、あるいは先行きが不透明であるなどの理由でまとまった金額を使いづらくなっているのだろう。さらに、結婚や出産など、この世代ならではの生活環境の変化が、海外旅行を遠ざけている可能性もある。かつて、30代の女性は、1にも2にも「ショッピング」を理由に海外旅行にでた。しかし、海外ブランド店の日本進出や、インターネット通販の普及、為替、経済格差の縮小など「ショッピング」メリットが無くなり、無理をしてでも海外旅行をする、という風潮はなくなってきたことも背景にある。しかし、30代女性の旅行志向、旅への憧れは依然強くこだわりもある。彼女たちは海外旅行の代用品として、単なる国内旅行ではなく、「国内長旅」に向かっているのではないだろうか。

そう考えると30代女性の北海道や沖縄などへの「長旅」意欲が旺盛なのも理解できる。30代女性が海外旅行に戻りつつあるというデータもあるが、やはり、現状では、彼女たちは海外旅行の代わりを「国内長旅」に求めていると見て間違いないようである。

＊

調査対象者のコメントから。

「奥入瀬の環境がとても良く、作画目的で再度行ってみたい」(56歳男性)
「自分の足で歩ける間に、自分の腕でハンドルを握れる間に…地元の人が誇りにする、そんな場所を訪ねてみたいと思います。必ずしも、メジャーな観光地ではなくて」(66歳男性)
「ディズニーリゾートを堪能するには、1週間程度は必要」(35歳男性)
「現在62歳でまだ働いていますが、仕事を辞めたら、たとえば北海道とか九州を学生時代にしたように、2週間くらいかけてゆっくり観光したいと思います」(62歳男性)
「沖縄が好きなのですが、離島を制覇したい。個々の島をじっくり味わいたい。食事も、観光も。レンタカーであちこち行きたい。温泉を堪能したい(秘湯とか)。いくつかの観光地を回りながら、ホテルや旅館を泊まり歩きたい。交通の便が悪くて短期の旅行では行けない場所を見たい。魚釣りもしたい。伝統工芸も体験したい」(33歳女性)
「北海道などの地方都市を家族で旅行したい。数年後に日本で(沖縄方面の離島)皆既日食

が見られるので、家族も含めて離島でぜひ体験したい」（34歳男性）
「海外旅行は魅力的だが、体力的にも家計的にも結構きつい部分もある。年齢的にも国内で温泉などに浸かりながらゆったりと日本の歴史に触れる旅をしたいと最近特に思う」（53歳男性）

2 旅行内容の実態と意向
――「長期周遊旅行」がトップ。意向は「湯治・温泉保養」「島旅・島暮らし」

結果的に「長旅」になるケースが多い

旅行内容の「実態」を表す図表㉖では「長期周遊旅行」の数値が他を圧倒している。パッケージツアーには1週間以上のコースは少ない。ほとんどがいわゆる個人で計画し手配する個人旅行の形態のものと思われる。数ヶ所の観光地を個人で訪れると1週間を超える結果、「長旅」となってしまうケースが多いのだろう。たとえば、パッケージツアーの「北海道一周」は4～6日が中心だが、同じ観光地を鉄道やバスを乗り継いで行う個人旅行では6～8日かかってしまう。

2位は「国内ロングステイ」で、この市場がしっかりと育ってきていることが興味深い。北海道、九州、沖縄、信州などへ赴いていると思われるが、この数値は、現在、国や地方公共団体などが力を入れている、地方の観光振興を反映したものかというとそうではない。団塊世代のリタイア組の動きが始まるのはこれからだからだ。現状は「別荘」や「貸し別荘」、夏の海の「民宿」、学生の「合宿」といった〝1ヶ所滞在〟が多く含まれている。

意外と多いのは「ドライブ旅行」。北海道、東北、九州などの遠隔地への周遊ドライブになれば1週間以上になることも多いのだろう。「ドライブ旅行」の最大のメリットは、3〜5人のファミリーにとって大きな交通費の節約になること、小さな子供や年配者を同行できること、さらに近年、大きな理由となるペットと一緒に旅行できることなどがある。北海道、九州、沖縄などの遠隔地ではレンタカーを利用した「ドライブ旅行」も多くなっている。

「湯治・温泉保養」が意外と体験者が少ない。温泉への旅行は圧倒的に多いが、1週間を超える滞在は実際には少なく、顕在化していない。

「お遍路旅」もわずかながら体験者がいた。その旅の性質から必然的に長くなる旅であろう。「農村体験・漁村体験」は1名だった。このような体験型の旅行スタイルにすでに体験者がいること自体、興味深い。

年代を超えて人気の「ドライブ旅行」

もうひとつの年代別に分けられた図表㉗（141ページ）を見ると、「長期周遊旅行」は、男性の50代、60代、および女性の30〜60代に多いことがわかる。また、「国内ロングステイ」は男性の30〜50代の数値が高い。60代が低いのは前述のように、団塊世代の大量リタイアがまだこれからであることを物語っている。ロングステイという感覚ではなく、たまたま1ヶ所に長期滞在するパター

図表㉖【最近5年間の「国内長旅」の内容】（n=677：「国内長旅」件数ベース）

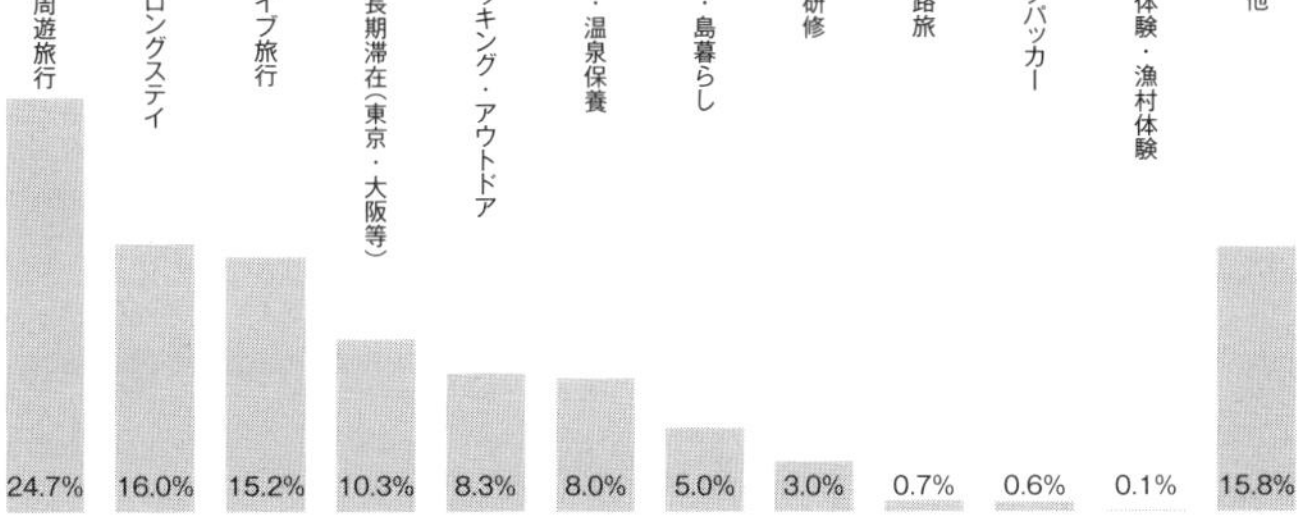

ンの旅をしている人が多いということだろう。

ここでも「ドライブ旅行」は各年代、まんべんなく数値を上げている。日本人のドライブ旅行好きがよくわかる。

＊

こんなコメントが寄せられている。

「友人の所有する海浜リゾートマンションを利用できる機会に恵まれたので、子供と孫の3世代でレジャーと静養に出かけた」（62歳男性　国内ロングステイ）

「子供たちのアウトドア体験等を企画する会社のボランティアとして申し込んだ」（23歳女性　トレッキング・アウトドア）

「よく行くのですが、1週間滞在したのは初めてです。腰痛を治す目的です」（65歳女性　湯治・温泉保養）

日本再発見〝ディスカバー・ジャパン〟が静かなブーム

続いて、旅行内容の「意向」の図表㉘と㉙（142ページ）を見てみよう。

図表㉘では、図表㉖と同じく「長期周遊旅行」がトップだが、「実態」でも他を圧倒していることを見ると、かつての「ディスカバー・ジャパン」、つまり〝日本再発見〟のための「国内長旅」

が静かなブームになっているのではないかと考えられる。海外ばかりではなく、自分が住んでいる日本をじっくり見たい、北海道や九州をゆったりと一周してみたい、日本の世界遺産を見てみたい、日本各地のグルメを味わいたい……。そうした思いが、女性を中心に起こっているのではないだろうか。「和」ブームがもたらした京都人気も、その一環ではないかと考えられる。

図表㉘で意外なのは、「実態」ではわずかであった「湯治・温泉保養」が35・9%と2位に入っていることだ。やはり日本人は温泉好きであり、現代人は温泉旅行に癒しを求めているのである。「ゆっくり温泉につかってのんびりした

図表㉗【「国内長旅」の内容／性×年代別】（「国内長旅」件数ベース）

	n	国内ロングステイ	都市長期滞在（東京・大阪等）	長期周遊旅行	湯治・温泉保養	農村体験・漁村体験	短期研修	島旅・島暮らし	ドライブ旅行	お遍路旅	トレッキング・アウトドア	バックパッカー	その他
全体	677	16.0	10.3	24.7	8.0	0.1	3.0	5.0	15.2	0.7	8.3	0.6	15.8
【性×年代別】													
男性計	352	17.6	10.2	22.7	9.7	0.3	4.5	4.3	15.3	1.1	10.5	0.9	12.2
10～20代	55	10.9	12.7	14.5	-	-	9.1	1.8	7.3	3.6	12.7	3.6	25.5
30代	80	27.5	6.3	20.0	6.3	1.3	1.3	8.8	13.8	-	12.5	1.3	15.0
40代	59	23.7	11.9	18.6	10.2	-	6.8	6.8	10.2	-	16.9	-	1.7
50代	52	32.7	3.8	32.7	3.8	-	3.8	3.8	19.2	-	3.8	-	1.9
60代	106	2.8	14.2	26.4	19.8	-	3.8	0.9	21.7	1.9	7.5	-	14.2
女性計	325	14.2	10.5	26.8	6.2	-	1.2	5.8	15.1	0.3	5.8	0.3	19.7
10～20代	63	17.5	4.8	22.2	3.2	-	4.8	6.3	12.7	1.6	11.1	-	25.4
30代	97	15.5	5.2	27.8	4.1	-	-	7.2	13.4	-	4.1	1.0	22.7
40代	51	19.6	5.9	29.4	3.9	-	-	5.9	17.6	-	5.9	-	17.6
50代	48	6.3	25.0	29.2	4.2	-	2.1	6.3	25.0	-	4.2	-	14.6
60代	66	10.6	16.7	25.8	15.2	-	-	3.0	10.6	-	4.5	-	15.2

図表㉘【行きたいと思う「国内長旅」の内容】（n=1701：「国内長旅」意向者ベース）

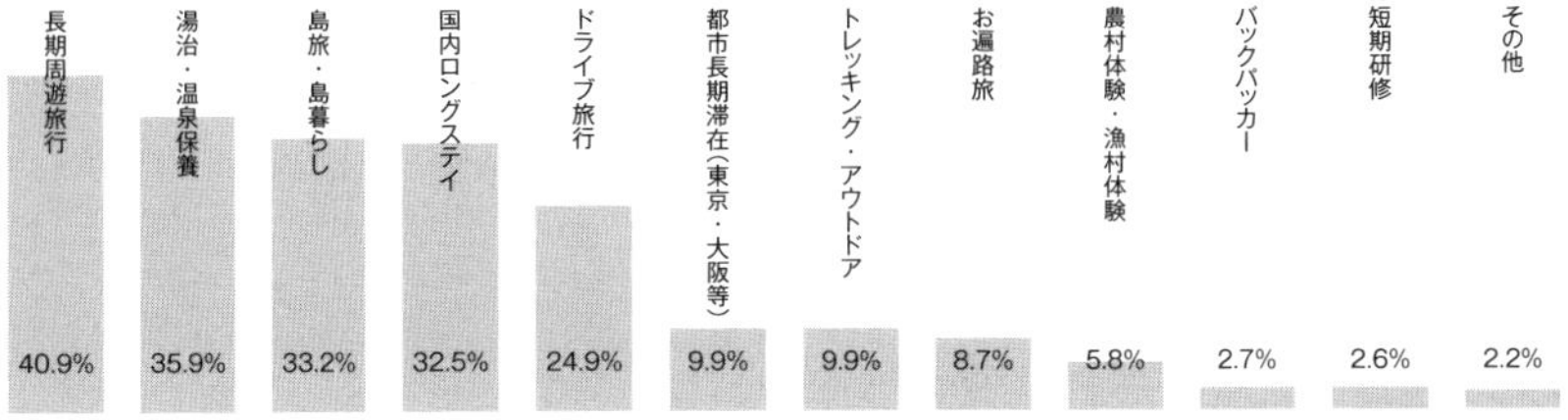

い」と願う日本人は多い。だが、温泉にゆっくり、は実際は2週間、3週間も続かない。病気療養など具体的な目的を持たない「湯治・温泉保養」は長続きせず、実際はさほど定着していない。

予想外ともいえるのは「島旅・島暮らし」。図表㉘では意外にも堂々3位と「国内ロングステイ」よりも上位である。離島への憧れは強い。今後ひとつの旅行スタイルとして定着する可能性は大きい。

また、「国内ロングステイ」も3割以上と多く、今後の新しい「長旅」スタイルとして広く認知されていくのは確実だろう。「ドライブ旅行」も上位にきており、人気には底堅さが感じられる。「実態」ではほとんど数字の出ていなかった「お遍路旅」、「農村体験・漁村体験」も8・7%、5・8%と一定の意向が出ている。

今後が楽しみな「国内ロングステイ」

図表㉙を見ると、「長期周遊旅行」は男女各世

図表㉙【行きたいと思う「国内長旅」の内容／性×年代別】（「国内長旅」意向者ベース）

	n	長期周遊旅行	湯治・温泉保養	島旅・島暮らし	国内ロングステイ	ドライブ旅行	都市長期滞在（東京・大阪等）	トレッキング・アウトドア	お遍路旅	農村体験・漁村体験	バックパッカー	短期研修	その他
全体	1701	40.9	35.9	33.2	32.5	24.9	9.9	9.9	8.7	5.8	2.7	2.6	2.2
【性×年代別】													
男性計	821	40.0	36.5	30.3	32.0	28.5	9.1	11.4	8.6	4.4	2.9	1.8	1.6
10～20代	106	37.7	29.2	25.5	29.2	34.9	17.9	13.2	5.7	9.4	11.3	6.6	0.9
30代	203	40.4	34.5	35.0	35.5	31.0	10.3	8.9	7.4	3.4	1.5	1.0	0.5
40代	175	37.7	36.0	36.0	41.1	25.1	8.0	8.6	3.4	5.1	0.6	1.1	1.7
50代	183	43.2	42.6	35.5	31.7	27.3	7.1	15.3	12.0	4.4	4.4	2.2	2.2
60代	154	39.6	37.7	14.9	19.5	26.0	5.2	12.3	14.3	1.3	-	-	2.6
女性計	880	41.8	35.3	35.8	32.8	21.5	10.7	8.4	8.8	7.0	2.5	3.4	2.7
10～20代	185	42.7	37.3	43.8	30.8	23.8	14.1	7.0	8.6	9.7	5.4	2.7	2.2
30代	209	40.2	29.2	41.6	45.5	19.6	12.4	9.1	4.3	8.6	2.4	3.3	1.9
40代	170	44.7	31.2	35.9	35.3	27.1	10.6	11.2	10.0	5.3	1.8	5.9	1.2
50代	154	40.9	40.9	29.9	31.2	23.4	11.0	9.1	13.6	5.8	2.6	3.9	3.9
60代	162	40.7	40.1	24.7	17.9	13.6	4.3	5.6	8.6	4.9	-	1.2	4.9
【国内旅行頻度別】													
ヘビー	370	41.4	35.1	36.2	34.6	28.9	8.6	14.1	10.8	4.9	3.8	1.6	2.2
ミドル	652	41.4	39.0	32.8	32.5	24.8	8.7	10.4	9.7	6.3	2.6	2.9	2.8
ライト	679	40.2	33.4	31.8	31.2	22.7	11.8	7.1	6.6	5.7	2.2	2.9	1.6

代まんべんなく高い意向を示している。やはり、多くの人は日本をゆっくり、じっくりと見てみたいと思っているようだ。

「国内ロングステイ」が男性40代、女性30代でトップ。これを見ると、団塊世代のリタイアメントプログラムとしてだけでなく、それよりも若い世代があこがれている新しい旅行スタイルといえる。そういう意味ではシニアの受け皿としてだけではなく、今後が楽しみな「長旅」といえよう。

「ドライブ旅行」は10～20代、30代男性の数値が高い。「湯治・温泉保養」も男女とも若い世代からの支持が思いのほかある。また、「島旅・島暮らし」は女性の10～20代、30代で非常に高く、各年代で男性より高い数値を示しているのが目につく。「都市長期滞在」は意外とすべての層で意向が弱い。


性別年代別で見ると、男性…40代は「国内ロングステイ」、「島旅・島暮らし」、「長期周遊旅行」などを、50代では「長期周遊旅行」とともに「湯治・温泉保養」、「トレッキング・アウトドア」などを望み、60代からは「お遍路旅」が増えるといった傾向になる。女性…10～20代は「島旅・島暮らし」が多く「長期周遊旅行」も、30代は「国内ロングステイ」を望み、40代からは、それらに「お遍路旅」が加わり、50代では「湯治・温泉保養」、「長期周遊旅行」がトップになり、「お遍路旅」志向もより強まってくる。さらに60代になると、「湯治・温泉保養」が思ったほど伸びず、「長期周遊旅行」や「島旅・島暮らし」が安定的にあるといった状況になる。

調査対象者のコメントから。

「豪華客船による日本一周旅行」（69歳女性）

「老後の移住先は海外を望んでいるが、沖縄、九州も考えているので、ロングステイをして検討したいと思っている」（51歳女性）

「都市に滞在して新しい情報刺激を受けたい」（52歳男性）

*

3 デスティネーションの実態と意向
——旅行内容ごとに魅力的な候補地がずらり

「北海道」「沖縄」「信州」が3大ブランド。意向には「京都」も

この項目は、「実態」と「意向」の比較をすると面白い。

国内のデスティネーションの「実態」は、北海道、沖縄、そして信州（長野）、この3地域にとどめを刺す（図表㉚）。日本の「国内長旅3大デスティネーション」として、他の追随を許さないブランド地だ。北海道、沖縄は都市圏からは遠隔地にあり、「長旅」になりやすい地域で、山や海などの自然に恵まれ、観光名所も多く、宿泊施設が整っていて、アトラクションも多い。

信州は避暑地としても有名で、別荘地帯でもある。登山、トレッキング、キャンプもでき冬はスキーのメッカだ。そして、なんといっても北海道とともに、いい温泉地が多い。「長旅」の要素がぎっしりと詰まっているデスティネーションだ。この3地域は、今後もずっと「長旅」のブランド地であり続けるだろう。

この3大地域に続くのが、「長期都市滞在」としての東京、世界的な観光地としての京都で、数値を集めていることがわかる。都市圏からの遠隔地である東北、九州の各県も他の地域に比べると数値を出しているのが興味深い。

一方、「意向」の図表㉛を見ると、北海道、沖縄の人気は変わらないが、「実態」では3位だった長野が鹿児島、京都、長崎、青森に抜かれている。京都の数値が高いのは、近年の京都ブームもさることながら、これも11・3%とそこそこの数値を集めている奈良なども含め、日本の古都をゆっくりじっくり見てみたいという根強い志向があるからだろう。前述の〝ディスカバー・ジャ

図表㉚
【「国内長旅」のデスティネーション】
（n=677：「国内長旅」件数ベース）

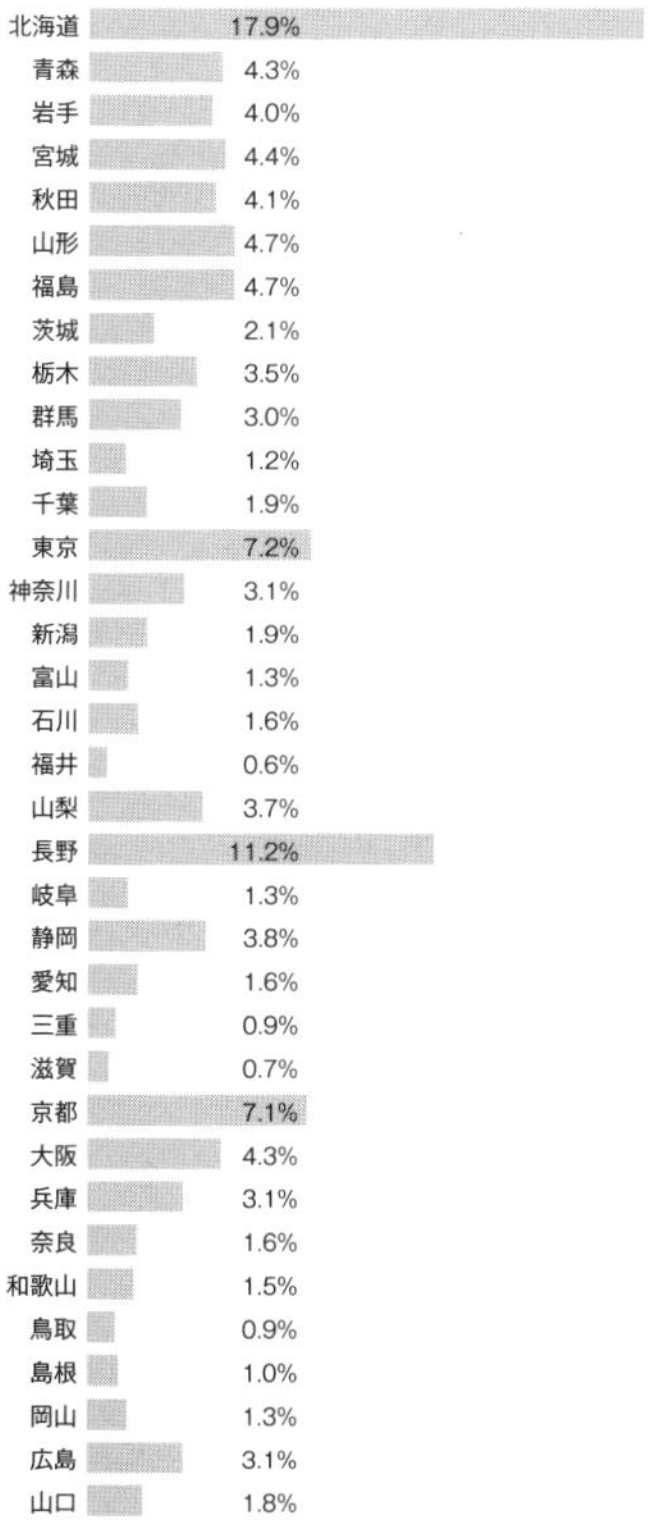

図表㉛
【「国内長旅」のデスティネーション意向】
（n=1701：「国内長旅」意向者ベース）

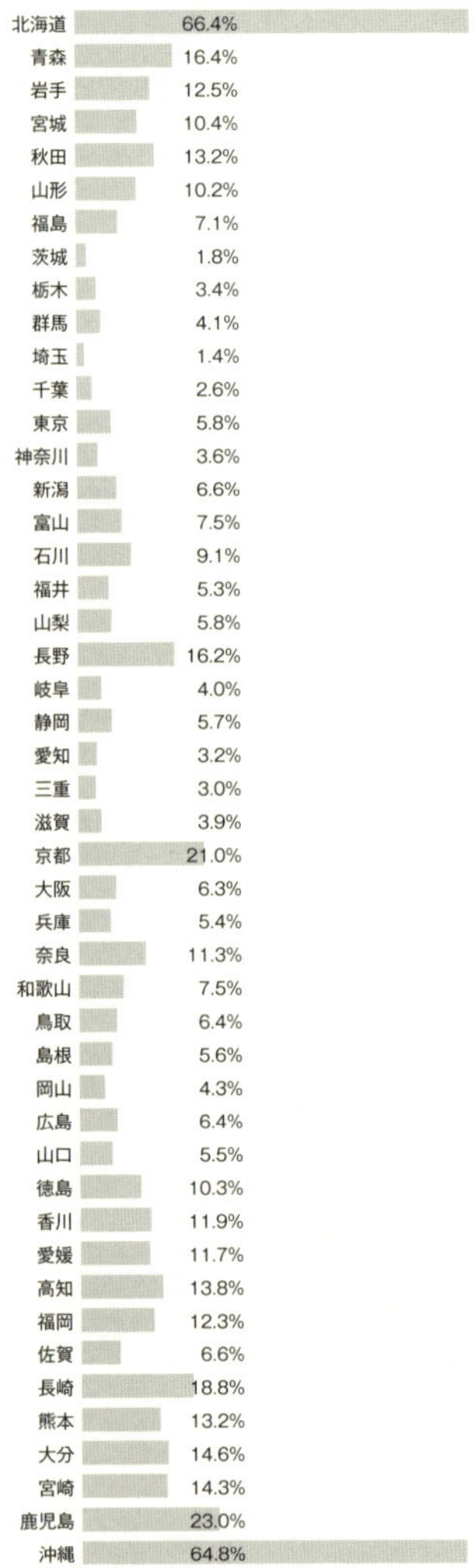

パン”の再ブームとも考えられる。鹿児島、長崎、青森はそれぞれ本州、九州のはずれにある最も遠い県として「長旅」の候補地となったのだろう。

その他では「都市長期滞在」の東京が、「実態」の図表㉚では比較的数値が高いが、「意向」の図表㉛では低くなっている。ところが、どちらも比較的高い数値を示しているのが東北各県だ。温泉や味覚のバラエティが豊富なことや、何よりのんびりとしたいという意向が反映されたものと思われる。また、九州各県の数値も比較的高い「意向」を示している。九州を旅行するなら北海道同様ゆっくり長期間かけて一周したいという意向からだろう。各地の有名温泉も魅力となっているようだ。

九州「長旅」の増加を予感

旅行内容別の図表㉜を見ると、「国内ロングステイ」は圧倒的に「北陸・中部」。これは信州が避暑地であり、リゾートホテル、別荘が多いこと。また、なんといっても温泉が多く、夏の合宿地、冬のスキー滞在があるからだろう。

「都市長期滞在」は「関東」＝東京、「近畿」＝大阪で、これは当然ともいえる結果だ。「長期周遊旅行」も「北海道」が断然強く「北陸・中部」、「東北」と続くのも納得できる。

「湯治・温泉保養」は「北陸・中部」＝信州。「短期研修」は比較的都市近郊に多いが、自動車免許の合宿が多いと思われる。「島旅・島暮らし」は圧倒的に「沖縄」で、周辺の島々も含む。「トレッキング・アウトドア」も、信州の山を目指す人が多いことがわかる。

「意向」の図表㉝を見ると、北海道、沖縄が各年代で圧倒的な強さを示す。ついで、九州も各年代から指示されている。「意向」の図表㉛から見ても、九州「長旅」の増加を予感させる確かな傾向だといえるだろう。温泉、グルメ、気候と九州人のホスピタリティが期待されているものと思われる。また、男性の50、60代、女性の60代で「北陸・中部」の意向が高いのは信州であり、「国内ロングステイ」「湯治・温泉保養」が多いことを表している。女性の各年代で「近畿」人気が高いのは、京都ブームを反映してのものと思われる。

*

図表㉜【「国内長旅」のデスティネーション／「長旅」内容別】（「国内長旅」件数ベース）

	n	北海道	東北	関東	北陸・中部	近畿	中国・四国	九州	沖縄
全体	677	17.9	10.9	17.6	21.4	11.7	8.4	10.0	13.7
国内ロングステイ	108	11.1	5.6	12.0	35.2	9.3	2.8	9.3	17.6
都市長期滞在（東京・大阪等）	70	17.1	2.9	45.7	5.7	24.3	2.9	4.3	4.3
長期周遊旅行	167	30.5	15.0	9.6	18.0	10.2	11.4	11.4	12.6
湯治・温泉保養	54	13.0	16.7	18.5	27.8	13.0	11.1	14.8	5.6
農村体験・漁村体験	1	-	-	-	-	-	100.0	-	-
短期研修	20	5.0	30.0	20.0	-	25.0	-	5.0	15.0
島旅・島暮らし	34	-	-	2.9	-	-	-	8.8	94.1
ドライブ旅行	103	24.3	20.4	11.7	19.4	11.7	15.5	22.3	4.9
お遍路旅	5	-	-	-	-	40.0	20.0	20.0	20.0
トレッキング・アウトドア	56	10.7	7.1	19.6	44.6	3.6	1.8	5.4	14.3
バックパッカー	4	25.0	50.0	25.0	75.0	25.0	25.0	-	25.0

調査対象者のコメントからも、北海道や沖縄の人気振りがうかがわれる。

「実家が北海道なので、親を誘ってレンタカーを借り、道内を転々と回った。写真を撮るのが好きなのと、景色や市町村の祭りが楽しいのが魅力だったので」（35歳女性　長期周遊旅行）

「新日本海フェリーに乗って北海道に入るのが念願でした。ようやく自由な時間が取れるようになって実現した」（66歳男性　ドライブ旅行）

「その前の10月から大阪に本校のある通信制の学校で学習を始めたので、そのスクーリングをこの4月と8月に東京で受けました」（32歳女性　都市長期滞在）

「沖縄の離島で自然に囲まれながら日常を忘れた生活をしたかったから。心の癒しを求めて」（34歳女性　島旅・島暮らし）

図表㉝【「国内長旅」のデスティネーション意向／性×年代別】（「国内長旅」意向者ベース）

	n	北海道	東北	関東	北陸・中部	近畿	中国・四国	九州	沖縄
全体	1701	66.4	25.2	13.3	29.5	27.4	24.6	40.2	64.8
【性×年代別】									
男性計	821	67.1	25.6	11.4	32.0	23.1	24.8	37.8	65.9
10～20代	106	63.2	21.7	16.0	26.4	29.2	25.5	38.7	71.7
30代	203	72.4	22.2	10.3	29.6	18.2	24.1	36.0	70.0
40代	175	70.9	18.3	10.3	27.4	21.7	18.9	33.1	80.0
50代	183	68.9	31.1	13.1	39.3	27.3	26.8	44.3	64.5
60代	154	56.5	34.4	9.1	35.7	22.1	29.9	37.0	42.2
女性計	880	65.8	24.8	15.1	27.2	31.4	24.4	42.4	63.8
10～20代	185	65.9	24.3	16.2	21.6	37.3	28.1	44.3	72.4
30代	209	68.4	18.7	16.3	25.4	26.8	21.5	46.4	74.2
40代	170	69.4	20.6	13.5	25.3	30.0	24.7	41.8	71.8
50代	154	71.4	28.6	20.1	29.9	40.9	25.3	42.2	53.2
60代	162	53.1	34.0	9.3	35.2	22.8	22.8	35.8	42.0
【国内旅行頻度別】									
ヘビー	370	68.6	28.4	12.7	33.5	29.5	28.1	41.9	63.2
ミドル	652	65.5	27.5	12.1	30.8	26.7	25.2	42.9	66.0
ライト	679	66.1	21.2	14.9	26.1	27.0	22.2	36.5	64.5

「東北は自然がいっぱいで、世界の秘境に勝るものがあった」（29歳女性
長期周遊旅行）

4　旅行期間の実態
——ほとんどの国内旅行が2週間以内

長期になるのは「バックパッカー」「お遍路旅」「短期研修」

図表㉞からは、日本の「国内長旅」の大半が2週間以内という現実が読み取れる。

2週間以上の旅行が多いのは「バックパッカー」、「お遍路旅」、そして「短期研修」だけである。「湯治・温泉保養」が2週間以内になっているのは、前述のように、病気療養が目的ではなく、ゆったり温泉につかりに行く人が大半であり、ほどほどのんびりできればよいということだろうか。このグラフからでは読み取れないが、「国内長旅」は土日プラス平日を休暇とし、翌週の土日をプラスし連続して休む9日連続休暇パターンが多いのではないかと推測される。実質的な有給休暇は5日間となる。

＊

図表㉞【「国内長旅」の旅行期間／「長旅」内容別】

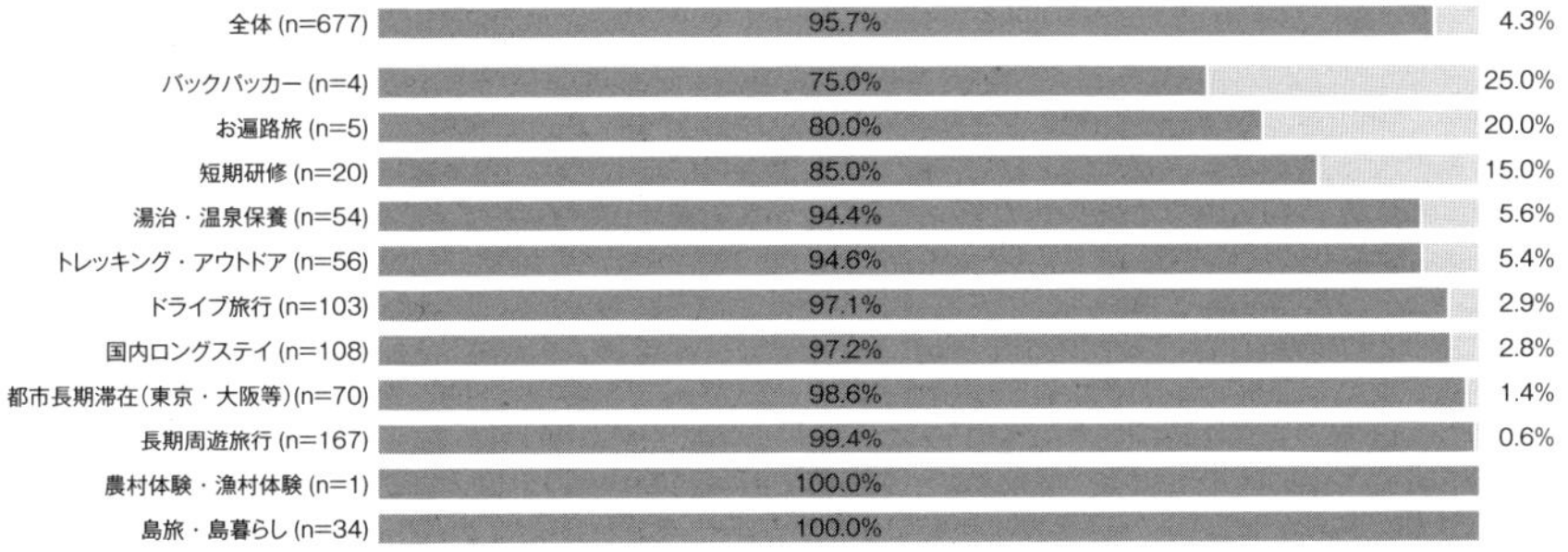

調査対象者のコメントから。

「国内でいまだ四国にだけ行っていないので、1週間から10日の予定で来年の連休明けに予定しております」（62歳男性）

5 旅行頻度の実態
——過去5年間で「1回」と「2回」が8割を超える

60代男性では5人に1人が「4回以上」

図表㉟をみると過去5年間で「1回」だけは半数を超え、「2回」を合わせると8割を超えている。全体としては決して頻度が高いとはいえない。

若い年代ほど、「1回」が多いことは理解しやすいが、「2回」になると男性の50代、女性の50代、60代の多さが目立つ。また、男性の60代では「4回以上」が21・3％もいることにやや驚かされる。

「国内長旅」のリピーター化が徐々に進んでいる結果、と言えそうだ。

＊

図表㉟【最近5年間の「国内長旅」頻度／性×年代別】（「国内長旅」経験者ベース）

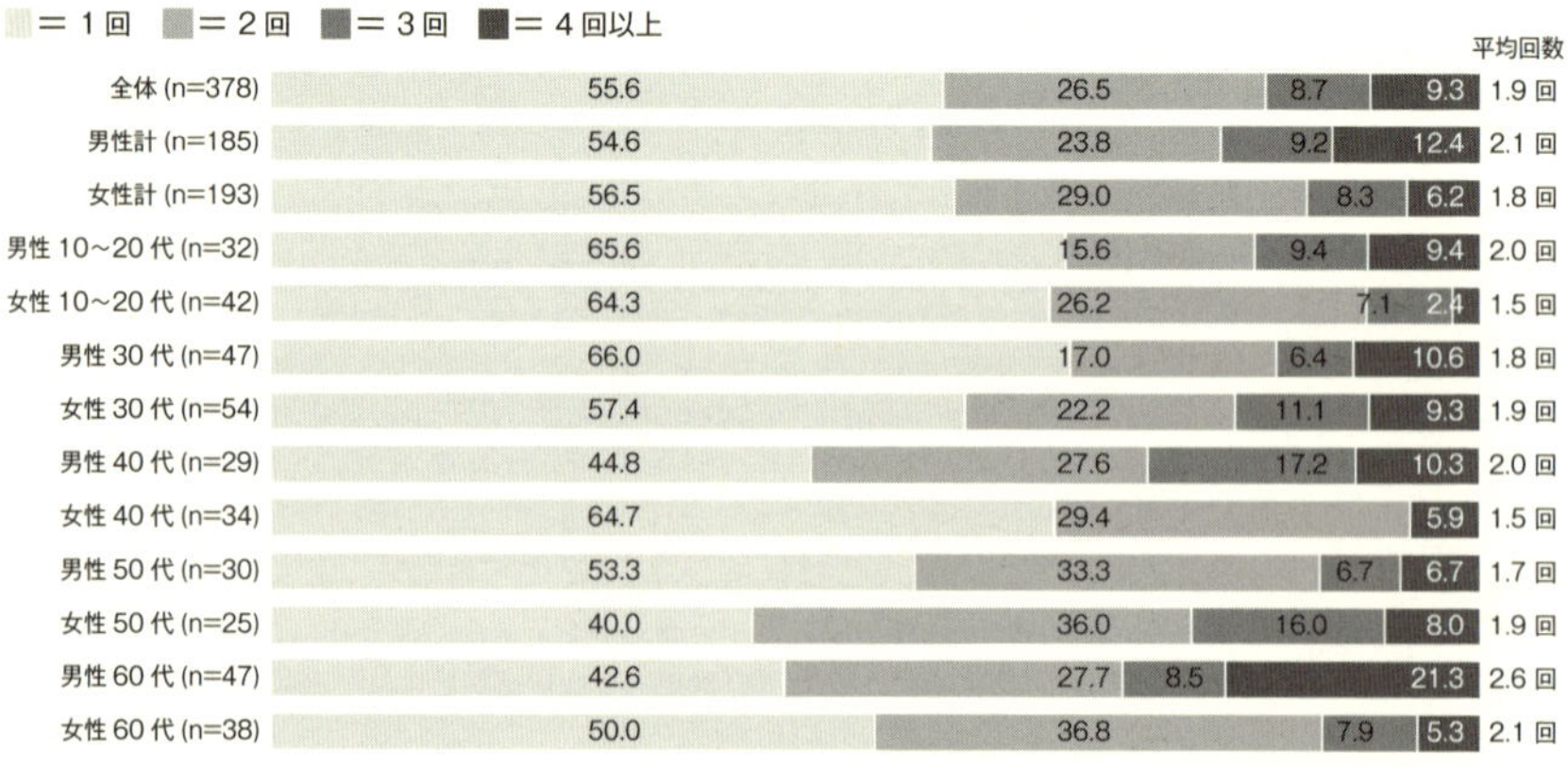

調査対象者のコメントから。

「毎年2回程度、マイカーで6〜8日の国内ロングドライブに出かけている」(69歳男性　ドライブ旅行)

6 宿泊施設の実態
——圧倒的な「ホテル・旅館」

「長旅」は「家族・友人知人宅」利用

まず、この図表㊱をみると、一目瞭然で「ホテル・旅館」が他を圧倒している。これは、日本の国内旅行の特徴で一般の国内旅行も同様の結果が出ている。

「国内長旅」に特徴的なのは、第2位が「家族・友人知人宅」であることだ。「都市長期滞在」や「国内ロングステイ」などが「家族・友人知人宅」を利用しているからである。気心の通じた者同士で楽しみながら長逗留する様子がわかる。

それに続くのが「民宿・ペンション」、「別荘・リゾートマンション」。最近は、国民宿舎やかんぽの宿といった「公共の宿」の人気がやや下降

図表㊱【「国内長旅」での宿泊施設利用状況】（n=677：「国内長旅」件数ベース）

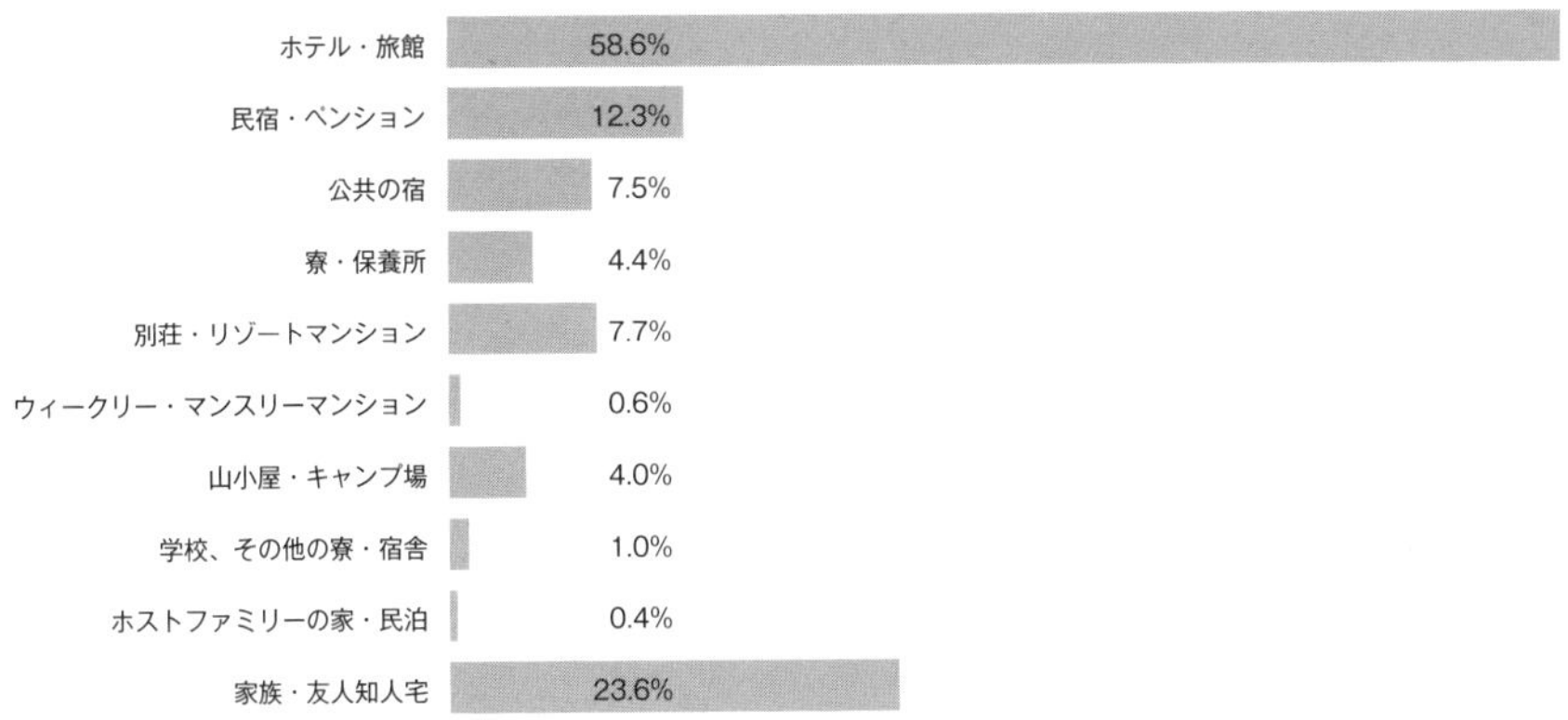

気味のようだ。

図表㊲「国内ロングステイ」は「別荘・リゾートマンション」の数値が高いが、まだ、昔ながらの別荘ライフがロングステイの主流になっていることがうかがえる。比較的、宿泊施設が分散しているのが「ドライブ旅行」。行き先により宿泊施設を自由に選択しているのだろう。その他、「トレッキング・アウトドア」、「湯治・温泉保養」、「島旅・島暮らし」、「短期研修」などは旅行の特性通りの結果が出ている。「お遍路旅」に「民宿」が多いことも納得できる。

＊

調査対象者のコメントから。

「子供の家を中心に各地を旅した」（66歳男性）

「漫画喫茶」（21歳男性　都市長期滞在）

図表㊲【「国内長旅」での宿泊施設利用状況／「長旅」内容別】（「国内長旅」件数ベース）

	n	ホテル・旅館	民宿・ペンション	公共の宿	寮・保養所	別荘・リゾートマンション	ウィークリー・マンスリーマンション	山小屋・キャンプ場	学校、その他の寮・宿舎	ホストファミリーの家・民泊	家族・友人知人宅	その他
全体	677	58.6	12.3	7.5	4.4	7.7	0.6	4.0	1.0	0.4	23.6	3.5
国内ロングステイ	108	38.0	6.5	0.9	3.7	19.4	0.9	0.9	-	0.9	29.6	4.6
都市長期滞在（東京・大阪等）	70	64.3	1.4	-	1.4	-	1.4	-	-	1.4	34.3	2.9
長期周遊旅行	167	86.8	14.4	15.0	4.8	2.4	0.6	3.0	0.6	-	10.8	1.2
湯治・温泉保養	54	61.1	16.7	14.8	13.0	20.4	-	-	-	-	11.1	-
農村体験・漁村体験	1	-	100.0	-	-	-	-	-	-	-	-	-
短期研修	20	60.0	5.0	5.0	25.0	-	-	-	10.0	-	5.0	-
島旅・島暮らし	34	82.4	17.6	-	-	2.9	5.9	-	-	-	2.9	-
ドライブ旅行	103	74.8	25.2	19.4	6.8	1.9	-	3.9	1.0	1.0	21.4	3.9
お遍路旅	5	100.0	60.0	20.0	-	-	-	-	-	-	-	-
トレッキング・アウトドア	56	48.2	23.2	1.8	1.8	10.7	-	30.4	-	-	7.1	-
バックパッカー	4	25.0	50.0	25.0	-	-	-	25.0	-	-	25.0	25.0

「ボンゴ・フレンディ（キャンピングモデル）の屋根を上げて」（42歳女性　国内ロングステイ）

「リゾート&スパになっているホテルに宿泊したため、観光以外に館内でも遊ぶことができた」（60歳男性　都市長期滞在）

7 同行者の実態

——「暮らし」を持ち込む「長旅」

「家族・親族」「夫婦」と続き、「1人旅」も根強い人気

海外「長旅」も同様だが、「同行者」に対する調査は、「長旅」の実態を知るうえで、非常に重要な項目になる。

図表㊳㊴から見えてくるキーワードは、「長旅」の同行者に関しては「一般の旅行に比べて暮らしを持ち込むもの」ということだ。「家族・親族」がトップに位置し、その次に「夫婦」がくることがその事実を物語っている。また、「長旅」の特徴である「なし／1人」が3位になっている。

「国内ロングステイ」の59・3%をはじめ、1人旅も多い「都市長期滞在」などでも「家族・親族」の多さが目立つ。「島旅・島暮らし」の58・8%という数値もかなり目を引く。「夫婦」がトップにくるのは「長期周遊旅行」、「湯治・温泉保養」、「ドライブ旅行」、「お

図表㊳【「国内長旅」の同行者】（n=677：「国内長旅」件数ベース）

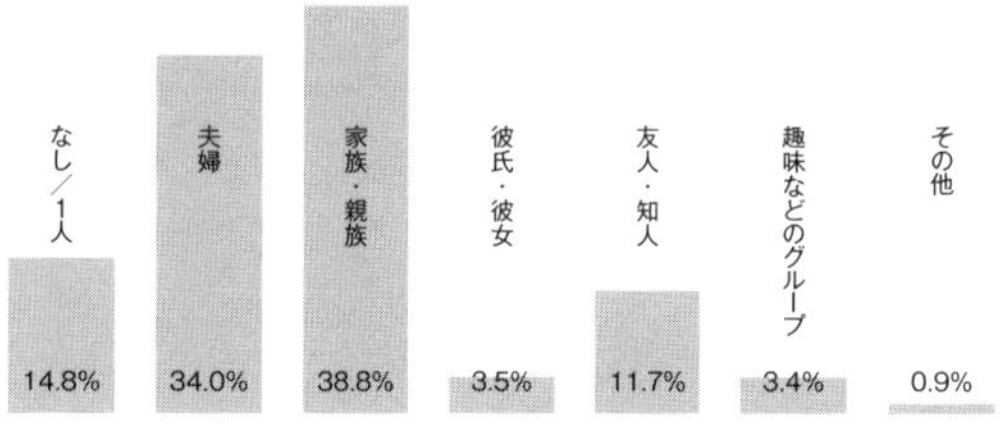

遍路旅」などだ。「トレッキング・アウトドア」は、やはり「趣味などのグループ」が多くなっている。

＊

調査対象者のコメントから。

「家族でゆったりとした時間を過ごしたかったから」（42歳女性　国内ロングステイ）

「夫婦で東北周遊をしたことがなかったから。また、親の介護が軽度のうちに旅行したいと思ったから」（57歳男性　長期周遊旅行）

「夫の年1回の1週間休暇」（35歳女性　ドライブ旅行）

「基本的に私の旅は1人です。いかにも〝観光〟的な旅では自分のペースが保てないし、相手を待たせたり急がせたりするのも嫌なので」（22歳女性）

「友人とスケジュールを合わせるとなかなか予定が合わないが、1人なら、仕事で休みが取れたら即実行できる身軽さがある」（33歳女性）

図表㊴【「国内長旅」の同行者／「長旅」内容別】（「国内長旅」件数ベース）

	n	なし／1人	夫婦	家族・親族	彼氏・彼女	友人・知人	趣味などのグループ	その他
全体	677	14.8	34.0	38.8	3.5	11.7	3.4	0.9
国内ロングステイ	108	13.9	35.2	59.3	1.9	7.4	0.9	-
都市長期滞在（東京・大阪等）	70	22.9	37.1	37.1	1.4	5.7	2.9	-
長期周遊旅行	167	6.6	46.7	34.7	1.8	16.2	0.6	1.2
湯治・温泉保養	54	11.1	53.7	29.6	5.6	5.6	-	-
農村体験・漁村体験	1	-	-	100.0	-	-	-	-
短期研修	20	70.0	-	5.0	-	15.0	-	10.0
島旅・島暮らし	34	2.9	29.4	58.8	2.9	8.8	-	-
ドライブ旅行	103	7.8	44.7	32.0	5.8	16.5	-	1.0
お遍路旅	5	20.0	60.0	-	-	20.0	-	-
トレッキング・アウトドア	56	8.9	30.4	35.7	7.1	8.9	14.3	-
バックパッカー	4	50.0	-	25.0	-	25.0	-	-

8　旅行手配状況の実態
——旅行会社にとっては、厳しい状況

旅行会社利用の多い「長期周遊旅行」「島旅・島暮らし」

「海外長旅」の「実態」（１０１ページ）と同様、旅行会社にとっては厳しい結果になっている。

図表㊵のように、「旅行会社が企画したパッケージツアー」と「ＪＲ券・航空券・宿泊施設等を旅行会社で手配」という旅行会社が関与するふたつを加えても24・7％。39・8％の「海外長旅」よりさらに低い数字。日本国内の「長旅」の手配は、圧倒的に個人手配が多い。海外以上に航空券やＪＲ券などの交通の手配、宿泊の予約などは個人で自由に行うことができ、インターネットの普及はその傾向をさらに進めた。

そんな中でも「旅行会社が企画したパッケージツアー」が多いのは、「長期周遊旅行」で、全体の3分の1を占めている。また、「島旅・島暮らし」は、38・2％とさらに比率が高く、驚かされる。沖縄や南西諸島などの島旅は個人では宿泊施設を取るのが難しいことや日数を自由に延ばせるフリータイプのパッケージツアーを

図表㊵【「国内長旅」の手配方法／「長旅」内容別】（「国内長旅」件数ベース）

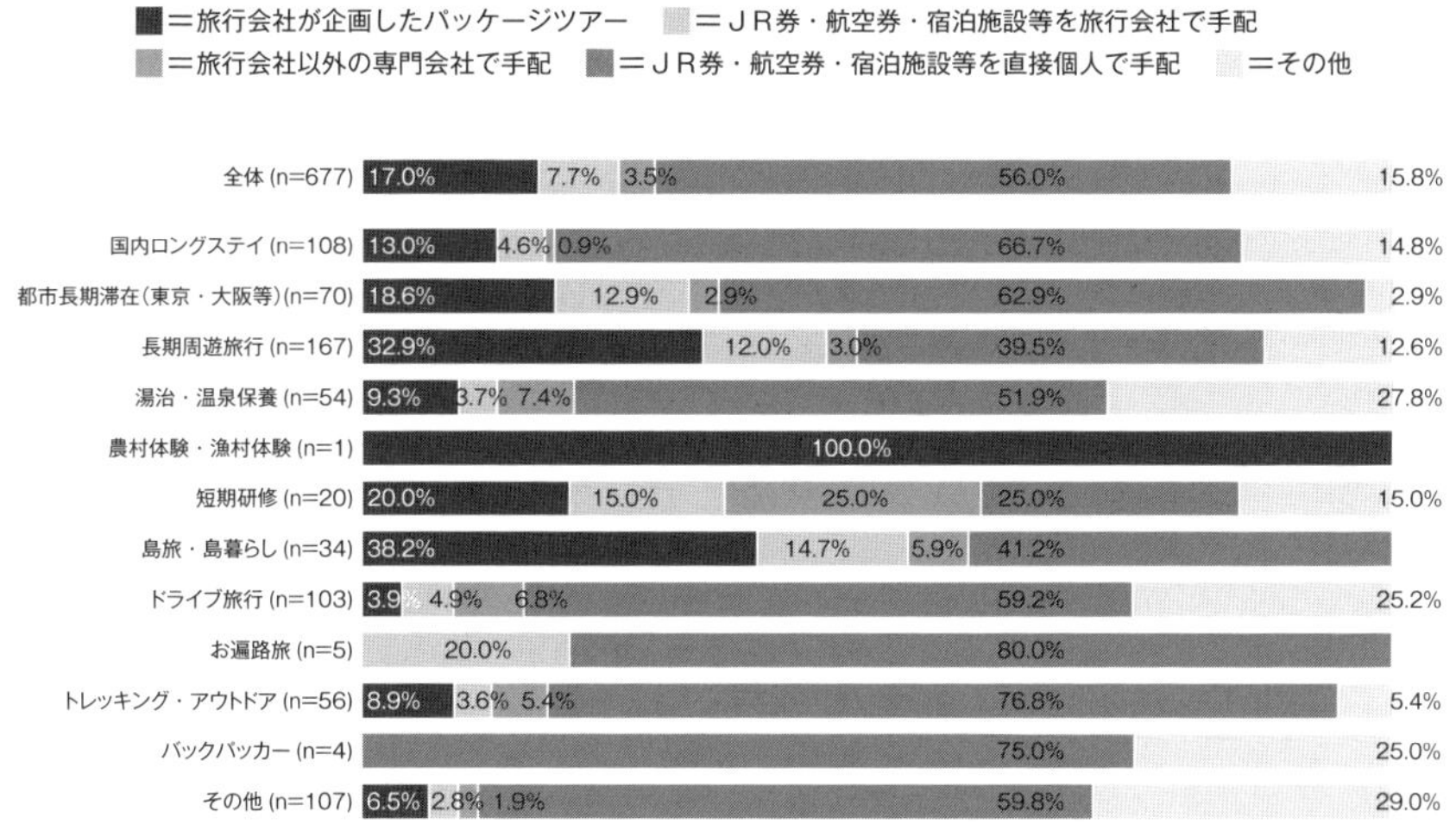

利用したほうが安上がりになる場合が多いからだろう。「都市長期滞在」が意外と旅行会社を利用しているのは興味深い。

「国内ロングステイ」はなんと3分の2が「JR券・航空券・宿泊施設等を直接個人で手配」。完全に「個人旅行型」のツアーになっている。前述のように、その内容はほとんど別荘などでの長期滞在であり、現状では国や地方公共団体が団塊世代を対象に推進している地方振興や体験型旅行などとはまったく別のもので、旅行会社の取り組みはこれからということだろう。

今後の市場拡大が見込める「ドライブ旅行」も、旅行会社関与は10％にも満たない。「湯治・温泉保養」、「短期研修」などについても同様で、旅行会社にとってはこれからの課題といえる。決して「長旅」だけの傾向ではないが、旅行会社離れは確実に進行している。それは、インターネットの普及により情報の検索、比較検討、気軽な予約・購入ができるようになったことが大きな要因といえる。しかし、「長旅」は特殊な情報やコンサルタント、手配のノウハウが必要なものも多い。パッケージツアーにはなりにくいものの、旅行会社の関与できる余地は大きいはずだ。

＊

調査対象者のコメントから。

「夫婦で国内を1週間以上旅したのは初めてだったし、ツアーではなかったので行きたい場所や宿泊先もほぼ希望通りの内容にできた。また、観光客が少ない季節だったのも良かった」

（33歳女性）

「マイカーの個人計画旅行。宿はインターネット予約」（62歳男性　長期周遊旅行）

「旅程は自分で考えた。旅行会社で北海道・阿寒のホテルを2〜3紹介してもらい、あとはインターネット予約で宿泊施設を探して北海道を一周した。レンタカーの手配も自分で」（63歳男性　長期周遊旅行）

「自家用車で行き、キャンプ場は自分で手配」（45歳女性　トレッキング・アウトドア）

「フェリーのみ手配を旅行会社に任せ、あとは現地で探した」（50歳女性　ドライブ旅行）

9 旅行費用の実態
——平均費用10・4万円、国内旅行平均の2・5倍

「短期研修」「お遍路旅」「都市長期滞在」がトップ3

国内旅行全般の平均費用は約4・1万円（2005年「旅行者動向2006」㈶日本交通公社より）だが、それに比べて「国内長旅」は高く、約10・4万円で、2・5倍だ（158ページ図表㊷）。旅行日数が1週間から2週間であることを考えると、ほぼ、1日1万円の費用といったことになる。

一番費用が高いのは「短期研修」だが、これには研修費用が入っているからだろう。2位の「お遍路旅」は、長期間であることと白装束や金剛杖、輪袈裟、数珠などに費

図表㊶【「国内長旅」の旅行費用】（n=677:「国内長旅」件数ベース）

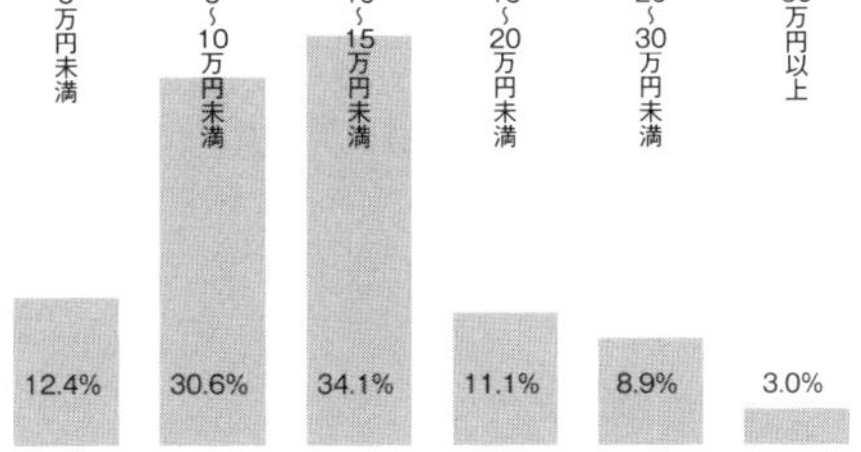

用がかかるためだ。「都市長期滞在」は、東京・大阪などで高額な宿泊費がかかるためだと思われる。

「国内ロングステイ」、「ドライブ旅行」、「湯治・温泉保養」は全体の平均とほぼ同じレベルになっている。

「トレッキング・アウトドア」は山小屋や民宿などが宿泊の中心なので費用がかからない。さすがに「バックパッカー」は約6万円と最下位。全体に納得できる調査結果といえるだろう。

しかし、国内旅行全体から見ると費用は高く、大きな経済波及効果が見込めるものと考えていい。

10 阻害要因
――「海外長旅」と同様、経済的な要因を挙げる人は少ない

女性に特徴的な理由がやや目立つ

図表㊸を見るかぎり、「国内長旅」の阻害要因は結構あるものだが、年代によって数値が変わってもくる（160ページ図表㊹）。なかでももっとも多いのは「仕事などで長期の休暇がとれない」であり、男性の30～50代、女性では40代までが中心になっている。

図表㊷【「国内長旅」の旅行費用（平均金額）／「長旅」内容別】（n=677：「国内長旅」件数ベース）単位：円

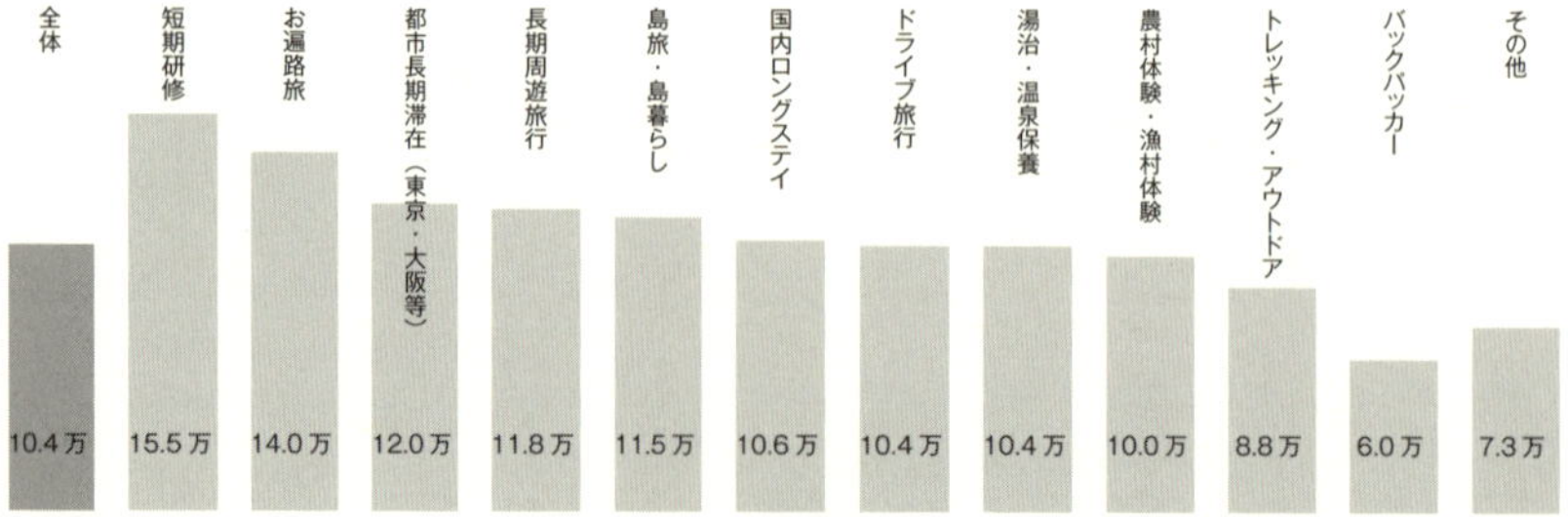

だが、これらも60代になると、阻害要因から急激になくなるのがわかるがこれはきわめて当然のことだろう。「家計的に長期の企画は難しい」が10～30代に多いのも同様だ。とはいえ、全体から見ると必ずしも高い数値とはいえない。

男女の30代、40代には「子供の世話や学校等の関係で」が多い。「世話や介護が必要な年配の家族がいる」は男性60代、女性は50代と60代に多い。女性のほうに高い数値が並ぶのは、「家族や友人等、同行したい人と重ねて休日がとれない」で、女性の特徴のひとつをなしている。また、40代、50代、60代女性で特徴的なのは、「家を長く空けるのが心配」と「ペットを飼っている」のふたつ。女性の60代には「体力・病気等が心配」が13・7%もいる。

「海外長旅」の阻害要因（107ページ図表㉒）にある「旅行先での食事が心配」はほとんどゼロ。「旅行以外にもやりたいことがある」という人も5・7%いる。

＊

調査対象者のコメントから。

図表㊸【「国内長旅」の阻害要因】（n=2230：全体ベース）

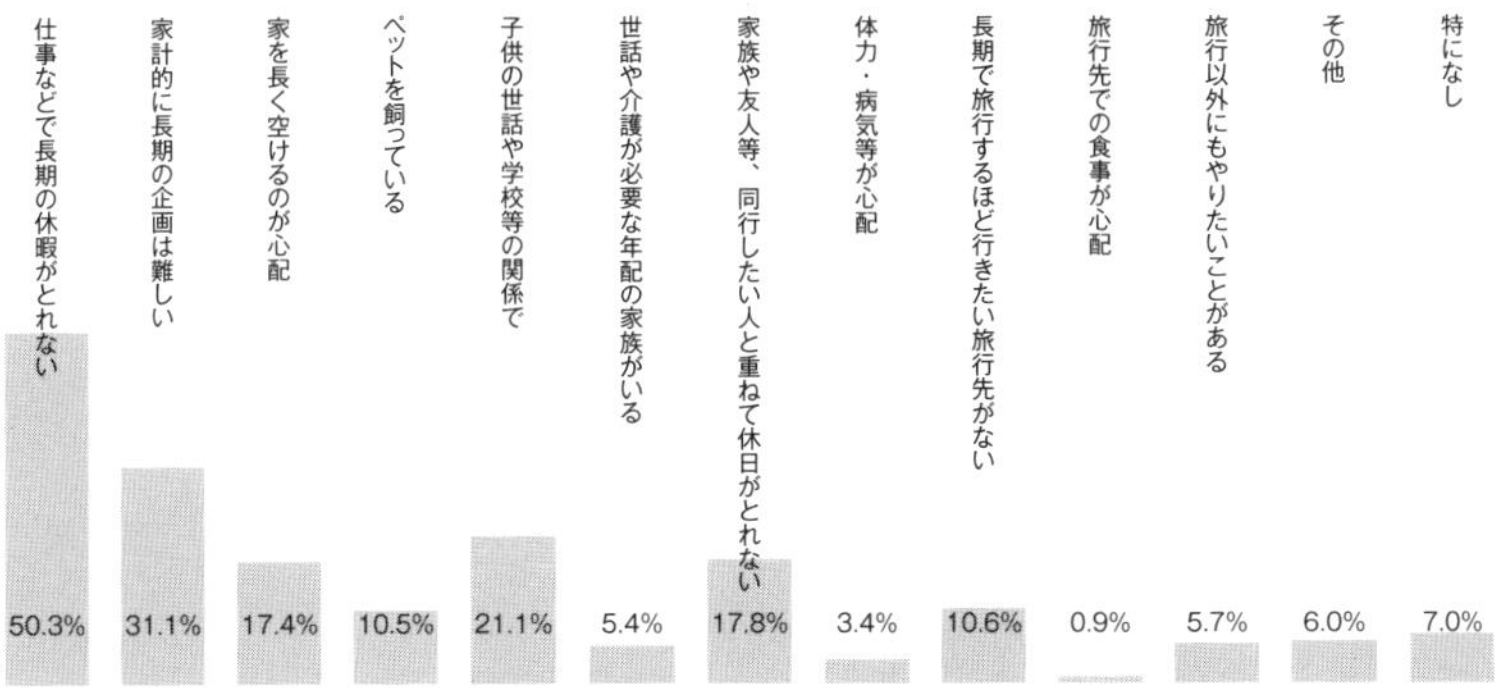

「日本をすべて回ってみたいので、今いろいろな計画を立てていますが、なかなか1週間の長期旅行は学校やバイトが休めないので難しい。でも、できれば実現したいと思っています」(22歳男性)

「年末、毎年4～5日の国内旅行は恒例になっているが、1週間はまだ主人が現役のため難しい」(60歳女性)

「本当は海外のリゾートに行きたかったのですが、子供の年齢で旅行代金がかからなかったので、国内のリゾートに行くことを決めました」(31歳女性)

「1週間の休みが取れるのなら、国内ではなく海外に行きたいと思ってしまう」(29歳女性)

図表㊹【「国内長旅」の阻害要因／性×年代別】（全体ベース）

	n	仕事などで長期の休暇がとれない	家計的に長期の企画は難しい	家を長く空けるのが心配	ペットを飼っている	子供の世話や学校等の関係で	世話や介護が必要な年配の家族がいる	家族や友人等、同行したい人と重ねて休日がとれない	体力・病気等が心配	長期で旅行するほど行きたい旅行先がない	旅行先での食事が心配	旅行以外にもやりたいことがある	その他	特になし
全体	2230	50.3	31.1	17.4	10.5	21.1	5.4	17.8	3.4	10.6	0.9	5.7	6.0	7.0
男性計	1084	65.5	30.7	11.2	7.6	16.2	4.5	10.8	2.4	9.8	0.9	6.3	5.4	7.4
10～20代	149	64.4	32.9	4.7	3.4	8.1	-	13.4	1.3	10.7	1.3	12.1	9.4	7.4
30代	252	83.3	47.2	7.5	6.0	25.8	1.2	9.1	0.4	7.1	0.4	3.6	3.6	2.8
40代	239	73.6	30.1	6.7	8.4	27.2	1.3	10.0	0.4	12.6	-	4.6	5.4	4.2
50代	228	75.4	25.9	14.9	10.5	14.0	8.3	12.3	1.3	6.1	0.9	3.9	3.1	7.0
60代	216	25.9	15.7	20.8	8.3	0.9	11.1	10.2	8.8	13.0	2.3	9.7	7.4	16.7
女性計	1146	36.0	31.4	23.4	13.4	25.7	6.3	24.5	4.4	11.3	0.9	5.1	6.5	6.5
10～20代	216	54.6	37.5	7.9	9.3	17.1	0.5	24.5	0.5	8.3	0.9	7.9	10.2	4.6
30代	250	40.4	47.6	18.8	10.0	53.2	0.8	27.6	1.6	6.0	0.4	3.6	4.4	3.2
40代	224	44.6	34.8	25.0	15.6	45.5	4.0	19.2	1.8	10.3	-	3.1	6.7	4.5
50代	223	31.8	22.4	30.0	18.8	9.0	13.9	31.4	4.0	16.6	-	4.9	5.4	8.1
60代	233	9.4	13.7	34.8	13.3	0.9	12.4	19.7	13.7	15.9	3.0	6.0	6.4	12.4

11 満足度の実態

――「海外長旅」にも負けない圧倒的な満足度の高さ

97%が満足。「国内ロングステイ」「トレッキング・アウトドア」「島旅・島暮らし」が突出

旅行、それ自体が非常に満足度の高いものであることはすでに述べた。

図表㊺（162ページ）は「満足した」と「まあ満足した」を合わせたもの。これを見ると、全体の97%が「国内長旅」に満足していることがわかる。

そのなかでも、「農村体験・漁村体験」「バックパッカー」「国内ロングステイ」「トレッキング・アウトドア」「島旅・島暮らし」は「満足した」という積極的な満足度が70%を超えている。

一方、「長期周遊旅行」、「都市長期滞在」、「ドライブ旅行」の積極的な満足度は50%台になっている。それぞれ思い通りにならないことや長期間の中での小さなトラブルなどがあったためだろう。「湯治・温泉保養」の積極的な満足度が30%台というのも、普段は「ゆっくり温泉につかってのんびりしたい」との意向を持っていても実際の長期の温泉宿泊は楽しみも少なく飽きやすいことを反映しているからだろう。あるいは、十分な治療結果が出なかったということもあるかもしれない。

満足度自体が低いのは、「短期研修」。やはり〝楽しみ〟より〝学び〟を目的とするものだからか。

以下に、感動のコメントをいくつか紹介する。

*

「スイス旅行で味わった大自然の中に抱きとられたような心地よさを、北海道ではほぼ体験できると感じた。日本語は通じるし、車の運転も問題なく、海外よりも安心感があり、今北海道に夢中！」(57歳女性　ドライブ旅行)

「満天の星空、キタキツネの出現、友人宅でもらった食べきれないほどの毛ガニ、広い大地、おおらかな人々など」(50歳女性　ドライブ旅行)

「きれいな海を見て、おいしいウチナー料理を食べ、時間に追われない生活を体験でき、心が癒された」(26歳以上　国内ロングステイ)

「沖縄の透き通った海など、自然の美しさと歴史的な城跡や戦争の傷跡などに感動したことと、新鮮な魚をはじめ、沖縄独特の食べ物に魅了された」(55歳男性　島旅・島暮らし)

「行った島がくつろげてよかった。人が少なくてよかった」(37歳男性　農村体験・漁村体験)

「自然がたくさんあり、海が透き通っていてきれいだったのと、夜

図表㊺【「国内長旅」の満足度／「長旅」内容別】（「国内長旅」件数ベース）■＝満足した　■＝まあ満足した

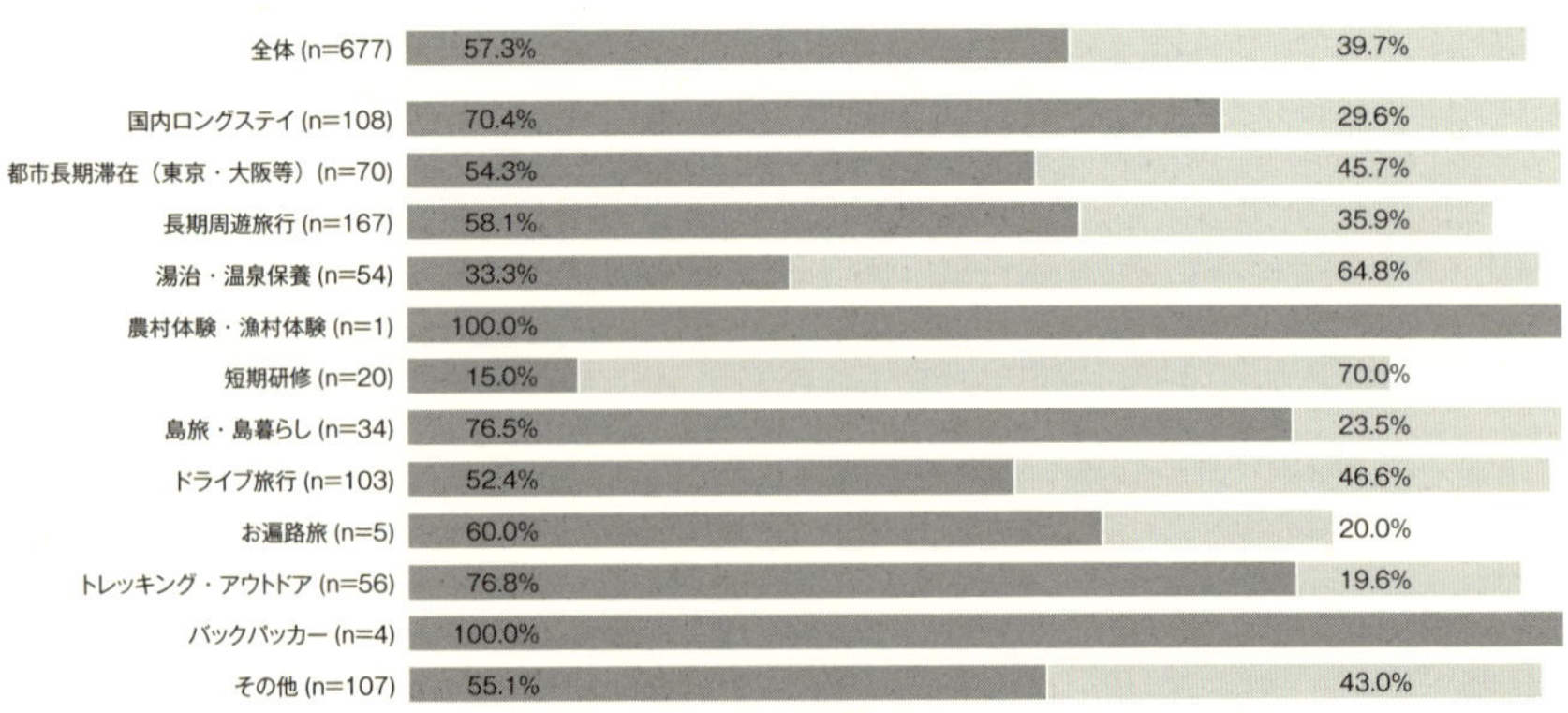

に満天の星空を見れたこと、宿で知り合った人たちとおいしいご飯やお酒を飲みながらいろんな話ができたから。夜空の下、旅行者が弾く三線の音色になんともいえない心地よさを感じられたから」(34歳女性　バックパッカー)

世界一周旅行と宇宙旅行
——もう夢じゃない、究極の「長旅」の実態

旅の販促研究所　吉口克利

「世界一周旅行」というと、フランスのジュール・ヴェルヌが1872年に発表した空想小説『八十日間世界一周』を思い浮かべる。イギリス人冒険家が執事を従え世界を80日で一周しようと試みる波瀾万丈の冒険物語で、大ベストセラーとなった。刊行当時、既にトーマス・クック社主催による世界一周ツアーが行われるようになっており、ヴェルヌはこれに刺激されて本作を書いたと言われている。

クックの世界一周旅行団は1872年に8人の団員を引率しリバプールを出発し、15000マイルを踏破、世界一周を果たしている。220日をかけた「長旅」だった。道中、日本のとくに瀬戸内海の美しさに感嘆したことは有名だ。

大人気〝動くホテル〟「世界一周クルーズ」

現在の世界一周旅行といえば、なんと言っても「世界一周クルーズ」だろう。予約開始は1年前からで、売り出し早々に満員となり、キャンセル待ち状態になるという。日本船では「飛鳥II」(郵船クルーズ)、「にっぽん丸」(商船三井客船)、「ぱしふぃっく びいなす」(日本クルーズ客船)などがあり、それぞれ約100日間の世界一周クルーズを毎年設定している。二大運河や世界遺産、大自然、高級リゾート地などをたっぷりと満喫する。船内では趣向を凝らした食事からアトラクション、イベント、カルチャーまで飽きさせない工夫がされている。まさに「動くホテル」での「スローな旅」だ。300～500万円台が一般的なクラスだが、スイートルームの1800万円もある。また、若年層でも参加が可能な「ピースボート地球一周の船旅109日間」(ジャパングレイス)なども人気がある。

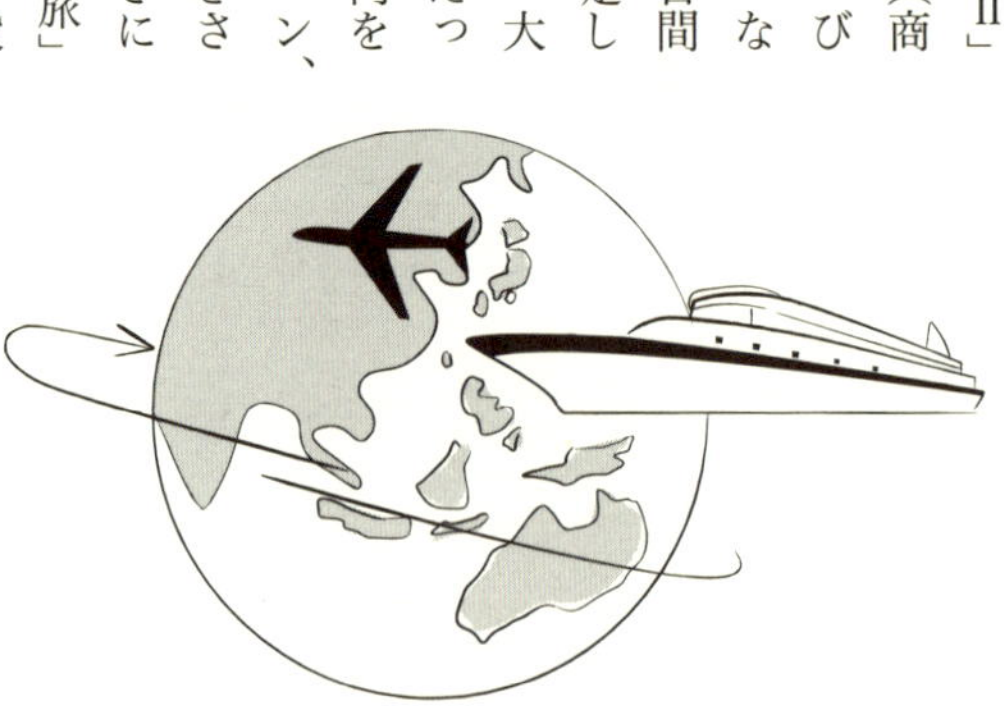

隠れた人気、格安「世界一周航空券」

一方、若者を中心に航空機での世界一周が静かなブームになっているという。近年は世界一周航空券、この〝夢のチケット〟が「わずか30万円台から手に入る」という。この航空券はＡＮＡが加盟する「スターアライアンス」、ＪＡＬが加盟する「ワンワールド」や「ラウンドザワールド」などの主要航空会社連合が、グループ内のどの航空会社の路線にも乗れるチケットとして発売。いずれも1年間有効で予約変更などの自由度も高い。急速に市場を拡大しつつあるという。

世界一周航空券専門旅行社も設立され、「世界一周」に関する書籍も数多く出版され始め、メディアも注目し始めている。世界一周もだんだん身近なものになってきている。

「宇宙旅行」も只今販売中！

「究極の長旅」は、地球を飛び出していく「宇宙旅行」だろうか。この夢のような旅行も今では旅行会社で販売している。旅行業界最大手のＪＴＢはいち早くさまざまな宇宙旅行を商品化している。「月旅行」（約１２０億円）、「本格宇宙旅行（軌道飛行）」（約24億円）、「宇宙体験飛行（弾道飛行）」（約１２００万円）がある。「月旅行」と「本格宇宙旅行」は訓練も含め6～8ヶ月の「長旅」になる。これらの旅行に多くの問い合せがあるという。しかし、実際に売れているのは「宇宙体験飛行」でこちらは訓練を含めて5日間で、宇宙滞在時間はおよそ5分間。しかし、この旅を経験すれば、紛れも無い「宇宙旅行」経験者になれる。実際の問い合わせは、意外にも男女の差はなく、年齢は50～60代と20～30代前半までの二極化の傾向にあるという（ＪＴＢ事業創造本部宇宙旅行推進室）。「宇宙旅行」も普通の「長旅」になる時代はもうそこまで来ている。

第七章

「長旅」出現の社会的背景

自然発生的に起こった「長旅」

キーワードは「団塊世代」と「情報のパーソナル化」

１９９０年代後半から目に見えて起こりつつあるもの、それは日本の旅行市場、とりわけ海外旅行の〝成熟化〟であり、若者からシニア層に至るまで、近年ではそれがいちだんと加速している。市場の成熟化を支えているものは、これまでに紹介してきたさまざまなグラフや表などでも明らかなように、海外旅行経験者、とくにリピーターの増加にほかならない。

「長旅」の出現はその〝成熟化した旅行市場〟で顕在化してきた。本章ではその最大の要因をふたつの視点として冒頭に挙げ、それをふまえて各論を解説していく。

①日本社会の〝高齢化〟特に団塊世代の大量リタイア。中高年は人生経験が豊富なため、それぞれが異なった経験をもとに価値判断を行う。それが消費行動の多様化をもたらしている。「団塊世代」がまさにそこに該当するため、進行しつつあった「長旅」傾向が社会の注目を集めるようになった。

②〝情報のパーソナル化〟。インターネットの普及がその傾向に拍車をかけている。結果、国内・

海外とも旅行手配で旅行会社関与の比率を低下させ、個人による手配を拡大させた。何らかの形でインターネットを使って手配した人は、実に4人に1人にものぼっている。こうしたＩＴ（情報技術）の進歩により、個人それぞれの興味や関心事にかかわる世界中の情報が簡単に入手できるようになり、それらが旅行のＦＩＴ化やＳＩＴ化を加速させ「長旅」が生まれる土壌をつくった。

旅行の〝長期化〟は、社会の移り変わりと密接な関係があるのは明らかである。「長旅」は、旅行会社や国・自治体などが意図的に作り出したものではない。むしろ、さまざまな旅行経験を積み上げてきた人たちにより、自然発生的にニーズが起こり、それが高まって生まれた新しい旅行スタイルなのである。

余暇の拡大

連続休暇が取りやすい環境に

物質的、現実的な豊かさをひたすら求め続けた高度経済成長時代。だが、株価暴落などを引き金にバブルが崩壊して以降、日本人は経済優先よりも「心の豊かさ」「自然との触れ合い」といった精神的な充足をより一層求めるようになってきた。

こうした中、１９９７年4月から始められた「週所定40時間労働」をはじめ、週休二日制の実施、年次休暇の取得促進などの企業努力が着実な成果を上げつつある。それにともない、日本人の労働時間は年々短縮されており、それとともに余暇時間は少しずつ増えてきている。

「長旅」を可能にする企業の連続休暇の実施については、厚生労働省による全国１３３０の事業場を対象とした「平成18年夏季における連続休暇の実施予定状況調査」に、休暇の長期化を裏付けるさまざまな数字が挙げられている。

それによると、まず、３日以上の連続した休日・休暇を実施（予定）している事業場は、全体の91・8％と圧倒的に高い数値を示している（資料⑯）。

資料⑯【夏季における連続休暇の実施率推移】

「2005年６月16日　厚生労働省労働基準局

『平成18年夏季における連続休暇の実施予定状況』」

	計	製造業	非製造業
1984年実績	68.3%	84.3%	47.7%
1985年実績	71.5%	89.8%	50.6%
1986年実績	75.6%	89.9%	59.3%
1987年実績	81.4%	91.5%	70.0%
1988年実績	81.4%	92.5%	69.5%
1989年実績	77.2%	91.0%	62.0%
1990年実績	75.9%	90.6%	59.9%
1991年実績	77.1%	92.0%	61.3%
1992年実績	81.0%	94.2%	67.3%
1993年実績	80.5%	94.0%	66.5%
1994年実績	80.0%	94.6%	64.5%
1995年実績	80.8%	93.0%	68.2%
1996年実績	82.9%	93.1%	72.0%
1997年実績	81.7%	93.2%	69.8%
1998年実績	80.9%	94.3%	67.5%
1999年実績	83.5%	93.3%	73.8%
2000年実績	83.3%	93.1%	73.1%
2001年実績	81.8%	92.6%	70.9%
2002年実績	78.6%	91.6%	65.9%
2003年実績	87.4%	95.0%	79.9%
2004年実績	90.3%	96.1%	84.8%
2005年実績	91.7%	95.8%	87.7%
2006年予定	91.8%	95.8%	88.0%

㈴連続休暇とは、３日以上連続した休暇をいう。

資料⑰【非正規雇用者比率の推移（男女年齢別）】

▢＝男性　■＝女性

「労働力調査」より

	総数	15～24歳	25～34	35～44	45～54	55～64	65歳以上
1990	8.0%	19.8%	3.1%	3.1%	3.7%	18.9%	31.0%
	36.4%	20.5%	27.6%	47.7%	42.4%	40.4%	36.1%
1995	8.0%	23.5%	2.9%	2.1%	2.5%	14.2%	31.8%
	37.2%	28.3%	26.2%	46.7%	44.1%	39.5%	36.0%
1996	8.5%	25.1%	4.0%	2.7%	2.6%	13.9%	31.5%
	37.8%	29.8%	26.7%	45.0%	45.7%	41.4%	36.5%
1997	9.5%	29.5%	4.9%	2.5%	2.9%	14.6%	36.8%
	39.8%	34.8%	27.6%	47.2%	45.8%	43.5%	42.4%
1998	9.4%	31.4%	4.8%	2.7%	2.8%	13.7%	34.5%
	40.9%	37.5%	29.1%	47.4%	46.7%	46.2%	40.3%
1999	10.0%	33.7%	6.1%	2.4%	2.6%	15.0%	36.8%
	43.3%	39.5%	31.4%	49.9%	50.0%	46.6%	43.9%
2000	10.6%	38.4%	5.5%	3.6%	3.6%	14.6%	36.2%
	44.5%	42.1%	31.3%	51.8%	49.2%	51.3%	43.3%
2001	11.4%	41.9%	7.1%	3.0%	4.2%	15.1%	38.4%
	46.1%	45.2%	34.5%	51.3%	50.6%	52.6%	44.1%
2002	13.4%	40.1%	8.6%	4.9%	6.4%	18.8%	39.9%
	45.9%	46.9%	34.2%	51.4%	50.0%	50.7%	42.4%
2003	13.8%	41.0%	9.8%	5.0%	6.6%	18.5%	40.9%
	49.0%	49.6%	37.3%	52.5%	54.8%	54.5%	45.7%
2004	14.4%	41.5%	10.6%	5.6%	6.8%	19.5%	42.7%
	50.3%	50.2%	40.9%	53.9%	53.6%	56.5%	48.5%
2005	16.1%	44.0%	12.8%	6.5%	8.2%	22.3%	41.4%
	49.3%	51.3%	38.1%	52.2%	53.9%	54.6%	50.8%
2006	16.7%	45.1%	13.6%	6.7%	7.3%	22.2%	45.4%
	50.6%	51.5%	41.6%	52.5%	54.7%	55.8%	48.2%

㈴非農林業雇用者対象。2001年以前は２月調査、それ以降１～３月平均。非正規雇用者にはパート・アルバイトの他、派遣社員、契約社員、嘱託などが含まれる。

㈴2005年６月７日更新、2006年６月14日更新、８月８日正規・非正規別有配偶率の図

その他にも、同調査では、「通算した」連続休暇日数の平均は7・9日、「連続した」連続休暇日数の平均は5・8日。また、「通算した」連続休暇日数で最長は22日、「連続した」連続休暇日数のもっとも長いものでは14日を予定している事業場が存在した。さらに、連続休暇の実施を予定している事業場のうち、「通算した」7日以上の連続休暇を予定している事業場は全体の65・9％もあり、10日以上の実施予定では全体の24・5％を占める。これらの数字から、日本の企業社会にも、連続休暇が取りやすい環境が整いつつある現状が見えてくる。

その一方、パート・アルバイト・派遣・契約・嘱託といった、非正規雇用者の割合が、各年齢、男女ともに年々上昇している（資料⑰）。

特に、男女とも15～24歳の若者の非正規雇用者比率の急激な高まりが目立つが、これは、経済的には余裕がないものの、仕事に縛られずに旅に出ることが可能な若者の増加を示している。

「消費」への意識変化と「女性の社会進出」が牽引

「消費」に対する日本人の意識の変化も、旅行の長期化の要因のひとつになっている。

成熟期を迎え、もはや大幅な成長は見込めないとされる日本経済。消費者は自分で本当に価値があると認めるものに対してのみお金を払うという傾向が強まっている。また、ストレス社会といわれる現代社会では、「癒し」や「リラックス」に価値を感じて消費行動に向かう人が増え、環境問題に強い意識を持つ人も増えた。旅行にも自分のこだわりや目的意識を強く持つ人が多くなっているのもうなずける。

女性の社会進出が目に見えて進んでいる昨今、経済力を持つ勤労女性は、趣味やスポーツを楽しむ時間や自分の能力向上や学習のための時間への潜在的な願望が非常に強い。しかも、彼女らは組織の中にいて上手に連続休暇をとる術を持っている。一般ＯＬの海外旅行離れも一方では進行しているが、このような「自分のライフスタイル」にこだわる女性の増加も、短期で忙しく移動するような旅より、自分の目的やテーマに沿い、ゆっくり楽しめる「長旅」の増加を促す要因のひとつとなっているといえそうだ。

経済的余裕

拡大する「団塊マーケット」

「団塊世代」が２００７年から漸次、定年を迎えることになる。

彼らの退職一時金は総額15兆円とされている。２００６年度における退職予備軍すなわち50〜59歳の就業人口は約１４５６万人、このうち、退職一時金の支払いを受ける常用雇用者は約１０６１万人と推測される。今後10年間に巨額の資金が彼らシニア層に移転するが、その結果、50〜59歳の退職金市場創造額は約１７０兆円に達し、１９４７〜１９４９年に生まれた団塊世代だけでも、約70兆円の退職金市場創出効果があると推測される（「エコノミスト」２００６年６月13日より）。余暇時間の急増だけではなく、退職金の行方を巡って他の業界と同様、旅行業界もさまざまな角度からアプローチを試みている。

すでに第一章でも一部を紹介したが、２００６年10月にハートフォード生命保険㈱と、シニアマーケットの専門機関である㈱シニアコミュニケーションが共同で実施した、「団塊世代を中心としたその前後の世代の『セカンドライフ』に関する調査」（男女６００人対象）の結果について触れてみよう。この調査によると、「退職して最初にやりたいこと」について、男性は「国内、海外旅行」が46・6％で1位、女性でも「海外でのロングステイ、海外長期旅行」が30・8％と1位になり、「習い事やスポーツを始める、海外へ留学する」も19・2％と2位になっている。このことから、男女ともに、「旅行」や「海外」といったキーワードに関心が高いことが見てとれる。

実際に、高度成長期を駆け抜けてきた、活動的で消費意欲の高い「アクティブシニア」と呼ばれる団塊世代は、すでに旅行経験が豊富な人が多い。ひと昔前の「シルバー」と呼ばれていた定年退職者とは明らかに違うのだ。

旅行会社もさまざまな対策を講じている。既存のパッケージツアーにシニア向けの1ランク上のコースを品揃えしたり、逆に初心者シニア向けに気軽に参加できる低額の通信販売によるパッケージ商品を発表している。ＪＴＢはクルーズや高額パッケージツアーをそろえる「ＪＴＢロイヤルロード銀座」を強化し、さらに２００５年には、団塊世代に向けたこだわりの海外パッケージツアーの専門旅行会社「ＪＴＢグランドツアー&サービス」を設立している。その他の各社も同様な取り組みを開始している。団塊世代マーケットは、その成長の勢いを確実に増しているのだ。

富裕層の出現が、旅行スタイルを大きく変えた

団塊世代の退職金の消費動向に注目が集まる一方で、バブル期にできた多額にして高金利の住

宅ローン返済や株やゴルフ会員権の暴落といった、バブル崩壊の後遺症を抱えている人が多数いるのもこの世代である。しかし一方、２００６年に発表された野村総合研究所の調査では、１億円以上の金融資産を持つ富裕層が増えていることも判明した。まさに「資産の二極化」という流れが起こっているのだ。

右の野村総研の調査では、純金融資産が１億円以上５億円未満の富裕層の資産額は、２００５年で１６７兆円（81・3万世帯）。５億円以上の超富裕層で46兆円（52万世帯）となっており、これらは、景気の回復で株価や投資信託の時価が押し上げられた結果と分析されている。

こうした、新たに出現した富裕層の存在が、１００万円を超える「世界一周クルーズ」のような超高額旅行の好調な売上を支えるようになっている。一例を挙げると、クルーズなどの高額旅行の専門店「ＪＴＢロイヤルロード銀座」では、２００８年４月に出発する１０１日間で世界一周する「にっぽん丸２００８年度世界一周クルーズ」の予約受け付けを開始したところ、１人あたり、最低でも２９８万円、最高額（スイート）では１１６０万円にもなる高額な商品がたちまち完

資料⑱【旅行費用】「㈱ツーリズム・マーケティング研究所 (JTM)『JTB REPORT』」

㈲ 2000 年までのデータは、㈶日本交通公社の調査による。

	n		旅行参加費	現地旅行費	買物費	その他	合計
1999	3934	金額	17.7 万円	5.9 万円	7.5 万円	1.5 万円	32.6 万円
		構成比%	54.3%	18.1%	23.1%	4.5%	
2000	3906	金額	16.9 万円	5.0 万円	7.5 万円	1.4 万円	30.9 万円
		構成比%	54.7%	16.3%	24.4%	4.6%	
2001	3632	金額	16.4 万円	4.9 万円	6.8 万円	1.5 万円	29.6 万円
		構成比%	55.4%	16.7%	23.0%	4.9%	
2002	4366	金額	16.5 万円	4.8 万円	6.4 万円	1.5 万円	29.3 万円
		構成比%	56.6%	16.5%	22.0%	5.0%	
2003	3909	金額	14.8 万円	4.9 万円	5.5 万円	1.8 万円	27.1 万円
		構成比%	54.8%	18.0%	20.4%	6.8%	
2004	4274	金額	15.7 万円	5.4 万円	5.8 万円	1.7 万円	28.5 万円
		構成比%	55.1%	18.8%	20.3%	5.8%	
2005	4739	金額	14.7 万円	4.6 万円	4.7 万円	1.3 万円	25.4 万円
		構成比%	58.0%	18.1%	18.6%	5.3%	

旅行参加費：出発前に支払った額　現地旅行費：宿泊費、交通費など　買物費：土産、ショッピング費

売した。しかも、同店で販売する100万円超の高額ツアーの申し込み件数は、前年比で20%近く増加しているという。

このように、団塊世代、シニア層、さらに富裕層といったお金と時間に余裕があり、なおかつ行動的で本格志向の人たちが増加していること。また、彼らが、価格より付加価値のある旅、世間ではあまり知られていない旅、流行の一歩先をいく旅など、斬新でレアな行き先や旅行内容に高級感を求めていること。それらにより、結果として「ロングステイ」や「クルーズ」、こだわりの「長期周遊旅行」といった「長旅」のスタイルが選択されているといえそうだ。

旅行費用の低価格化

もはや、「海外旅行=ショッピング」ではない

旅行にお金をかける人の増加や、SITといった高額のこだわり旅を目指す人が増えているにもかかわらず、2005年には、1人1回当たりの海外旅行総費用は、前年に比べ3・1万円も低く、25・4万円となっている（資料⑱）。

その要因としては、アジアなど近距離ツアーのシェア拡大、格安航空券を利用したFITの増加などが挙げられているが、ここで注目すべきことがある。旅行の総費用の内訳を見ると、旅行参加費、現地旅行費の占める割合は横ばいながら、年々、減少を続けてきた「買い物」が、初めて20%を割り込み、18・6%となったことだ。もはや、「海外旅行=買い物」という図式は崩れ

つつあるのである。ショッピングにこだわらなければ、海外旅行はけっして高額なものではないといえるのかもしれない。

インターネットの普及で変わる旅行業界

インターネットでチケットや宿泊の予約をする行為が普及してきた。それにともない、インターネットを利用すると料金が割引になったり、ポイントが貯まるシステムを利用して、少しでも旅行費用を抑えようとする人たちが増えている。

ＪＴＢは、通常のパッケージツアーより1割以上安価なインターネット専用の海外旅行商品「ルックＪＴＢ　旅のアウトレット」を、２００６年12月から販売している。また、国内でももっとも利用されている旅行サイト・楽天トラベルは、旅行金額に応じてポイントが貯まり、仮想商店街の「楽天市場」での買い物もできるサービスを展開。インターネットで予約すると、電話での予約より3割程度安くなる宿泊施設もあり、旅行費用を節約するための強い味方として、インターネット予約を上手に使いこなす人は少なくない。

その他、いわゆる〝格安パッケージツアー〟でも、各社はしのぎを削っている。日本旅行は、海外パッケージツアーの新商品の投入間隔を、年2回から4回に倍増した。同社の低価格商品「イチ押し」は、コース内容を簡素化するほか、割安なホテルの客室仕入れを増やすことで、価格訴求力を向上させている。

旅行スタイルの変化

旅を変えているのは、〝経験値〟の向上

これまで、何度か登場している「ＪＴＢ ＲＥＰＯＲＴ」は、ＪＴＢが毎年発行している業界で最も活用されている、日本人海外旅行者についてのデータブックである。この「ＪＴＢ ＲＥＰＯＲＴ」の１９９６年版と２００６年版を比較すると、興味深い事実が浮かび上がってくる。

たとえば、１９９６年の調査時点では、海外旅行を一度も経験したことがない人が56・２％いたのに対し、２００６年の調査では、46・４％と10％近く減少している（資料⑲）。現在では、日本人の半数以上が、少なくとも一度は海外旅行を経験しているわけだが、そのうち、５回以上行ったという人は、２００６年には、前年を３・５ポイント上回る13・０％となっているのだ。

さらに、２００６年度の海外旅行経験回数別旅行形態でも日本人の旅行スタイルは、〝旅の経験値〟によって大きく異なることがわかる。たとえば、海外旅行経験回数が１回の人は、パッケージツアーでの旅行が64％、団体旅行での参加が11・５％だが、海外旅行経験が10回以上の人では、パッケージツアーでの参加が40・９％に、団体旅行については２・７％とともに数

資料⑲【海外旅行経験回数】「㈱ツーリズム・マーケティング研究所（JTM）『JTB REPORT』」

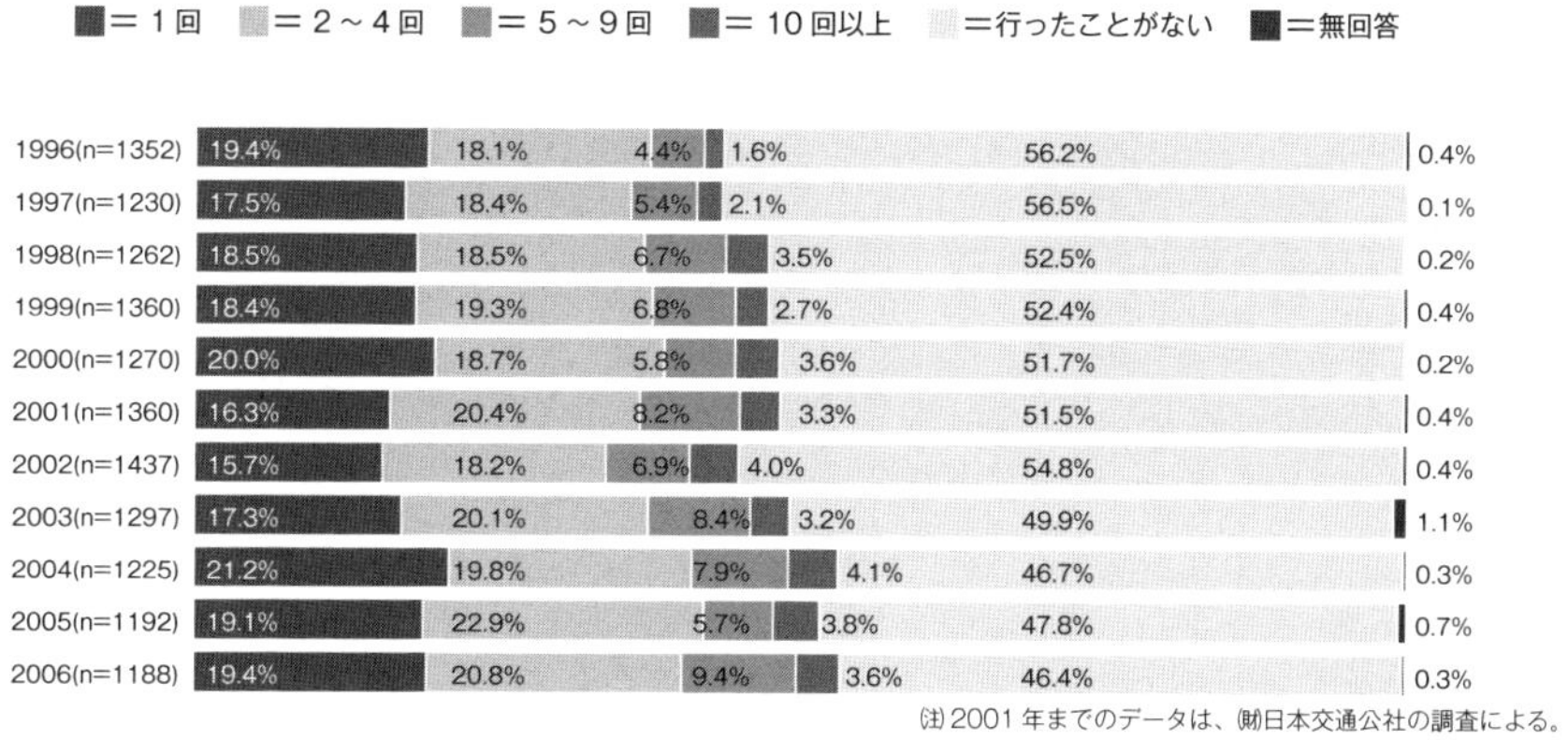

㈲2001年までのデータは、㈶日本交通公社の調査による。

を減らしている。その一方で、個人手配旅行の数値は49・4％とぐっと高くなるのだ。

このように、海外旅行経験者が少ない時代には、「海外旅行に出かけること」が大きな目的であり、経験が乏しい分、団体旅行やパッケージツアーに参加する人が多かったことがわかる。だが、海外旅行が当たりまえになった現在では、〝旅の経験値〟が高まるにしたがい、自分だけのこだわり旅や、付加価値を求める人が増え、旅のスタイルはますます多様化の様相を深めているのである。

つまり、日本人の旅の〝経験値〟の向上こそが、求める旅行形態を、団体旅行から添乗員付きのパッケージツアーへ、そしてフリー型のパッケージツアーへ変化させている。さらに、みなが同じように移動、体験するパッケージツアーに満たされなくなると、できるだけ自由に計画でき、しかもできるだけ安いFITを求めるようになり、一方で「他人とは違う」旅行、より自分のこだわりや目的を追求するSITの増加という流れを生み出しているのだ。その自由さやこだわりの結果、「長旅」を生み出しているのだ。

そういう意味では、「長旅」は経験値を高めた旅行者が、自らの旅により高い満足を追い求めた結果、起きてきたものということができ、自然発生的に生まれたニーズと考えられるのである。

パッケージツアーにも「スロー旅」が

旅行者の目的の多様化は、最近のパッケージツアーにも表れている。「世界遺産を訪ねる」旅や「エコツーリズム」といった〝こだわり旅〟が人気を得ている。ホテルや食事へのこだわりもあれば、現地交流へのこだわり、未踏の地に行くことなど、こだわりは多岐にわたるが、プレミア感のある旅行を求める個人が増えたことで、それらが組み込まれたSIT型パッケージツアーが次々に生み出されている。

SITのすべてが「長旅」であるとは言い切れない。だが、特殊なデスティネーションや特殊な体験をしようと思えば必然的に旅は長期化する。それを可能にするだけの経済的な余裕や休暇が取れるようになった人が増えたことで、急ぎ旅で我慢していた人たちが、目的意識を持った「長旅」を望むようになってきたのである。そうしたニーズを旅行業界が受け入れるために、「長旅」のパッケージ旅行が増え、受け入れ態勢も整えられていけば、さらに「長旅」を希望する人が増えていく。このような、いわば〝「長旅」循環のサイクル〟が、旅行業界にもようやく芽生え始めてきたのだろう。

経験豊富な一部の旅行者の個人手配に頼っていた「長旅」が、時代の移り変わりとともにメジャーになりつつある。今後も、「現地ではのんびり過ごしたい」「せっかく旅行に出向いたのだから、長くないともったいない」といった声に後押しされる形で、パッケージツアーにもこだわりとともに「スロー旅」が求められるだろう。そうしてますますさまざまな「長旅」スタイルが企画され、その数を増やしていくものと思われる。

インターネットで変わる「長旅」スタイル

インターネット上にある旅行関連サイトの数は、約5万件と言われている。いまや、旅の情報を得るには、サイトの活用が常套手段なのだ。

インターネットの普及は、旅行の仕方そのものを変えている。多くの旅行者は、出発前のみならず、旅行の最中にもインターネットから旅やその国の情報をリアルタイムで得ることが可能になったのだ。旅をしながら、自分自身の情報をブログなどで写真付きで発信する人も増えている。それらの情報は、交通手段や宿泊のネット予約とは別に、口コミ情報として、旅行者に重宝されている。

インターネットの普及は、「バックパッカー」という旅行スタイルも大きく変えている。もはや「バックパッカー」は、〝孤独な1人旅〟ではない。インターネットを通じ、常に日本や友人とつながっているという安心感が、見知らぬ土地での長期滞在という心理面のハードルを下げる役割を果たしているのだ。

インターネットはバックパックだけではなく、その他の「長旅」にも欠かすことのできないアイテムになってきた。情報入手や友人との伝達手段としてだけではなく、仕事としても活用されているのだ。つまりインターネットがあれば、日本にいなくても〝仕事ができる〟。このことは「長旅」出現の背景として注目すべきだろう。

携帯電話の普及も大きい。旅行会社が斡旋している携帯電話は、すでに「長旅」の必需品だ。ホームステイや語学留学をしている若者からは、「ステイ先の電話を使いたくない」、「時差を気にせず日本に連絡できる」と、携帯電話の利便性が喜ばれている。

このように、「長旅」がしやすい環境が整いつつある。そうしたニーズを旅行業界はもちろん、国や自治体がどう市場の拡大につなげていくか。旅行者の心に訴えかけるような斬新な提案が強く求められている。

メディア効果

海外を身近なものにしたテレビの旅番組

海外旅行が、さほど一般的ではなかった時代に、多くの若者のハートを揺さぶり、多大な影響を与えたとされる書籍、それは、沢木耕太郎氏の『深夜特急』（新潮社）だといわれている。

1970年代前半、まだ26歳だった著者が、香港からユーラシア大陸を横断してロンドンにたどり着くまでの行程を紀行文にしたもので、途中まで産経新聞に連載されたものが第1巻として出版された。3巻目となる最終巻が出版されたのは1992年である（現在発行されている文庫版は全6巻）。『深夜特急』は、情報が少なく、交通手段や宿泊施設が便利でなかった時代に、現地の事情を具体的に記した本として、特にバックパッカーにとってはバイブル的な存在となった。

また、80年代から、テレビ各局が旅番組を放送し始めたことも、海外旅行の普及にとっては大きなことだったと言えるだろう。その嚆矢は1986年に放送を開始した『世界ふしぎ発見！』（TBS系列）だろうか。普段なら、なかなか行けないような場所へ出かけ、さまざまな映像や現地の人たちとの触れ合いを活写する番組が、視聴者に旅への憧れ気分を盛り上げるのに一役買ったのである。

1987年に放送がスタートした『世界の車窓から』（テレビ朝日系列）は、世界を走る列車からの風景を紹介しながら、鉄道の旅の魅力を伝える、いまなお続く長寿番組である。『進め！電波少年』（日本テレビ系列）でバックパッカーになった2人のお笑いタレント（猿岩石）が、ヒッチハイクをしながら世界を旅する珍道中ぶりが共感を呼んだのが1996年。最近では、若い男女数名が、1台のバスで世界各国を旅しながら、それぞれの恋愛模様を克明に追う『あいのり』(フジテレビ系列)が1999年から放送され、こちらもいまなお爆発的な人気を博している。この番組は、海外旅行というより、そこで繰り広げられる人間模様も含め、若者たちにとっての「見知らぬ世界」への憧れの醸成に大きく貢献しているものと思われる。

その他にも、若手俳優やタレントが、海外に長期滞在して現地の人々と触れ合うクイズ番組を兼ねたドキュメンタリー『世界ウルルン滞在記』(TBS系列)が、1995年にスタート。この番組により、海外で何かを学ぶ「お稽古留学」やボランティア旅行など、当時はそれほど一般化していなかった「長旅」のスタイルが多くの人に広まったことは間違いない。

このように、メディアの影響力は非常に大きいと考えられる。テレビはもちろん、書籍、雑誌などには、ロンドン、パリ、ローマといった定番の観光地情報のほかにも、特殊な地域の情報や目的志向の旅情報があふれ返っている。また、バスの旅、列車の旅、大陸横断の旅といった、通常のパッケージツアーではあまり見られないツアーの紹介もひきもきらない。

これらは、もちろん、「一度は行ってみたい」、「経験してみたい」と願う人が増えているからにほかならないのである。

専門雑誌が、〝長旅の入口〟に

旅への憧れは、何も若い世代だけのものではない。さまざまな社会的影響を乗り越え、旅の経験も積んできた団塊世代の旅への思いは、決して若者に劣るものではないのだ。彼らをターゲットとする情報番組や雑誌が多いことからも、それは裏付けられる。

近年、特に目立っているのは、「年金で海外に暮らす」というテーマで作られた情報番組である。ロングステイをしている人たちに、現地の環境や金銭面、レジャー面の実情、病院などの施設の状況といった団塊世代の関心事を取材することで、行った人でなければわからない海外ロングステイの素晴らしさを紹介するものだ。

また、団塊世代の旅行ニーズを見据えた50代向けの雑誌も創刊されている。〝人生を遊ぶ〟大人の旅マガジンとして季刊発行されている『羅針（ラシン）』（イカロス出版）は、ロングステイやクルーズ、語学留学、ドライブ旅行といった人気の「長旅」を取り上げ、旅先での過ごし方にスポットを当てた〝テーマのある旅〟を提案。実際に「長旅」を望む人向けに「ロングステイ・セミナー」を開催し、注目を集めている。

その他、一般旅行雑誌が軒並み部数を落としていくなかで、専門雑誌はいずれも好調さを維持している。

豪華客船で行くスローな船旅を提案するクルーズ専門誌『クルーズ』（海事プレス社）や、『海と島の旅』（水中造形センター）、『船の旅』（東京ニュース通信社）などは、雑誌の発行に合わせて、インターネットのホームページで旅の検索や予約ができる機能を備えているのが特徴だ。これらは、単にページをめくって旅への憧れを募らせるだけにとどまらず、実際の〝「長旅」の入口〟としての役割を十分に果たしていることに大きな可能性がある。

Column 6

未婚ＯＬの「長旅」は、自分へのご褒美とキャリアアップ

――「中田の世界旅行」がモデルとして浸透

旅の販促研究所　片所達則

今、この地球上で多くの人が「長旅」を現在進行形で楽しんでいる。その中で、日本人で、しかも30代で、誰がいちばん魅力的な「長旅」をしているかと問われれば、おそらくワールドカップを最後に現役引退した中田英寿の「世界旅行」を思い浮かべる人が多くいるだろう。未婚ＯＬ（25～39歳未婚有職女性）の「長旅」のモデルとして、中田の旅には多くの示唆に富んだ旅の要素が含まれている。

「長旅」は自己演出の舞台

未婚ＯＬの「長旅」で多いのは、転職を契機としたものである。次の仕事が始まるまでの間であったり、会社を辞めて次の職場は決まっていない時期であったりする。契約、派遣社員の比率が増えているので、さらにこの傾向は加速されているようだ。「長旅」をするために、あえて正社員にならない人さえいる。中田英寿の場合は、「サッカー」から次の職業を決めない状態で、旅を続けている。

中田英寿は30才の誕生日を旅先の「バリ」で迎えている。自身のホームページで、今までの人生の中で最高の誕生日であった、と語っている。たぶん、自分の現役生活を振り返り、その才能と努力と幸運に、素直に「乾杯！」できたのではないだろうか。もちろん、多くの未婚ＯＬの場合、これほど劇的な人生を歩んでいるわけではない。しかし、それは程度の差であって、バレンタインに自分用のチョコレートを買ったり、ひとりの週末、シティーホテルで贅沢な時間を過ごしたり、と「自分にご褒美」消費はすでに顕

図表㊻【行きたい国は？】（「海外長旅」意向者ベース）

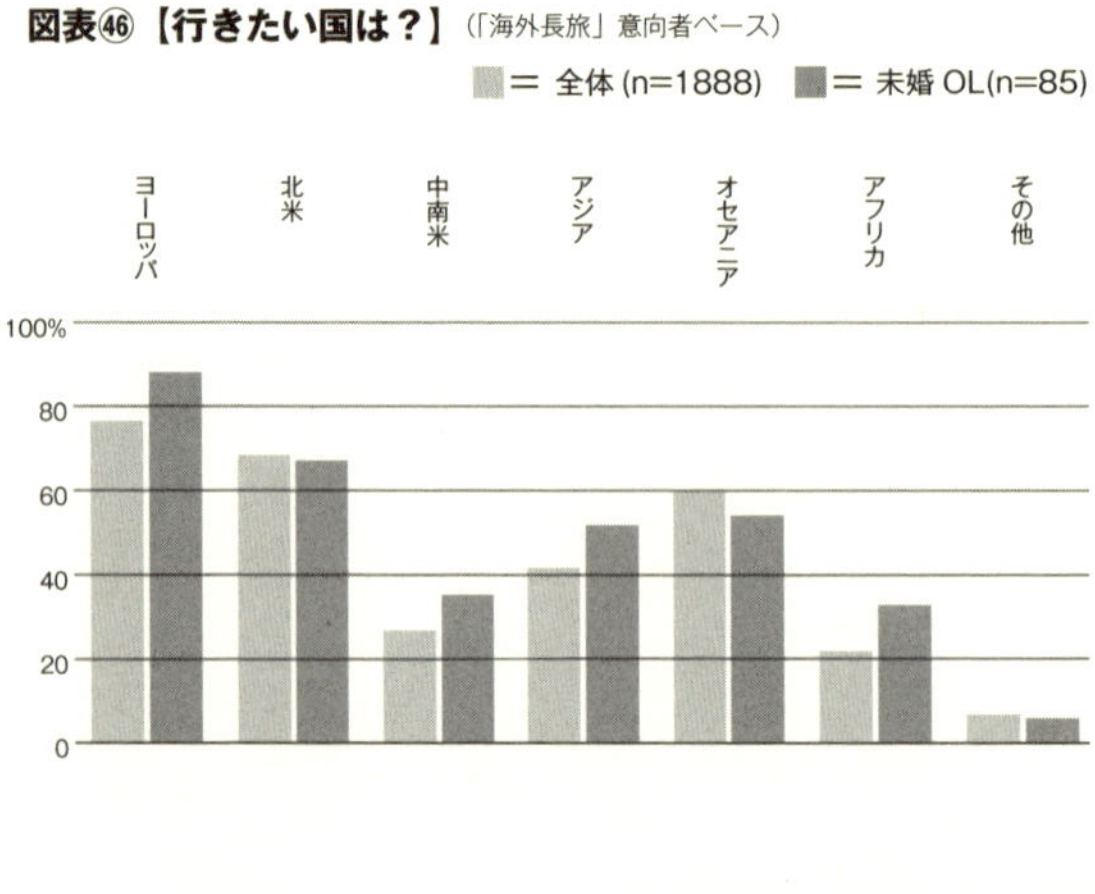

在化している。また、未婚ＯＬの「長旅」意向を見ると、キャリアアップを狙うような「語学研修」や「資格取得」に「長旅」の主眼をおく人も多くいる。希望するデスティネーションも、キャリアアップやライフスタイル追求のために、ヨーロッパの比率が高くなっている（88・2％）。そこにはリゾートや癒しだけではない、前向きな姿勢が感じられる。しかも60・9％が「1人旅」をしている。これまでの「自分にご褒美」と、これからの人生に対するポジティブな「準備」や「決意」をするための自己演出の舞台として「長旅」は支持されている。

インターネットが「長旅」を変える

「長旅」においても、他の商品と同じく、ＩＴの発達の影響から免れることができない。いや、むしろホームページやブログの浸透は「長旅」消費を支援しているのかもしれない。そもそも中田英寿の引退も、アジアの旅の状況すらも、すべてホームページから発信されている。アジアの街のかなり隅々まで、ネット環境は整備され、旅先で、その日感じた小さなできごとや感動を文字通り日記風に伝達して、日本にいる私たちはそれに容易に接することができる。従来型の旅行記と違い、途中経過が国境を越えてリアルタイムに伝わってくるところに、インターネットのメディアとしての新しさをみることができる。メディアサイドのプロデューサーは必要なくなり、有名無名を問わず、消費者（＝旅人）がそのまま直接、主役でありうるのだ。

　最後に、旅の途中である中田英寿の道中の安全と帰国されてからの新しい人生、そしてこれから旅立つであろう未婚ＯＬのポジティブな「長旅」に心からエールを送りたい。「長旅」はますます個性化、そして身近なものになりつつある。

図表㊼【行きたい海外旅行・滞在の内容は？】（「海外長旅」意向者ベース）

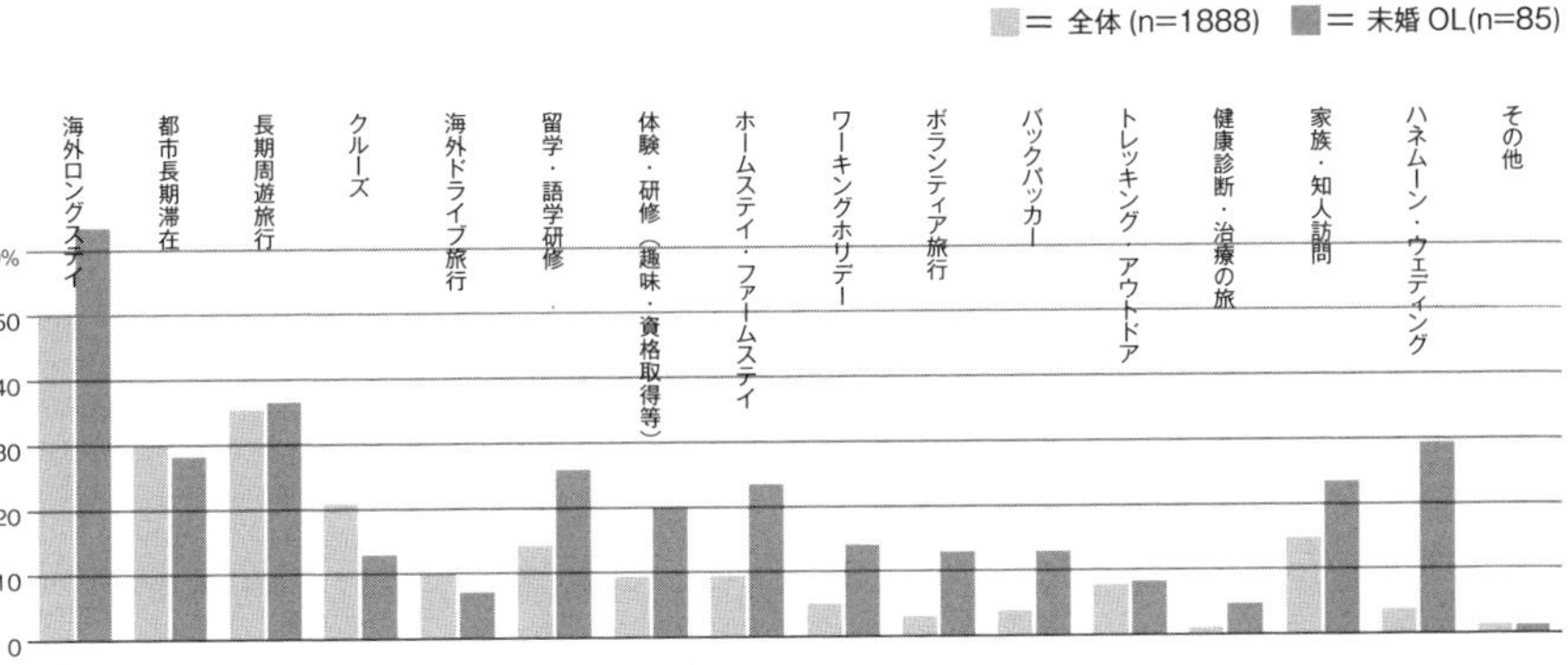

第八章

「長旅」へのさまざまな取り組み

「長旅」をサポートする試み

どんな取り組みが行われているか

これまで、「長旅時代の幕開け」と称し、それを裏付けるさまざまな関連データや、海外・国内の「長旅」の実態と意向に関する調査結果、多くの体験者の「生の声」などを紹介してきた。「長旅」の大きな潜在需要は疑う余地は無いだろう。しかし、この需要を掘り起こし顕在化していくためには、「旅行者」だけでなく、国やそれを受け入れる地域・地方自治体、海外の国々、また、旅行をサポートする旅行会社や関連業界などの理解とアクションが必要になってくる。

そこで、この章では、「長旅」に対する「国の取り組み」、「地域・自治体の取り組み」、「旅行関連業界の取り組み」、「旅行会社の取り組み」、の4項目に分け、それぞれについて、すでに各章で触れたことも含めて、これまでの経過と今後の動向などについてみていくこととする。

国の取り組み

「観光立国推進基本法」がついに施行

日本経済の今後を支えるひとつの大きな柱として、「観光」にスポットが注がれていることはこれまで再三述べてきた。それを受け、「観光立国の実現」という錦の御旗の下で官民あげてのさまざまな施策が展開されているが、その土台となるべき法制度の整備が遅れていた。

そうしたなか、２００６年12月13日、観光基本法（１９６３年６月20日施行）の改正法案である「観光立国推進基本法」がようやく成立し、２００７年1月1日より施行された。その概要（国土交通省発表）を紹介する。

「少子高齢化社会が到来し、本格的な国際交流の進展が見込まれる」と「観光立国推進基本法」は現在の日本の状況を明らかにしている。それとともに、日本のインバウンド（訪日外国人旅行）観光については、「国際社会において、わが国の占める経済的地位にふさわしいものとはなっていない」と手厳しく指摘、旅行者の需要の高度化、旅行形態の多様化、国際間競争の激化などを課題にあげている。

同基本法の目指すべき方向性を４項目で明示しているのは第2条。①活力に満ちた地域社会の実現、②国際的視点の必要性、③国民の観光旅行の重要性、④観光産業における関係者の連携、の４つだ。

観光に携わるものについて、広くその役割を規定しているのは推進体制に関する記述。国や地方公共団体の責務のほか、観光事業者の努力や住民の役割も規定している。それらは、観光立国の実現に向けて、関係者が連携を進めるという理念の裏づけにほかならない。地方公共団体については「国との適切な役割分担を踏まえ、その地方公共団体の区域を生かした自主的な施策を策定し、および実施する」と、前法・観光基本法に比べ、より主体的な立場に立たせている。

地域の観光振興、長期滞在型旅行も明記

さらに、「観光立国推進基本法」の摘要には、「観光立国の取り組み」における「インバウンド観光の促進」についての記述が続くが、ここでは、それに続く「観光地づくり」について触れていく。

地域に観光客を集めるためには何が必要か。それは目玉となる観光資源の開発であり、その成否は地方自治体と地域住民の取り組み如何だ。そこで、国土交通省は、2005年度から「観光ルネサンス事業」を策定し、支援活動をスタート。国土交通大臣が認定した民間組織が作成した地域観光振興事業計画についてはハード・ソフトの両面から助成や税制優遇を行うもので、すでに13の事業が認定されている。

また、2003年からは、観光振興に実績を残した人を「観光カリスマ」と認定し、そのノウハウの伝授を促進する試みも始めている。

近年の観光需要の著しい多様化については、これまで何度も言及してきたが、それは、たとえば長期滞在型旅行やヘルスツーリズム、エコツーリズムなどといった新たな形態の観光を生み出している。

〝ニューツーリズム〟と総称されるこれらの観光は、あらかじめ観光客像を限定したうえで、彼らのニーズにきめ細かく対応しようとするものだ。もはや、マスの観光客を想定した均一的、画一的な観光資源だけでは目の肥えた観光客を引き付けられなくなっている昨今だが、これらが注

目を集めているのは必然ともいえる。こうしたことを受けて、国土交通省は、２００７年度からニューツーリズム旅行の商品市場を整備しつつ、関係者が構想する商品の実現を図るべく、実証実験の形で支援を計画しているのだ。

求められる長期連続休暇

「観光立国推進基本法」の摘要は、その後も「観光をめぐる環境の整備」へと続いていく。その一部を紹介しよう。

休暇制度の整備づくりが、国民の観光旅行を促進するためには最重要の条件になるという声に異論を挟む者はいないが、国は、国民の祝日に関する法律の改正を進めてきている。たとえば、祝日の月曜日指定化による3連休化は「ハッピーマンデー」と名づけられ、２０００年以降、導入が確実に進んでいる。２００２年からは、観光関連の12省庁が、長期連続休暇の取得促進に向けての広報活動を共同で始めている。また、休暇時期の分散化についても議論が進められている。これに対して㈳日本ツーリズム産業団体連合会（ＴＩＪ）は、２００２年9月から「秋休みキャンペーン」をスタート。土・日曜日に有給休暇を1日追加する形の「秋休み」を提唱。年末年始、ゴールデンウィーク、お盆休みに続く新たな大型休暇として位置づけている。

ユニークな「旅行商品ネット取引所」

自然体験などを楽しむエコツーリズムや、団塊世代から熱い視線を注がれるロングステイといった長期滞在型旅行など、いわゆる「ニューツーリズム」という言葉に括られる新タイプの旅行商品に注目が集まる中、国土交通省は新たな施策を打ち出している。２００７年度中に、これまで消費者の目にとまりにくかった地域密着型の地方の旅行会社や自治体が企画する新商品をインターネット上に集める「旅行商品ネット取引所」を開設すると発表したのだ。

これにより、旅行会社は、「旅行商品ネット取引所」の登録商品から好みのものを採用し、自社の商品に組み入れて販売することが可能になる。伸び悩む国内観光市場の拡大につなげようとするのが「旅行商品ネット取引所」の役割なのだ。

国土交通省では、商品の質を確保するために、地域ブロックごとに旅行商品の審査会を作ったり、「取引所」の運営者が試験ツアーを実施したり改善を促すなどして、有望と判断したものを商品として取引所に上場（登録）する。また、それらの旅行商品を、取引所を通じて消費者に直接販売することも視野に入れているという。

「旅行商品ネット取引所」の開設によって、ニューツーリズムの潜在需要を掘り起こし、地域活性化にもつながる国内観光市場の活性化が実現できると期待されている。

九州５地域の「こだわりステイ１Ｗｅｅｋ」の斬新さ

第５章、１１６ページの「国内ロングステイ」でも触れたが、国内での1週間以上の「長期滞在型観光」や「二地域居住」に対する国の支援策の1つとして、国土交通省は「こだわりステイ１Ｗｅｅｋ」という名の推進事業を立ち上げ、長期滞在するモニターを募集。２００６年9月から11月まで九州での体験プログラムを実施した。

モニターツアー先として初年度に選ばれたのは別府（大分県）、阿蘇（熊本県）、雲仙、佐世保・

波佐見、五島（長崎県）の5地域で、それぞれに長期滞在用の宿泊施設や滞在プログラムを用意し、公共交通機関の利便性向上を図った。5地域には「温泉三昧とダイエット」（別府）、「雄大な自然でリフレッシュ」（阿蘇）、「温泉と大人の修学旅行」（雲仙）、「窯元、音楽、アートと趣味を極める」（佐世保・波佐見）、「離島・島暮らし体験」（五島）とそれぞれにツアーのテーマが掲げられた。

「こだわりステイ1Week」の宿泊施設は泊食分離型で、料金は通常の半額程度に設定された。ユニークなのは、「ワンストップ・コンシェルジュ」という窓口が設置されたこと。参加モニターは食事場所や交通案内が受けられ、地域内の路線バスや乗り合いタクシーが無料で利用でき、好評だったという。

「こだわりステイ1Week」のように、都市の団塊世代を地方に呼び込む取り組みを国レベルで行ったのは初のケースだが、国土交通省は、モニターツアーの実施結果の分析を行い、長期滞在型旅行に関するニーズや課題を分析し、今後の国内長期旅行市場の創設事業に活かしていくとしている。

「アイランダー2006」で「島旅」、「島移住」をアピール

国土交通省によるニューツーリズムへの取り組みをもう1つ紹介する。

同省は毎年、離島と都市との交流促進を図るイベントを開催しているが、2006年11月25日～26日の2日間にわたり、「アイランダー2006」（内閣府、総務省、農林水産省などが後援）を東京都内の池袋サンシャインシティ文化会館で開催した。

「アイランダー」とは「島で生活する人」、「島を愛する人」、「島の発展を応援する人」などを表す言葉だが、「アイランダー2006」は、全国の島々が一体となり、それぞれの島が持つ自然・歴史・文化・生活などの素晴らしさをアピールするとともに、交流人口の拡大やU・Iターンの促進を目指すためのイベントである。テーマは、「島と会おう！　島へ行こう！　島の笑顔を感じよう！」。

全国の約100島がブースを出展し、それぞれが特色あるワークショップを開店。伝統工芸の体験やイベントステージの開催、料理の試食・特産品の物販などを行いながら、島の観光・定住情報などを精力的に発信した。

若い人に混じって団塊世代のリタイアメント予備軍も多数会場を訪れ、「島への定住」や「二地域居住」などの可能性について、活発に質問をぶつける姿も目立った。

海外各国の受け入れ　――ロングステイビザ・ワーキングホリデービザ

海外の国々でも日本のロングステイヤーを受け入れるために専用のビザ（査証）を用意しているところがある。通常の観光ビザだと3ヶ月程度の滞在しか許されていないところが多いからだ。「ロングステイビザ」は通常退職者に発給されることから「リタイアメントビザ」とも呼ばれ、豪州をはじめ、東南アジア、南米、ヨーロッパ等の一部の国で発給されている。主にリタイア後の余暇を楽しむことを目的に発給され、就労を目的としたビザではないため、就労を認めていない発給国や、就労条件を制限している国がある。呼称はビザ発給国により異なる。豪州は「投資家退職者ビザ」、フィリピンは「特別居住退職者ビザ」、マレーシアは「マレーシア・マイ・セカンド・ホーム・プログラム（ＭＭＳＨＰ）」等と呼ばれている。ロングステイビザは滞在期間が短い観光ビザと比較し、長期間の滞在が可能となる。そのため、コンドミニアムなど旅行者用の滞在施設ではなく、現地の人が利用するマンションや家を賃借できる可能性が高まるため、低コストかつ自由度の高いロングステイが可能となる。申請時に求められる条件はビザ発給国によって異なるが「年齢」、「保有資産」、「不労収入」、「健康状態」などが重視されることが多い。比較的ヨーロッパやオセアニア（豪州）諸国の条件は厳しく、アジア諸国が緩やかである。

若年層には「ワーキングホリデービザ」がある。ワーキングホリデーは略して「ワーホリ」ともいわれる。日本政府とワーキングホリデーの協定を行っている外国へ行き、旅行する・現地の学校で学ぶ・アルバイトをするなどを自分でプランを立てることができる制度で、最大で1年間、外国での生活を体験することができる。日本と協定が結ばれている国は、豪州・ニュージーランド・カナダ・韓国・フランス・ドイツ・イギリスの7ヶ国だったが、新たにアイルランドとも協定が結ばれたため、8ヶ国となった。今後、イタリアとデンマークも対象国になる予定だという。対象年齢は、18歳から30歳まで（一部に18～25歳の国もある）。ワーキングホリデーで外国に行く目的は人それぞれで、観光ビザや留学ビザとの違いは現地滞在の費用を渡航先でアルバイトを行って補ってもよいということである。年間2万人程度の人がこのビザを取得している。

「長旅」の受け入れ体制は、ビザや税金の優遇措置の面など各国で徐々に整ってきている。

地域・自治体の取り組み

地域興しの「ステイタス」を全国5市町で実践

中小企業庁が展開する地域振興策の1つに、「地域資源∞全国展開プロジェクト」がある。このプロジェクトでは、全国から応募があった「地域興し」約400件から選出された207件への助成を2006年に決めている。ここで紹介する中標津町、江差町（北海道）、西川町（山形県）、北杜市（山梨県）、志摩市（三重県）の5市町の商工会が主催する長期滞在型の地域コミュニティ参加プログラムはその一部で、「ステイタス」という商品名で団塊世代のリタイアメント向けに販売している。

観光型とはいえ、「ステイタス」は地域社会に密着した内容を特徴としている。たとえば、中標津町では「ネイチャーガイドに学ぶ知床半島」というプログラムが設けられ、北杜市には「やまねこ生態調査」が、志摩市には「漁師の漁船に乗って漁をする」といった魅力的なプランが設けられている。

「ステイタス」は、体験プログラム開発を行ったＪＴＢが催行している。同社は、担い手が不足し、衰退しかけている地方の祭りなどに参加したいという都会人のニーズが高いことから、団塊世代を地方に呼ぶ観光資源として商品化に結び付けたいとしている。

健康旅行で団塊世代を取り込む

沖縄、北海道、そして信州。国内長期旅行においては三本の指に入るブランド地が長野県だが、その長野県では、官民が一体となった大型観光キャンペーンが始まっている。ターゲットはやはり団塊世代。テーマは「環境と健康」。健康を切り口とした旅行者誘致の活動である。

健康をテーマにするため、候補地は温泉地、あるいはその周辺となる。そこで手を上げたのが近隣に温泉地を数多く持つ長野県松本市だ。温泉地に滞在しながら健康診断を受けるという、中高年にとっては夢のような新しい健康旅行のプログラムを開発したのである。市民の健康増進、および温泉地の振興を図るべく、まずは２００６年9月に白骨温泉で市民と県外客向けに2泊3日の試験ツアーを実施している。

「泡の湯旅館」に宿泊する県外客向けのプログラムは、豊富な内容を持ちまさに至れり尽くせり。血液検査や血圧測定などはもちろん、専門家による温泉入浴や飲泉指導、健康づくり講座などを用意。朝・昼・夕の食事では健康に配慮した特別メニューを提供した。健康状況などが記録された「健康カルテ」を配布し、ツアー終了後も健康指導を続けるというユニークな試みを続けている。

40歳以上を対象とする市民向けの健康プログラムも、県外客向けとほとんど同じ内容だが、異なるのは4つの旅館に分宿となることと、食事が通常メニューになることくらいだ。ただし、参加費用は市が一部を負担してくれる。

白骨温泉以外にも、松本市周辺には温泉が多く、その数は15を数える。そこで同市は、今回の試験ツアーの実施で医科学的に裏づけのある効果を検証し、健康づくりプログラムを確立して市内の温泉地や旅館などに提案していくという。

国内旅行のブランド地、信州の試みいろいろ

ＪＴＢは、長野県内の10の温泉旅館と提携し、「信州マクロビオテック・医食同源」という健康ツアーを実施している。２００６年には茅野市の蓼科横谷温泉で試験ツアーを実施。有機栽培・無農薬の玄米を中心とした食事の提供や、ウォーキングなどの軽い運動、健康指導などを組み合わせた旅行で、首都圏滞在者が参加した。また、白馬村も自然観察やフィットネス、乗馬、そば打ち、木彫り講習などを組み合わせて1週間以上滞在してもらう長期滞在企画「ふぉーゆー白馬」をシニア向けにスタートさせている。

旅行関連業界の取り組み

北海道を航空券１枚で周遊できる

旭山動物園や世界遺産の知床半島など、多彩な観光地に恵まれる北海道だが、１つひとつのスポットが離れていることが玉に瑕。そこで国土交通省北海道運輸局は、２００７年10月1日から11月30日までの２ヶ月間、道内路線３区間と宿泊1泊をセットにした「北海道周遊航空券」を約１００名に試験販売すると発表した。

道内には主な空港が12あり、日本航空や全日空、北海道エアシステム、エアトランセの４社が約20の路線を持っている。だが、肝心の搭乗者数は年々落ち込み、１９９９年度の１０５万８０００人から、２００５年には82万９０００人と22％もダウンしてしまっていた。短期間で効率的に道内の観光地を巡ることができる飛行機での一括周遊券は、なんとしても実現しなければならないものだったのだ。そこで、国土交通省は、２００６年10月に航空各社とＪＴＢ、学識者らで検討委員会を立ち上げたのである。

本格販売は２００８年度から(価格は未定)。この「北海道周遊航空券」ができれば、観光スポットを一度に数多く回れるようになり、長期周遊旅行がさらに便利になるだろう。

世界一周航空券で地球を回る

憧れの世界一周旅行……。だが、最近はぐっと身近なものになっている。なんと、エコノミークラスなら「世界一周航空券」が30万円台で購入できるのだ。そんな格安の「世界一周航空券」を販売しているのは、ＡＮＡやユナイテッド航空などが加入する「スターアライアンス」、日本航空や英国航空などが加盟する「ワンワールド」、ノースウエスト航空やコンチネンタル航空などが加盟する「ラウンドザワールド」といった主要航空会社からなる３グループ。３グループ以外からも、世界一周旅行に利用できる「準世界一周航空券」を購入することができる。

ただし、ここでいう「世界一周」という言葉にはいくつかの決め事がある。それは「太平洋と大西洋を各1回渡って出発地に戻ることを指し、大陸間では東西いずれかの方向に一方向に進むのが原則」ということだ。滞在都市の数や同一都市の滞在数にも上限と下限がグループにより設けられている。あちらこちら好き勝手に寄り道はできないのだ。しかしマイレージを貯めることはできる。

ちなみに、「世界一周航空券」は、〝1枚のチケット〟ではない。航空券が何枚も束になったものの一式、つまり、出発地からまた次の出発地に戻るまでの連続した航空券の束である。
究極の「長旅」である世界一周も確実に身近な存在になってきている。

日本のクルーズ客船の充実

これからの「長旅」の代表格、誰もが一度は経験したいと思う「ロングクルーズ」。これを身近に感じるようになったのは、日本船籍の豪華大型クルーズ客船が充実してきたからだと考えられる。

現在、4隻のクルーズ客船があり、日本出発の世界一周、オセアニア一周、アジア一周、日本一周などのロングクルーズを運行している。

まず、代表格は日本最大のクルーズ客船「飛鳥Ⅱ」（郵船クルーズ）だ。これはデビュー以来、世界の客船マーケットで高い評価を受けていた日本郵船所有の「クリスタル・ハーモニー」が、郵船クルーズ運航の「飛鳥Ⅱ」として再デビューしたもの。世界最高水準の設備と心温まるサービスが売り物。（全長・全幅：241m ×29・6m／総トン数：5万0142t／命名者：岸恵子／乗客定員：800名）

次に、商船三井の伝統を受け継ぐ船「にっぽん丸」（商船三井客船）。1973年に日本船として初めての世界一周クルーズを行った日本を代表する客船。現「にっぽん丸」は三代目。衛生面が充実、和食・洋食を取り交ぜた食事メニューは、日本船の中でも群を抜く評価がある。（全長・全幅：166・6m ×24m／総トン数：2万1903t／命名者：清子内親王殿下（現・黒田清子さん）／乗客定員：532名）

三番目が、スタイリッシュでフレンドリーな客船「ぱしふぃっく びいなす」（日本クルーズ客船）。98年4月就航。「もっと多くの人にクルーズを楽しんでいただきたい」という考え方で乗船料金を下げ、1泊3万円台のクルーズも設定するなど意欲的で、家族連れなどに好評。サウナや大型ジャグジー、プール、フィットネスセンター、キッズスペースなどを完備。〝フレンドシップ〟が人気。（全長・全幅：183・4m ×25m／総トン数：2万6518t／乗客定員：696名）

最後に、日本で初めて建造されたクルーズ客船「ふじ丸」（日本チャータークルーズ）。1989年に日本で初めての本格的クルーズ客船として三菱重工神戸造船所で建造された。エントランスや桜サロン、スポーツデッキ、スカイラウンジなど、スペーシャスである点がセールスポイント。（全長・全幅：167m ×24m／総トン数：2万3235t／命名者：石原慎太郎／乗客定員：600名）

このほかにも日本に立ち寄る外国クルーズ客船への乗船や現地まで航空機で行く「フライ&クルーズ」など、本格クルーズの旅を日本人は楽しみ始めているようだ。

サービス充実の長期旅行保険

海外旅行など長期の旅行の際に欠かせないのが海外旅行保険。旅行先での事故や病気などで死亡した際の補償や病気・ケガの治療費、携行品の損害などを保険金で支払うというのが基本的な仕組みだが、トラブル時に日本語で対処法を助言してくれたり、無制限の補償が受けられるなど、各社のサービス内容が充実、より頼れるものになっている。

ＪＴＢと米保険最大手のＡＩＧグループが共同で設立したジェイアイ傷害火災保険は、長期旅行者のための「長期海外旅行保険」を発売している。通常の補償の他に、「長旅」特有のリスクである借家の賠償責任や、生活用動産の補償がついたプランもある。海外の約55都市に、日本語が話せるスタッフが常駐するＪｉデスクを設けている。困った時やトラブルに巻き込まれた時に一番必要なのは現地におけるプロフェッショナルなサービスだ。このデスクは日本人の渡航先の約95％をカバーしているという。また、海外主要都市に約３００ヶ所「Ｊｉキャッシュレス提携病院」を配置し「キャッシュレスメディカルサービス」が利用できる。その他に「トラベルサービス」としてホテル・レストランの案内や予約、交通機関やイベントのチケット手配などのサービスもある。現地で緊急入院が必要な場合等、容態が重病・重傷の場合は、「Ｊｉアシスタンスセンター」が緊急対応、医師と日本語対応のスタッフが24時間体制で対応している。さらに通話料無料で直接日本のジェイアイに電話がかけられる「Ｊｉデスク東京24サービスセンター」もある。また、Ｊｉデスクでは、保険金を「現地でお支払いするサービス」も行っている。

いずれも、「長旅」には心強いサポート体制だ。東京海上日動火災保険や三井住友海上火災、ＡＩＵ保険会社などもそれぞれ独自のサービス体制を構築し海外でのトラブルに対応している。また、国内旅行保険も長期旅行への対応があり、留守宅家財特約などは安心の特約といえるだろう。最近はペット保険を発売する保険会社もある。旅行にまつわる心配事も次第に少なくなってきているといっていいだろう。

留守宅ケアとペットケア

「長旅」の心配事に留守宅の問題がある。とくに核家族化が進んだ現在、旅行に行くときの最大の障害にもなっている。しかし、今日、長期の旅行中の留守宅ケアも商品化され、多くの人が利用しはじめている。

まずは「留守宅警備サービス」で、警備機器は大がかりな設置工事をせず、据え置き式を採用。もちろん撤去時には壁面にビス穴等のキズを残さない。旅行期間にあわせ、1週間から6ヶ月まで週単位のサービスが基本で、必要な期間だけの短期契約が可能。パトロール員による不定時の巡回サービスもある。

「留守宅管理サービス」は、出発前のサービスとして、室内の清掃、ゴミ出し、洗濯、冷蔵庫内の整理、電気・ガスの確認を実施。留守中のサービスとして、室内の換気、植栽の水やり、郵便物、新聞の取り込みを実施、帰宅準備サポートとして室内の清掃、室内日用品や食品の補充、食事の下ごしらえまでも実施するという。

さらに「ペットケア」として「ペットシッターサービス」があるが、これはペットの生活環境を変えずに留守宅で世話するサービス。専門のスタッフが自宅まで出向き、エサやり、水の取り替え・掃除による衛生管理・散歩などを実施する。「ペットホームステイサービス」は期間限定の里親制度で、専門スタッフの自宅や動物病院に預かってもらうサービスだ。

もちろん、「ペットホテル」などは街中だけでなく空港近辺にもあり、行きに預けて帰りに一緒に帰ることもできる。

ＪＴＢは「ＪＴＢ留守番多助」という名称で警備保障会社と提携し商品化している。「長旅」の大きなハードルのひとつがだんだん低くなってきたといえよう。

旅行会社の取り組み

団塊世代にシニアサマーカレッジの仕掛け

ＪＴＢは、２００６年に国立大学法人と自治体と連携して、全国の50歳以上を対象とした日本で初めての「シニアサマーカレッジ」を開催した。初年度は弘前大学と山口大学にてそれぞれ２週間のプログラムを実施。講義はその地域ならではの内容で、大学のみならず地方公共団体の首長や民間企業のトップなど、多彩な講師陣が担当した。異なる地方文化を背景に持つ学習意欲の高い全国からの受講生が、開催地の地方文化を体験しながらその地の国立大学で学ぶというスタイルは、参加者にとても好評だったという。またキャッチフレーズの「出会いと交流の中での学習」にふさわしく、昼は大学で大いに学び、夜は自主的に懇親会を開くなど、まさに大人の学習・交流が繰り広げられた。入学式で始まり修了証書授与式後のさよならパーティーで幕を閉じる２週間はシニアの好奇心・向学心を満足させたようで、２００７年度は７大学に拡大して実施されるという。

地域の歴史と伝統・文化を学習し、全国から集まる同世代の仲間と一緒に学ぶ「長旅」は新しい旅行スタイルとなるだろう。旅行会社が積極的に仕掛けた新しい旅作りとして注目される。

「スギ花粉リトリートツアー」のトライアル

ＪＴＢは２００６年にスギ花粉症で悩む人を対象に、スギ花粉の無い環境で過ごさせ、症状がどのように変化するかを検証する4泊5日の「スギ花粉リトリートツアー」の参加者を募集した。このツアーは2005年に北海道の上士幌町が「スギ花粉リトリートモニターツアー」として実験的に実施し、モニター募集10名に対し276人の応募があるほど評判だったもの。滞在中に専門家の「免疫バランスと花粉症（アレルギー）発症メカニズムに関する講話」を受講し、その分野の専門医による問診・カウンセリングや採血、ストレス検査を行うことによって、どんな抗原に対してアレルギー反応があるか、生活習慣病の心配はないか、ストレスの度合いは、免疫バランスはどのような状態にあるか等をチェックする。

大学と自治体との連携による本格的な体験ツアーは全国でも初めてのケースである。また、「イムノリゾート上士幌構想」と連携している。「イムノリゾート」とは「免疫保養地」という考え方で、町全体の豊富な地域資源を活かした健康と癒しの観光プログラムを開発し、都市と農村の相互理解と地域活性を図ろうとするものだ。

また、4泊5日のツアーだが、「免疫保養地」として、新しいタイプの滞在型旅行を生み出す可能性がある。これも旅行会社の積極的な「長旅」創造の例だろう。

長期になるほど安くなる宿泊割引プラン

個人旅行者のための海外ホテルの予約比較サイトや、海外航空券の24時間オンライン予約サイトなどを運営するアップルワールドは、2003年12月にオープンさせたロングステイツアーや宿泊の手配を行う「ロングステイ専門店」の新たなサービスとして、長く滞在するほど得になる「長期割引　宿泊オンリープラン」の販売を行っている。

この「宿泊オンリープラン」は、同社が取り扱う世界の約6万2000件のホテルやコンドミニアムに7泊以上宿泊すると6％OFF、14泊以上宿泊すると8％OFF、30泊以上では10％OFFにするというもの。つまり、長期になればなるほど割引率が上がる仕組みになっているが、まさに専門旅行店の強みを生かした斬新なサービスとして、旅行者はもちろん旅行業界からも注目されている。

「長旅」に活用「ダイナミックパッケージ」

2007年から2008年にかけて、インターネット販売額の上昇の鍵を握るのは、海外旅行の「ダイナミックパッケージ」といわれている。

「ダイナミックパッケージ」とは、航空機やホテルといった海外旅行に必要な「素材」を、旅行者自身が必要なものだけを自由に選択できるパッケージツアーのこと。余分なサービスをそぎ落とした自己流のパッケージ商品を組み立てられる点が、通常のパッケージ商品とは異なる。必要なサービスだけを積み上げていき、合計の料金を支払えばいいので、料金に対する「納得感」が得られやすいというメリットがある。飛行機とホテルのセット販売であるから、別々に購入する場合よりも安くなるケースも多い。一方、旅行会社にとっては、旅行者の多様性にも応えられるというメリットがある。

「ダイナミックパッケージ」は直接「長旅」とは関係しないが、FIT化の進んでいる「長旅」マーケットの需要をパッケージツアーを通じて旅行会社に引き戻す可能性を持っている。また、旅行者にとっても自由度や柔軟性が高ければ、何も面倒な個人手配の道を選ぶ必要は無く、そこに価格メリットやパッケージツアーの保証がつくことはウェルカムに違いない。そういう意味では「ダイナミックパッケージ」は旅行の長期化、「長旅」の促進の大きな切り札となるかもしれない。

２００７年中には、国内の大手旅行会社が相次いで海外旅行の「ダイナミックパッケージ」を提供しはじめるとみられるが、ＪＴＢはインターネット販売事業を専門に手がける「ｉ・ＪＴＢ（アイドットジェイティービー）」で本格的な販売を開始した。

旅行会社の専門特化

旅行会社は「長旅」をさまざまな仕掛けやプロモーションにより需要創造しているが、長期間、自由に、こだわりをもって企画される「長旅」はパッケージツアーですべてをとらえきれず、コンサルタントや予約手配に専門性が必要なため、旅行会社以外の専門会社や専門サイトにその需要が多く流れている。

それを防ぐために各旅行会社はさまざまな営業戦略上、販売戦略上の工夫をしている。

なかでも積極的なのは業界最大手のＪＴＢグループで、多くの商品開発と並行して、「長旅」の受け皿となる専門店や専門旅行会社を設立している。

シニア向け高額パッケージツアー専門店「ＪＴＢグランドツアー＆サービス」は団塊世代の受け皿として近年設立している。こだわりの周遊旅行やクルーズを販売する「ＪＴＢロイヤルロード銀座」、若者層への「ＪＴＢトラベルデザイナー新宿」、ハネムーンやウェディングの「ＪＴＢウェディングプラザ南青山」さらにすでに長い歴史を持つ、クルーズ専門の「ＰＴＳクルーズデスク」、留学やホームステイ、ワーキングホリデーなど専門の「ＪＴＢ地球倶楽部」、スポーツや登山などの「ＪＴＢサン＆サン」などの専門会社や専門窓口をラインナップしている。また、健康観光・旅行事業の専門研究所機関「ヘルスツーリズム研究所」を設立している。

同様なマーケットセグメンテーションをした専門旅行会社や専門サイトは数多くあり、きめ細かい対応をすることにより固定客を確保しているところも多い。「長旅」需要を吸収するキーワードは「高度な専門知識」だろう。

＊

いかがだろうか。観光がもたらす経済効果については、第二章で具体的な数値をあげて説明したが、狭義の旅行業や宿泊業にとどまらず、輸送、外食、物品販売といった幅広い産業に波及し、その範囲は観光需要の多様化、長期化と相まって拡大し続けていくだろう。この章で紹介したさまざまな取り組みは、すべてではなく代表的な例だと理解いただきたい。多くの関係者が「交流人口」を増やすための工夫と努力をしている。さらに1件当たりの時間を長くすることにより「交流時間」を拡大することが大切だろう。それらから生まれる観光需要、そして相互理解により、旅行のさらなる長期化、人々の交流の深化がもたらされることは間違いない。

おわりに

本当に「長旅時代」の幕は開けたのか？

日本のロングツーリズム、すなわち「長旅」研究に着手し、関連するデータの収集や、「旅行企画パネル」での全国規模の調査を実施。そして、それらの調査結果を分析していた２００７年2月、私たちにとって衝撃的なニュースが飛び込んできた。

それは、すでに第一章の冒頭で紹介した、ＪＴＢが発表した「ルックＪＴＢ欧羅巴90日間の旅」の登場だった。キャッチコピーは「大旅行への誘いです。イベリア半島へ30日、北欧全域へ30日、中欧からパリへ30日。全部つなげて旅する90日。そろそろこんな旅はいかがですか？」とある。「仕事からの卒業旅行、退職後の余暇を存分に満喫するには最高の旅！」ともうたわれていた。

たしかに私たちは、多くのデータから「長旅」の芽生えを確信し、この研究課題に取り組んできた。しかし、既存のパッケージツアーはすでにこの分野では遅れをとり、また、実際的には馴染まないとも考えていた。それが、見事に日本最大のホールセール商品である「ルックＪＴＢ」から誕生したことに驚きを隠せなかった。同時に、私たちの研究は今日の旅行業界においてけっして的外れのものではなかったと確信した。そして、本当に「長旅時代」の幕が開けたのだと感じたのである。

「長旅」が今日の旅行市場の中で着実にさまざまな旅行スタイルにより顕在化してきている実態については、多くのデータや調査結果によって説明してきた。さらに、それら「長旅」経験者の

「満足度」はきわめて高く、もうすでにリピーターを形成していることもわかった。しかも、経験者を含め、旅行者の「長旅」意向は、すべての年代でまんべんなく高いのである。

最大のハードル「時間」を手に入れられるか

しかし「長旅」には一般の旅行より多くの阻害要因がある。前述したとおり、海外も国内も経済的な理由は阻害要因のトップではなく、第1位は「仕事などで長期の休暇がとれない」であった。時間的な理由がトップになったのは興味深く、このことは逆に「時間」さえあれば「長旅」の展望はさらに開かれることを示している。それでは、この最大のハードルともいえる「時間」を旅行者は手に入れているのだろうか。

私たちは今回の調査の最後に、「連続で取得可能な休暇日数は何日ですか?」と問いかけてみた。「JTB REPORT 2006」によると、日本人の有給休暇取得日数は8・5日。欧米先進国と比べるとやはり少ない（米13・1日、英25・0日、仏25・0日、独31・2日　厚生労働省「労働統計要覧」より）。しかし、日本は国による休日制度の改正で祝日が増え、休日そのものは欧米先進国に比べて多いほうである。また、近年企業や労働組合などの努力により連続休暇がとりやすい環境にはなってきている。

今回実施した調査を見ると（図表㊽）、連続取得可能な平均日数はなんと15・5日になっている。60代と10〜20代が引き上げている数値ではあるが、驚きの、また喜びの数値でもある。「団塊の世代」への期待通り、男性60代は最も長く40・0日となっている。女性60代も22・8日と長い。男性30代、40代が7・8日、7・4日と短い。就業者が多く、最も仕事が忙しく、責任のある世代だからだろう。

この調査結果をみても、実はもうすでに、日本人は「長旅」に出かけられる「連続取得可能な休暇日数」を持っているともいえる。休日制度、休暇制度はこれから拡大することはあっても縮小することはない。やはり、「長旅時代」の到来は疑いのないものといっていいだろう。

「長旅時代」のスタート

「長旅」先進国である欧米諸国の例を幾度か示したが、日本の「長旅」は彼らのバカンス、バケーションとはまったく異なるものとなっていくだろう。日本の「長旅」は、今後ますます〝さまざまなバリエーションをもった旅行スタイル〟になっていくものと思われる。また、そうなることを期待している。

クルーズ客船〝ぱしふぃっく びいなす〟

図表㊽【連続取得可能な休暇日数】（全体ベース）

	n	3日以下	4～5日	6～7日	8～9日	10～14日	15～19日	20日以上	平均
全体	2230	10.9%	22.9%	22.4%	12.0%	18.6%	3.2%	9.9%	15.5日
男性計	1084	11.2%	23.3%	19.9%	14.9%	17.3%	3.8%	9.5%	15.7日
10～20代	149	16.8%	16.8%	18.8%	8.7%	17.4%	3.4%	18.1%	13.6日
30代	252	9.1%	28.2%	24.2%	18.7%	17.1%	0.8%	2.0%	7.8日
40代	239	11.7%	25.9%	21.8%	23.0%	12.6%	2.9%	2.1%	7.4日
50代	228	11.4%	29.4%	21.9%	14.0%	15.8%	2.2%	5.3%	11.6日
60代	216	8.8%	13.0%	11.6%	6.9%	24.5%	10.2%	25.1%	40.0日
女性計	1146	10.7%	22.5%	24.8%	9.2%	19.8%	2.7%	10.2%	15.2日
10～20代	216	13.4%	17.6%	27.8%	10.2%	11.1%	0.5%	19.4%	20.3日
30代	250	15.6%	27.2%	26.0%	9.6%	15.2%	1.2%	5.2%	10.6日
40代	224	10.3%	29.9%	25.9%	9.4%	18.8%	2.2%	3.6%	12.1日
50代	223	8.1%	21.5%	26.0%	9.0%	25.6%	2.2%	7.6%	10.8日
60代	233	6.0%	15.9%	18.5%	8.2%	28.3%	7.3%	15.9%	22.8日

での船上取材インタビューで、多くのクルーズに乗船している60代女性の話が印象的だった。「一度旅に出たら、もったいないからできるだけ長い旅にしているの」。彼女は若い頃から、仕事をしているときでも、旅行に出るとそのときにできるだけの長い期間の旅行をしてきたという。

「長旅」は期間の長い分、さまざまなリスクがある。もちろん、そのリスクを軽減する対策を旅行会社や関係者が講じていかなくてはならないだろう。しかし、すべての旅行に共通していえることではあるが、特にリスクの多い「長旅」については、旅行者の「自己責任」がもっとも重要であることを、最後に触れておきたい。

「長旅」が旅行会社や関係する業界、地域の活性化につながり、さらに「交流時間」の拡大により、世界の国々や日本の各地域との相互理解が促進されることを切に願っている。そんな時代の到来に、本書が少しでも役に立つことができれば幸いである。

2007年6月

監修　安田亘宏

ナ行

ハ行

マ～ラ行

ワ行

AtoZ

ア行

カ行

サ行

タ行

著者紹介

監修

安田　亘宏（やすだ のぶひろ）旅の販促研究所所長（㈱ジェイ・アイ・シー執行役員）
1977年JTBに入社。旅行営業、添乗業務を経験後、本社、営業本部、グループ会社で販売促進・マーケティング・商品開発等の実務責任者を歴任。06年4月より現職。
所属：日本観光研究学会会員、日本創造学会会員、日本旅行作家協会会員
著書：『旅の売りかた入門』、『旅行会社のクロスセル戦略』（ともにイカロス出版）

調査・研究・執筆

中村　忠司（なかむら ただし）旅の販促研究所副所長
1984年JICに入社。88年JTBに出向、CI導入・ブランディングを担当。JIC復帰後、旅行・観光関係の企画・プロモーションを担当。06年4月より現職。
所属：日本地域資源学会会員

鈴木　敏仁（すずき としひと）旅の販促研究所主席研究員（前）
1977年JTBに入社。旅行営業、添乗業務を経験後、本社海外支店。㈶国際観光開発研究センター、㈵国際観光振興会へ出向。06年4月より研究所。現在EP局。

上野　拓（うえの ひろし）旅の販促研究所主席研究員
1983年JTBに入社。旅行営業、添乗業務を経験後、海外支店、本社、グループ会社で販売促進・広報等を担当。その間、㈵国際観光振興会へ出向。07年4月より現職。

片所　達則（かたしょ たつのり）旅の販促研究所主席研究員
1983年広告会社に入社しコピーライター。89年JICに入社。旅行会社・航空会社・自治体などの観光分野のマーケティングプランニングを担当。06年4月より現職。

吉口　克利（よしぐち かつとし）旅の販促研究所主任研究員
1990年日本統計調査㈱に入社。マーケティングリサーチャー・調査ディレクターとして旅行・観光関連等多領域のリサーチ業務を担当。06年11月JICに入社し現職。

小畑　綾乃（おばた あやの）旅の販促研究所研究員
2006年JICに入社。旅行マーケッティングデータの分析等を担当。

旅の販促研究所

2006年4月、JTBグループのシンクタンクとして、同グループの総合広告会社㈱ジェイ・アイ・シー内に設立された研究所。「旅行者研究」をメインテーマに多様化、個性化された日本人旅行者の行動と心理を独自の調査手法により分析し、旅行業界にこだわりのある新しい企画提案をしている。
ホームページ：http://www.jic.co.jp/tbi/

参考・引用文献

「21世紀のリーディング産業へ 2006」社団法人日本ツーリズム産業団体連合会
「レジャー白書 2006」財団法人社会経済生産性本部
「旅行者動向 2006」財団法人日本交通公社観光文化事業部
「ＪＴＢ ＲＥＰＯＲＴ '96」ＪＴＢ海外旅行企画部
「ＪＴＢ ＲＥＰＯＲＴ 2006」ツーリズム・マーケティング研究所
「リゾート白書 2006」リゾート事業協会

※ 他、ホームページ、新聞・雑誌、アニュアルレポートなど、さまざまな刊行物を参照しました。

長旅時代　ロングツーリズムの実態と展望

2007年6月25日第1刷発行

著　者　旅の販促研究所

監　修　安田亘宏

発行者　阿部英雄

発行所　株式会社教育評論社
〒103-0001 東京都中央区日本橋小伝間町２－５ ＦＫビル
TEL 03-3664-5851　FAX 03-3664-5816
http://www.kyohyo.co.jp

印刷製本　壮光舎印刷株式会社

ISBN 978-4-905706-18-2　C0065